## "小学语文十大青年名师"丛书编委会

顾　　问　杨再隋　周一贯
总 主 编　杨永建
主　　编　杨　伟
编　　委　杨永建　杨　伟　郭艳红　郝　波
　　　　　宋园弟　郝　帅　杨壮琴　田　晟
　　　　　刘　妍

小学语文十大青年名师

总主编 杨永建
主编 杨伟

# 阅读，这件最重要的事

付雪莲 著

济南出版社

**图书在版编目（CIP）数据**

阅读，这件最重要的事 / 付雪莲著. -- 济南：济南出版社，2025.4. -- ISBN 978-7-5488-7165-1

Ⅰ.G623.202

中国国家版本馆 CIP 数据核字第 2025XP3328 号

## 阅读，这件最重要的事

YUEDU ZHE JIAN ZUI ZHONGYAO DE SHI

付雪莲　著

| | |
|---|---|
| 出 版 人 | 谢金岭 |
| 责任编辑 | 张慧泉　高茜茜 |
| 装帧设计 | 李　一 |

出版发行　济南出版社
地　　址　山东省济南市二环南路1号（250002）
总 编 室　0531-86131715
印　　刷　济南乾丰云印刷科技有限公司
版　　次　2025年4月第1版
印　　次　2025年5月第1次印刷
开　　本　170mm×240mm　16开
印　　张　18.25
字　　数　275千字
书　　号　ISBN 978-7-5488-7165-1
定　　价　58.00元

如有印装质量问题 请与出版社出版部联系调换
电话：0531-86131716

**版权所有　盗版必究**

# 序·"语文"代有才人出

周一贯

我自15虚岁以绍兴越光中学初一学生的身份参军入伍，就与语文教学结缘：在部队当文化教员，为干部战士扫除文盲，深感贫苦农民子弟对识字学文的强烈心愿。我才明白原来学语习文对生命成长是如此重要，也因此种下了我对语文教学深情厚爱的种子，乃至在转业地方时，我只要求当一名农村小学语文教师。由此一直干到八十七岁，从事语文教学事业整整七十二年。

在我从事语文教育的生涯里，一直有着名师的榜样引领和精神鼓舞，才令我得以将语文教育奉为终生的事业而乐此不疲。

绍兴是"名士之乡"，自然也是"名师之乡"，因为名士的背后少不了名师的引领。记得我上小学三年级时，我的二姐和三哥都已上初中。假期归来，他们张口闭口说的都是《爱的教育》，出于好奇，我也开始读他们带回来的《爱的教育》，才知道翻译这本书的还是我们绍兴的一位语文老师夏丏尊。于是，又进一步知道他是哥哥姐姐们当时常念叨的上虞春晖中学的老师。他应当是令我心动的第一位名师。

在转业地方后，我也当上了语文教师，最感兴趣的是春晖中学语文名师团队。除夏丏尊之外，朱自清、范寿康、蔡冠洛……都令我十分关注，由衷钦佩。

改革开放以后，百业俱兴，教育事业也乘风破浪，一日千里。我不仅与我特别关注并深受感召的名师于有声、霍懋征、斯霞、袁瑢、丁有宽等见过面，还有过深深的交谈，他们自然对我感召有加，成为我心中的楷模。

在面向新世纪的那些岁月里，我与诸多语文名师，如靳家彦、于永正、贾志敏、支玉恒、徐鹄、孙双金、窦桂梅、王崧舟等自然有了更为深入的交往，他们的专业成就也同时内化为我的生命力量。

我国小语界名师队伍的俊彦迭起，名流荟萃，令我方落数笔，已觉烟霞满目，神驰意飞……

名师队伍得以不断发展壮大，最关键的在于有强健的内在"机制"。"机制"是什么？第一，其本义应当指机器的构造和动作原理（《辞海》），但现在已有了十分广泛的引申，可以泛指所有内在的工作方式和相互关系。"名师培育"这一事关提升教育质量、事关立德树人关键举措的伟业，其内在机制，首要的当然是教育行政部门的引领和扶掖。第二，当是研修平台的搭建和展示，诸如课堂教学评优、教育论著评选、专业能力评审等，都是名师进阶不可或缺的平台。第三，它更要教育传媒的提携和播扬。在这方面，《小学语文教学》编辑部做得可谓有理有据，有声有色。《小学语文教学》曾经是我国小语会的会刊，一直为国家小语事业的改革开放尽心尽力。现在一样为全国小语界的繁荣发展而殚精竭虑。如《小学语文教学》与《小学教学设计》杂志社已联合为"全国十大青年名师"的遴选举办了六届，推选出了60位全国各地的优秀语文青年名师。2019年联合济南出版社，出版了"十大青年名师"丛书（第1辑），有徐俊、杨修宝、李斌、鱼利明、王林波、许嫣娜、史春妍、孙世梅、张学伟、彭才华等十位名师的专著问世，社会反响十分热烈。因此，2022年又将出版李文、李虹、李祖文、赵昭、张龙、陈德兵、汤瑾、顾文艳、付雪莲、徐颖等十位老师的十部论著。

当然，在价值多元时代，教师专业发展的高度正在被不断解构，记录被不断刷新，因此，名师也在不断发展之中。"与时俱进"应该是名师们共有的生命信念。我们都会时刻警惕：切忌对未来展望的可怕短视，对已有成就的自我高估和对现实问题的视而不见。这是语文名师的大忌，也是我们所有语文教师的大忌。

在人类崇高且富有审美情趣的语言化生存中，我们正在构筑的是一道美丽的生命风景。我们应当为此而欢呼。

语文代有才人出，共襄伟业万年春！情动笔随，书写到此，该画上句号了。恭以为序。

2022年6月11日于越中容膝斋

# 目 录

## 教学主张

2　基于阅读力的整本书阅读教学探讨
　　——帮助学生成为独立的阅读者
12　"拆书"十件套
27　非虚构类文本怎么读
34　一念之间的译者
41　让学生成为独立的阅读者
　　——可视化思维工具在小学整本书阅读中的运用
52　当读写遇见四宫格
56　用联结策略写读书报告
59　如何教儿童写好童话

## 教学实录

66　《玲玲的画》教学实录及点评
77　《我要的是葫芦》教学实录及点评
88　《神笔马良》教学实录及点评

100 《总也倒不了的老屋》教学实录及点评
112 《司马光》教学实录及点评
124 《中国古代寓言故事》教学实录及点评
137 《太阳》教学实录及点评
145 口语交际《我们都来讲笑话》教学实录及点评
155 《竹节人》教学实录及点评
167 口语交际《同读一本书》教学实录及点评

## 教学设计

178 "颠倒"的世界,真好笑!
　　——"和大人一起读"整本书阅读导读课教学设计

183 跨越你生命中的"龙门"
　　——《小鲤鱼跳龙门》整本书阅读交流课教学设计

189 童话比真实世界更真实
　　——《安徒生童话》整本书阅读交流课教学设计

194 关于神话,我们可以聊得更多
　　——《中国神话传说》整本书阅读交流课教学设计

199 民间故事中的"她"力量
　　——《中国民间故事精选集》交流课

206 破解情感密码
　　——《童年》推进课教学设计

212 相信你心中的那颗"种子"
　　——图画书《胡萝卜的种子》教学设计

219 在游戏和笑声中成长
　　——《一园青菜成了精》教学设计

225 奋不顾身的爱从来不傻
　　——《青蛙和蟾蜍:好朋友》教学设计

229 成为真正的独立的阅读者
　　——《佐贺的超级阿嬷》导读课

235 走进曹文轩的纯美世界
　　——整本书阅读《草房子》导读课教学设计

240 牢牢握住你的怀表
　　——《金老爷买钟》教学设计

245 全学科阅读《金老爷买钟》
　　——数学学科教学设计

250 全学科阅读《金老爷买钟》
　　——美术学科教学设计

255 全学科阅读 Clocks and More Clocks
　　——英语教学设计

## 名师评说

260 "拆书"的"老付"

## 成长故事

266 付雪莲：用阅读找到生命的出口

## 教育随感

278 丑小鸭
284 老头子做事总不会错

# 教学主张

基于阅读力的整本书阅读教学探讨

——帮助学生成为独立的阅读者

"拆书"十件套

非虚构类文本怎么读

一念之间的译者

让学生成为独立的阅读者

——可视化思维工具在小学整本书阅读中的运用

............

# 基于阅读力的整本书阅读教学探讨

## ——帮助学生成为独立的阅读者

我们常说要避免家庭教育把孩子变成毫无生存能力的"巨婴"这一情况，同理，阅读课程更不能把学生变成阅读"巨婴"。下面我对教师如何帮助学生成为独立的阅读者这个问题进行五个方面的阐述。

### 一、选书标准——以少为多

本文探讨的整本书阅读并非学生自主进行的休闲阅读，而是在学校课堂场域下进行的师生阅读。面对市场上大量的图书和各种机构推出的纷繁复杂的书单，教师很容易感到焦虑和无助。为了不让学生输在起跑线上，很多教师看了儿童阅读推广人的推荐、出版社的宣传或某些机构推出的书单，就草率地确定了学生的课程书目。整本书阅读课程书目选择的随意性、无序性和混乱性使得整本书阅读教学的过程杂乱，教学任务繁重。我们来做一个简单的算术题，如果一位教师从一年级到六年级教同一班学生，带领学生每个月读一本整本书阅读课程书、三本拓展书，在六年不间断的情况下，可以读四十八本整本书阅读课程书、一百四十四本拓展书。这两个数字相较于市场上的图书数量，简直是九牛一毛，教师真正能和学生一起阅读的图书数量和时间其实很少。

有些教师认为整本书阅读课程中最大的支出是买书，其实书目选择的随意性、无序性和混乱性造成学生阅读时间和精力的浪费才是最大的支出。整本书阅读课程书目的选择应该具有学理性,大量同质书目的堆砌不但不会提高学生的阅读力,反而会窄化学生的阅读视野,降低学生的阅读品位。教师作为比学生更有经验的阅读者,有能力也更有义务去选择适合学生的整本书阅读课程书目。整本书阅读课程书目的选择不仅要考虑图书的经典性、连续性等,还要考虑到学生的年龄、性别、家庭情况等。综合多种因素,教师绝不能为了方便,随便拿起几本书就作为学生的整本书阅读课程书目。教师必须博览群书,同时参考各方专家意见,为自己的学生量身定做一份少而精、阅读难度螺旋式上升的整本书阅读课程书目。

## 二、教学目标——以力为准

整本书阅读教学目标的确定和书目的选择应该紧密联系在一起。书目是整本书阅读教学的抓手,目的是提高学生的阅读力、表达力和思考力。下表是对统编版小学语文教材基本学力要求的梳理。

**统编版小学语文教材基本学力要求**

| | 快乐读书吧（课程书） | 单元阅读能力要求 | 口语交际能力要求 | 单元习作能力要求 | 整本书阅读能力要求 |
|---|---|---|---|---|---|
| 一上 | 读书真快乐（阅读兴趣） | 1. 正确、流利地朗读。<br>2. 借助图画阅读。 | 1. 愿意交流,享乐趣。<br>2. 大声交流,注意听。<br>3. 音量适当,有礼貌。<br>4. 参与讨论,大胆说。 | | 1. 和大人一起读。<br>2. 爱读书、讲故事。<br>3. 期待学习拼音。<br>4. 爱去书店看书。 |
| 一下 | 读读童谣和儿歌（童谣儿歌） | 1. 通过诵读童谣、儿歌,感受语言的优美。<br>2. 体会不同标点表达的不同语气。 | 1. 会听故事。<br>2. 借助图片讲故事。<br>3. 声音清楚、洪亮。 | | 1. 喜欢读童谣、儿歌。<br>2. 会背诵童谣、儿歌。<br>3. 喜欢交换书籍看。 |

(续表)

| | 快乐读书吧（课程书） | 单元阅读能力要求 | 口语交际能力要求 | 单元习作能力要求 | 整本书阅读能力要求 |
|---|---|---|---|---|---|
| 二上 | 读读童话故事（童话故事） | 1. 分角色朗读课文。<br>2. 按照课文叙述顺序连接图片。<br>3. 关注课文中的动词。 | 1. 按照一定的顺序讲故事。<br>2. 把自己的想法说清楚。 | 1. 写想说的话和想象中的事物。<br>2. 学习使用标点符号。 | 1. 通过封面找信息。<br>2. 通过书名猜故事。<br>3. 读完书能够把书收好。 |
| 二下 | 读读儿童故事（儿童故事） | 1. 借助插图理解课文情景。<br>2. 借助插图理解故事情节。 | 1. 主动自信地表达想法。<br>2. 完整地讲述故事和见闻。 | 1. 写完整的句子。<br>2. 仿照例文，提出问题。<br>3. 写出自己的理由。 | 1. 读故事，学会联结。<br>2. 关注人物和情节。<br>3. 学习看目录的方法。<br>4. 会分享其他故事。 |
| 三上 | 在那奇妙的王国里（经典童话） | 1. 联系课文展开想象，走进人物内心。<br>2. 把故事讲给家人听，与家人交流自己的感受。<br>3. 从文中找出三处理由，以证明自己读后的观点。 | 1. 讲清自己的经历，引发他人的兴趣。<br>2. 听别人讲故事时能把握主要内容。 | 编童话，要包含时间、地点、人物，能把故事写清楚，并适当添加新角色。 | 1. 发挥想象读童话。<br>2. 把自己想象成为主人公。 |
| 三下 | 小故事大道理（古代寓言） | 1. 关注角色神态和语言，分析角色性格。<br>2. 关注角色的命运，从中懂得道理。<br>3. 明晰多角度的说明方法，并了解其理由。 | 运用合适的方法，把故事讲得更吸引人。 | 1. 看图画，写作文。<br>2. 运用六要素看图画法。<br>3. 主要人物写具体。 | 1. 读懂故事，体会道理。<br>2. 联系生活中的人和事。 |

(续表)

| | 快乐读书吧<br>（课程书） | 单元阅读<br>能力要求 | 口语交际<br>能力要求 | 单元习作<br>能力要求 | 整本书阅读<br>能力要求 |
|---|---|---|---|---|---|
| 四上 | 很久很久以前<br>（古代神话） | 1. 了解故事的起因、经过、结果，学习把握文章的主要内容。<br>2. 感受神话中神奇的想象和鲜明的人物形象。<br>3. 学习读好众神名字的方法。 | 使用恰当的语气和肢体语言，生动地讲述故事。 | 在分析、理解神话人物的基础上，展开想象，写"我"和他经历的一天。 | 1. 要严肃郑重地讲远古神话。<br>2. 发挥想象，感受神话的神奇。 |
| 四下 | 探索科学的奥秘<br>（科普作品） | 1. 阅读时能提出不懂的问题，并试着解决。<br>2. 推测内容要有相关的依据。<br>3. 简明扼要地介绍科学文本。<br>4. 体会非虚构类文本表达的准确性。<br>5. 正确读出文本中出现的科学术语。<br>6. 用结合文本和查找资料的方法理解文本内容。 | 1. 根据讨论目的，记录重要信息。<br>2. 分类整理意见，有条理地汇报。 | 展开奇思妙想，写一写自己想发明的东西，写出它的样子、功能，可以把自己想发明的东西画出来。 | 1. 运用阅读策略理解科技术语。<br>2. 读完阅读资料，了解一下书中谈到的科学问题。 |

(续表)

| | 快乐读书吧（课程书） | 单元阅读能力要求 | 口语交际能力要求 | 单元习作能力要求 | 整本书阅读能力要求 |
|---|---|---|---|---|---|
| 五上 | 从前有座山（民间故事） | 1. 了解课文内容，创造性地复述故事。<br>2. 熟练默读，分角色演故事。<br>3. 体会民间故事的不可思议之处。<br>4. 能给民间故事绘制连环画。 | 丰富故事的细节，配上相应的动作和表情，把故事讲得生动、有吸引力。 | 提取主要信息，缩写故事。（摘录和删减、概括和改写） | 1. 了解民间故事作为口头艺术的特点。（固定类型、重复段落——方便记忆、加深印象）<br>2. 领略情节、认识人物、感受愿望。 |
| 五下 | 读古典名著，品百味人生（古典名著） | 1. 初步学习阅读古典名著的方法。<br>2. 按照起因、经过、结果的顺序说一说故事的主要内容。<br>3. 分析名著中的人物。（语言、动作、表情等）<br>4. 遇到不懂的词语，学会猜意思。<br>5. 创造性地讲述古典名著中的故事。 | 1. 根据整理的记录，有条理地表达。<br>2. 主持讨论，学习表演课本剧。 | 学习写读后感，从留下深刻印象的人物、受到触动的情节、故事蕴含的道理中找到给你留下印象最深的部分重点介绍。可以联系阅读积累和生活经验，也可以引用原文中的个别语句。 | 1. 体会文章生动的语言。<br>2. 了解古代章回体小说。<br>3. 根据题目猜测故事。 |
| 六上 | 笑与泪，经历与成长（成长小说） | 读小说，关注情节、环境，感受人物形象。 | 1. 表达自己的观点，有理有据。<br>2. 有条理地表达，观点明晰。 | 1. 展开丰富的想象，创编故事。<br>2. 围绕中心意思，从不同的方面或选择不同的事例来写。 | 1. 学习厘清人物关系。<br>2. 根据情节分析人物。 |

(续表)

| | 快乐读书吧（课程书） | 单元阅读能力要求 | 口语交际能力要求 | 单元习作能力要求 | 整本书阅读能力要求 |
|---|---|---|---|---|---|
| 六下 | 漫步世界名著花园（世界名著） | 1. 了解作品梗概，把握名著的主要内容。<br>2. 就印象深刻的人物和情节交流感受。<br>3. 学习列小标题梳理故事情节的方法。<br>4. 找到作家其他的作品。 | 1. 选择适当的材料，表达自己的观点。<br>2. 引用原文说明观点，更有说服力。<br>3. 分辨别人的观点是否有道理，讲的理由是否充分。 | 学习写作品梗概：<br>①读懂内容，把握脉络。<br>②筛选概括，合并成段。<br>③锤炼语言，连贯表达。 | 1. 坚持读完一本经典名著。<br>2. 大致了解名著的写作背景。<br>3. 读的时候要做读书笔记。（在页面空白处随时写感触；喜欢的段落要摘抄，并标注页码；遇到人物关系比较复杂的情况，可以画一个人物图谱，以便阅读时随时查阅；读完整本书以后，可以写出全书的结构，以及作者在书中想要表达的一些想法） |

通过梳理，我们可以深刻感受到整本书阅读教学的核心不是阅读零散的书目，而是提高学生的基本学习能力。学生阅读力、表达力和思考力的提高，才是教师的教学目标。

### 三、实现路径——以慢为快

在整本书阅读教学中，很多教师的思维还是有局限性，把整本书当作语文课文来教，于是整本书阅读教学中就出现了识字环节、用关联词语造句环节、概括段意环节……语文课好像一下子多出了好几本教材，教师觉得教学时间不够，学生也觉得整本书阅读课好无趣。其实整本书阅读教学并不用承担"字、词、句、段、语、修、逻、文"等语文基础知识的教学任务，它的教学目标是提高学生的阅读力、表达力和思考力。教师要发现学生在阅读整本书过程中遇到的困难，并及时想办法帮助学生解决困难。

以六年级上学期的课程书《童年》为例。《童年》里面人物众多，同一个人物的姓名也有很多种叫法，学生阅读时容易混淆人物，影响理解。这时候，教师可以让学生停下来，指导学生制作人物姓名卡，让学生在人物姓名卡的帮助下继续阅读，同时引导学生发现不同的姓名叫法代表着说话人对对方不同的态度，从而深入理解文本内容。这样的整本书阅读教学指导看似没有让学生掌握更多的生字，学会更多的修辞手法，积累更多的好词好句，但学生之后再阅读其他译文作品时，就可以运用这样的有效阅读策略进行更顺畅、更深入的阅读。这便是以慢为快，可以帮助学生逐渐成为独立的阅读者。

当然，不同的地区、不同的学校、不同的年级、不同的阅读推广氛围，教师制订的整本书阅读课程周期也会有所不同，但整本书阅读教学的一般流程和路径还是有规律可循的。整本书阅读教学的基本流程如下表所示。

| 教学流程 | 教学目标 | 教学方式 |
| --- | --- | --- |
| 通读指导（导读与推荐阅读） | 1. 学习书册知识。<br>2. 激发学生的阅读兴趣。<br>3. 帮助学生解决在阅读中遇到的困难。 | 1. 参看"小学阶段书册知识基本学力要求"。<br>2. 激趣十一法：读精彩片段、教师讲述自己与书的故事、观看同名电影、教师留下悬念、教师邀请作家、概述情节、了解作家地位和所获奖项、听主题曲、师生讨论学生与主人公的相似之处、看名人的评价、与其他书进行比较。<br>3. 阅读小工具：如何掌控阅读速度、如何记住外国人名…… |
| 重点突破（深层交流与延展） | 1. 梳理情节。<br>2. 学习表达。<br>3. 探讨主题。<br>4. 拓展思维。 | 1. 情节可视化思维工具：情节绳、情节波、情节环……<br>2. 发现不同书册表达的秘密。<br>3. 主题可视化思维工具：意见桌、数字图、文字图…… |

(续表)

| 教学流程 | 教学目标 | 教学方式 |
|---|---|---|
| 能力评估 | 通过综合性实践活动进行过程性评价。 | 根据年段要求和每本书的具体特点进行综合性实践活动的设计，例如创意写作、小剧场、诗词吟诵大会、周边产品设计、主题辩论、项目性研究等，尽量避免知识性的纸笔测验等方式。 |

### 四、文体意识——以例及类

阅读单篇文章要有文体意识，阅读整本书同样要有文体意识，并且阅读不同文体要采用不同的阅读策略。

以童话体裁为例，图书市场上的童话作品数不胜数，我们可选择有代表性的《绿野仙踪》《五个孩子和一个怪物》进行童话的整本书阅读课程策略教学。在教学过程中，教师要引导学生关注童话作品中的"入口"和"出口"。《绿野仙踪》中一场龙卷风把多萝西从现实世界卷入奇幻的奥兹国，《五个孩子和一个怪物》中孩子们通过沙坑把奇幻世界中的沙精"拽"到了现实世界。"龙卷风"和"沙坑"就是神奇的"入口"和"出口"。正是因为有了"入口"和"出口"，现实世界中的读者才有了精彩的奇幻之旅。

学会了找"入口"和"出口"的方法后，学生自读童话作品的时候便会发现，《纳尼亚传奇》中的魔衣橱是那个通往纳尼亚王国的神奇"入口"，《爱丽丝梦游仙境》中的兔子洞是爱丽丝进入神奇的地下世界的"入口"，《哈利·波特》中的九又四分之三站台就是哈利·波特进入霍格沃茨魔法学校的"入口"，《阿拉丁神灯》中的神灯是灯神进入现实世界的"出口"……童话中的主人公借助这些"入口"和"出口"，在奇幻世界中学会了坚强、勇敢、乐观等，并把这些宝贵的品质带回到现实世界中，解决现实世界中的难题。这就形成了一种"在家—离家—归家"的环形结构。

让学生具有文体意识，掌握整本书阅读的规律和策略，以例及类地进行整本书阅读是培养学生成为独立阅读者的重要途径。

### 五、评价方法——以生为本

根据整本书阅读教学中评价所发挥的不同作用，可把教学评价分为诊断性评价、形成性评价和总结性评价三种类型。

诊断性评价主要是为了了解学生的知识储备和阅读整本书过程中可能遇到的困难。"BEFORE（之前）—AFTER（之后）"表格就非常适合帮助教师对学生进行诊断性评价，它不仅为课堂的有效性提供了可靠的依据，也让学生清楚地看到自己阅读前后的变化。

| BEFORE | AFTER |
| --- | --- |
| 读书前我知道…… | 读书后我知道…… |
| 读书前我推测…… | 读书后我证实…… |
| …… | …… |

形成性评价可以确认学生的学习效果，类型非常丰富。例如，自我提问就是一种非常重要的形成性评价方式，不仅可以激发学生的阅读兴趣，还可以加深学生对文本的理解，同时也是一种非常好的阅读策略。教师先让学生用便利贴进行问题的搜集、书写和排序；然后让学生在小组内互相回答问题，这样不仅可以让学生进行回读，还可以通过同伴的学习加深对文本的理解；最后全班同学一起围绕情节、人物、主题、表达方式、风格等方面对问题进行选择，并集中交流。

总结性评价是整本书阅读教学中的重要部分，教师要根据课标中的学段要求对学生进行知识和能力两方面的评价。例如书册知识部分，很多人认为是毫无用处的，其实书册知识的学习恰恰是帮助学生成为独立阅读者的必经之路。

附小学阶段书册知识基本学力要求：

| 年段 | 小学阶段书册知识基本学力要求 |
|---|---|
| 低年级 | 1. 会看封面，能够找到题目、作者、译者、出版社。<br>2. 二年级学生可以根据自己的喜好选择阅读文本。<br>3. 有观察封面插图的意识，并能够根据插图猜测故事。<br>4. 会看目录，能够通过页码找到自己想看的章节。<br>5. 会看封底，有关注他人评价的意识。 |
| 中年级 | 1. 有通过作者、奖项、出版社、推荐人、评价人等信息找到所需图书的能力。（通过书腰、书衣、书签，发现……）<br>2. 能够通过浏览前言、序言、后记，初步判断图书的大概内容。<br>3. 能够通过目录基本掌握整本书的叙事风格和结构。（感知故事的推进过程）<br>4. 能够根据版权页中该书再版的次数来判断一本书是否受欢迎。<br>5. 能够根据版权页找到文章的字数，并初步推断阅读本书的时长。 |
| 高年级 | 1. 能够使用"拆书"十件套的方法比较准确、快速地判断一本书的品质。<br>2. 能够通过阅读前言、序言、后记感知作者的写作风格与叙述方式。<br>3. 熟知知名作家、出版社、各大国内外奖项，能够从多个版本中选出质量最优的书籍。<br>4. 能够根据书的厚度合理地安排自己的阅读时间，并监控自己的阅读速度。<br>5. 能够从作者的其他作品中选择继续阅读的文本。<br>6. 能够确定自己的阅读方向，并能够明白自己喜欢的阅读种类和范围。<br>7. 有自己的品位，具备一定的阅读能力，能够用"拆书"的方式给其他人推荐优秀书籍。 |

整本书阅读能力的测评可参考基本学力要求。

选书，以少为多；目标，以力为准；路径，以慢为快；文体，以例及类；评价，以生为本。引导学生从学习阅读走向用阅读学习，帮助学生成为独立的阅读者是每一位语文教师的重要目标之一。

# "拆书"十件套

2007年,梁文道在《开卷八分钟》第一集推荐的书是金克木先生的《书读完了》。在此书中,金克木先生提出了一种观点:书太多,读不完,读书人最好学会给书"看相"的本事。即一见书的纸墨、板型、字体便知版本新旧,除此之外,还要看出书的形式,还要看出书的性质,更要看出书的价值。这种感觉颇像中医的望、闻、问、切,有经验的老中医眼一看、脉一搭,病人身上的毛病就逃不过他的眼;也特别像有经验的瓜农,从地里刚摘的瓜,放手上一掂、一拍,就知道瓜熟几分,是沙瓤瓜还是水瓤瓜。不知道诸葛亮的"观其大略"是不是也有这层含义。下面我就谈一谈如何用"拆书"的方法给书"看相"。

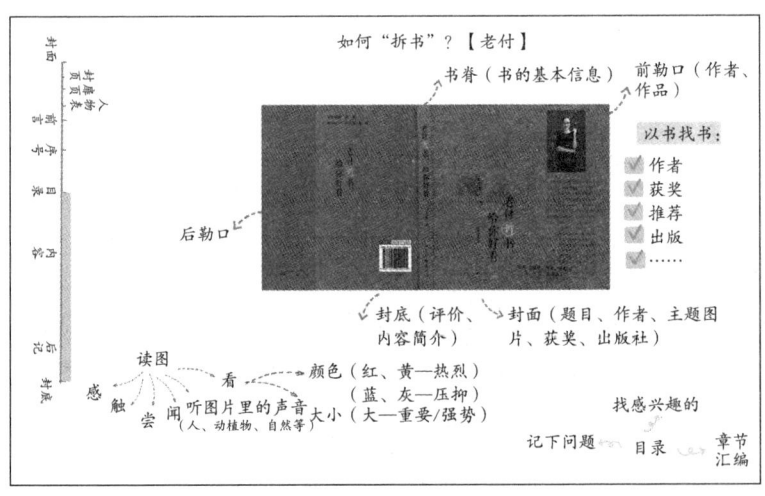

## 一、"拆"封面

美丽的封面是一本书的"第一眼"。书店里的书琳琅满目,每本书的封面都好像在大喊:"看我啊!看我啊!"掌握了"看相"的本领,你才不会"乱花渐欲迷人眼",才能体会到"众里寻'书'千百度,好'书'就在灯火阑珊处"的美妙。

有趣的灵魂万里挑一,漂亮的皮囊却绝对不是千篇一律。书的封面就是它的门面,虽然封面颜值高未必代表这本书就一定优秀,但一些连"表面功夫"都做得不尽如人意的书,还是从侧面暴露了一些问题。优秀的图书封面设计会将视觉美感和文化内涵巧妙结合在一起,甚至会设置一些悬念,从而完美地呈现出书的内容与思想。下面我将以实例来说明如何"拆"封面。

本书作者的名字罗尔德·达尔被标在封面的最上方,鲜明的黄色大字极其醒目。如果去阅读罗尔德·达尔的其他作品,你会认为你挖到了宝藏,因为他的作品质量是有保证的。

本书封面以桃红色为主色调,封面下方的中间位置彩绘了一个正在看书的女孩,暗示了她可能是故事的主人公,微笑的表情说明了女孩对书的喜爱。她脚下垫了厚厚一摞书,与后面用黑白线条勾勒的儿童形象相比,显得非常强大,充满了力量与智慧。封面中间黄色长条上的"玛蒂尔达"就是这本书的名字,同时也可能是这个女孩的名字,这是要到书中去验证的。封面上方飞舞的书和手持武器的男人也是彩绘的,说明书和这个男人在本书中同样有着重要地位,这也是要通过阅读去验证的。

通过观察封面,我们脑海中可能会出现这样的词汇:学校、少女、书籍、老师、对抗……

怎么样,看了这个封面后你喜欢这本书吗?

（续表）

| | |
|---|---|
| 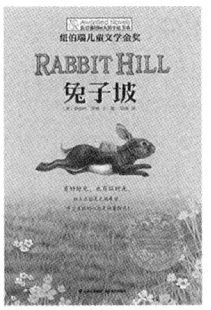 | 获奖情况其实也是衡量书籍品质的一个方面。一本书能被那么多专家认可，一定有它的过人之处。<br>《兔子坡》这本书可不只获得了封面上标注出来的纽伯瑞儿童文学金奖，它还获得了凯迪克金奖。作为"双冠王"，《兔子坡》被称为经典毫不为过。<br>封面上方标注的"长青藤国际大奖·小说书系"即本书的丛书名，该出版社将部分获得长青藤国际大奖的小说汇集成了一套书。所以我们也可以选择丛书中的其他图书进行阅读，这也是挑选好书的一种方法。<br>封面上的这段文字是打开本书的"钥匙"：有好时光，也有坏时光，但未来总是充满希望，年少雀跃的心总是向着阳光！你被这段文字吸引了吗？ |
|  | 本书的封面上标注了作者和译者。作者是E·B·怀特，他的《精灵鼠小弟》《吹小号的天鹅》也深受儿童与成人读者的喜爱。译者对于外文书来说非常重要，本书译者是任溶溶，他是我国儿童文学领域德高望重的翻译家，值得读者信赖。<br>本书封面的主色调是黄色，如同秋天的麦穗一般给人一种温暖的感觉，剪影是一头猪的形状，暗示本书是围绕着一头猪展开的。<br>本书的书名是《夏洛的网》，图中的小女孩和其他动物的目光都被一只垂下来的蜘蛛吸引了，可以由此推测夏洛就是这只蜘蛛的名字。一只蜘蛛、一头猪、一个小女孩……这中间发生了什么有趣的故事呢？怎么样，你感兴趣吗？ |

（续表）

| | |
|---|---|
|  | 有创意的封面设计能让图书非常有吸引力。《喀哒喀哒喀哒》这本书讲了一个小女孩在阿嬷喀哒喀哒的缝纫机声中体会到浓浓亲情的故事。封面上画了一台老式缝纫机，还放了一根真的线，设计精巧用心。《宇宙掉了一颗牙》是一个关于记忆、承诺和梦想的故事，哈雷彗星告诉主人公乳牙能够收集人们的记忆和愿望，主人公发现自己的乳牙也可能存储着记忆。本书封面就配了一个小小的塑料瓶，让小读者们把自己换掉的乳牙收藏起来，和书中的主人公一起体会哈雷彗星饱含哲理的话，创意十足。<br>独具匠心的封面设计不能保证这本书一定是好书，但至少体现了作者和编者的用心程度。 |

## 二、"拆"书脊

书店的空间有限，大部分图书是放在书架上展示的，露出来的只有书脊，所以对于一些经常逛书店的人来说，书脊也是一本书的"封面"。一本书的书脊上有书名、出版社或图案标志，如果空间允许，还要有著者或译者姓名等内容。

图书的书脊设计水平参差不齐，各不相同，在最短时间内从琳琅满目的书架上根据书脊挑选出一本好书，绝对是个技术活儿。下面我以实例来说明如何"拆"书脊，如何根据书脊来挑选图书。

| | |
|---|---|
|  | 《喀伦坡之狼》和《极地重生》都是威廉·格利尔的作品。威廉·格利尔是凯特·格林纳威奖60年以来最年轻的得主。这两本书的书脊都是布质书脊，深色底白色字，既清楚又有质感。《喀伦坡之狼》书脊边缘的白色图案和封面的风格统一，浑然一体。《极地重生》书脊边缘的图案如同冰裂的花纹，与主题极其契合。设计优秀的图书书脊从材料到颜色、图案、字体、标志等，每一处都独具匠心。 |

（续表）

| | |
|---|---|
| 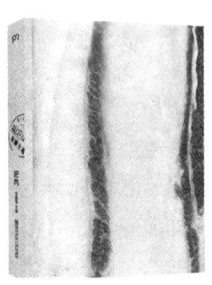 | 书籍设计师朱赢椿出版的图书有《虫子旁》《蚁呓》《便形鸟》《设计诗》《肥肉》等，这些书好评如潮。这本《肥肉》尤其夺人眼球，封面被设计成了一块五花大肥肉的样子，书脊的部分刚好是肉皮的图样，仔细看还会看到粗大的毛孔。<br>书脊上标注了书名、作者姓名和出版社，简单明了，中间还印有一枚蓝紫色的"检验合格"的章，让人忍俊不禁，与整本书的主题十分契合。朱赢椿真的是设计高手，把功夫做到家了。 |
|  | 这是朱赢椿的另一部作品《设计诗》，书脊上、下三分之一的部分使用了白色粗麻布，书脊上的两行虚线隔开了标志、书名和作者姓名，字竖向排列，大小适中，极简之中品位非凡。书脊采用了锁线装订的工艺，使整本书可以一百八十度打开，方便阅读，配合着封面那极有质感的厚牛皮纸张，诗意满满，古味盎然。 |

### 三、"拆"勒口

勒口是图书封面、封底翻口处延长向里折叠的部分，分为前勒口、后勒口，有防止封面、封底卷曲等作用。一般来说勒口会放有作者简介、内容简介或其他相关书目等。

勒口的空间有限，需要用高度概括的文字向读者介绍作者、介绍这本书。勒口仿佛就是一本书的窗口，读者站在书的外头，经由勒口看见书里的内容。下面我以实例来说明如何"拆"勒口。

　　《老鼠记者》作为全球销量过亿的热门系列书，自然有它的特别之处。除了幽默有趣的故事和富有创意的表达方式，这套书的勒口也很有看头。读者仔细阅读后就会发现，相较于其他书的勒口，这套书勒口上的作者简介写的竟然是书中的主人公杰罗尼摩·斯蒂顿。这就是创意！从勒口处就带领读者走入书中的世界，让读者快速进入故事。

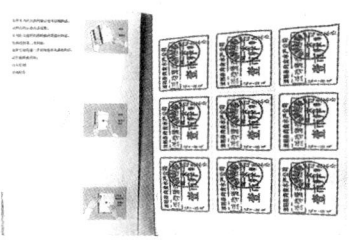

　　《肥肉》这本书的勒口极有特色，放有三张简洁明了的示意图和一段文字，告诉读者如何把第一个封面换成第二个封面。第二个封面底色是纯白的，正中央印着仿真的一小块肥肉图案，红白相间，油光锃亮。这本书的勒口设计简直是创意无限。

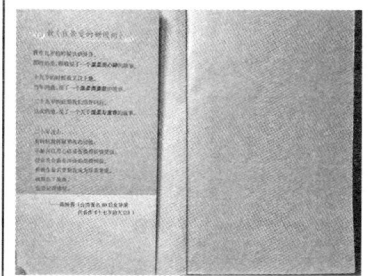

　　《我亲爱的甜橙树》是一个构思了 42 年，却仅用 12 天写成的故事。作者模拟一个 5 岁男孩的口吻，记录了一段温馨而伤感的生活片段。"人的心是很大的，放得下我们喜欢的每一样东西。""当你停止喜欢一个人，他就会在你心里慢慢死去。""请把我买走吧，这样家里就会少一个人吃饭……如果觉得贵，也可以分期付款……"人们摘录、传抄着泽泽的经典语录，感悟着爱与温柔。这样一本书的勒口该怎么设计？美编选用了温暖的橙色、奶黄色作为主色调，并选用了台湾导演陈映蓉的一段话，其中我最喜欢的是这一句：祈祷生命若要磨我成为厚茧老皮，就算忘了流血，也要记得感觉。

　　好的勒口带给读者的不仅仅是惊艳，有的时候还会是惊心。

（续表）

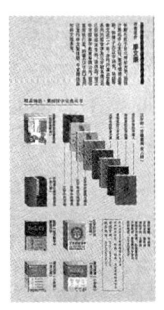

《汉字树》这本书的后勒口的设计是非常典型的，上面排列了同系列的图书书影，读者可以借此找到其他图书进行阅读，这也是挑选图书的一种方式。通过勒口介绍的书，你也可以初步判断本书的价值和水准。

## 四、"拆"版权页

版权页是指书刊上印着书刊名、著作者、出版者、发行者、版次、印刷年月、印数、定价等信息的一页。版权页一般安排在扉页的背面，或者正文后面的空白页上。千万别小看版权页，里面的很多内容可是大有用处。下面我以实例来说明如何"拆"版权页。

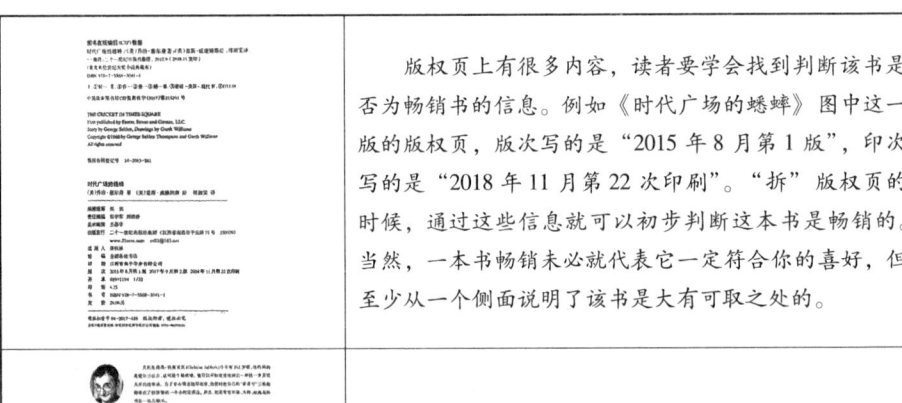

版权页上有很多内容，读者要学会找到判断该书是否为畅销书的信息。例如《时代广场的蟋蟀》图中这一版的版权页，版次写的是"2015年8月第1版"，印次写的是"2018年11月第22次印刷"。"拆"版权页的时候，通过这些信息就可以初步判断这本书是畅销的。当然，一本书畅销未必就代表它一定符合你的喜好，但至少从一个侧面说明了该书是大有可取之处的。

绘本"不一样的卡梅拉"系列中的《我想有个弟弟》的版权页上，印次写的是"2010年5月第22次印刷"，这说明了本书的受欢迎程度。这本书的版权页也非常有趣，编者、绘者的头像和风趣的简介可以让读者对这本书的了解更加深刻。

(续表)

|  | 通过看《海洋之歌》的版权页，读者可以发现它是根据电影改编的中篇小说。除此之外，字数也是版权页中非常重要的信息。本书的字数是 71 千字，也就是 71000 字，根据课标对第三学段默读一般读物每分钟不少于 300 字的要求，读完这本书要用大概 4 个小时。根据版权页提供的字数估算阅读时长，可以让读者更好地监控阅读速度，从而不断地提高阅读效率。 |

## 五、"拆"扉页

扉页是书刊封面之后印着书名、著作者、出版社等内容的一页。有些人说扉页就是"小封面"，确实如此，有些书的扉页就是简化版的封面，但不少用心的作者和编者会在扉页中藏上"秘密"，等待读者发现。下面我们就一起"拆一拆"那些有"秘密"的扉页。

|  | 《时代广场的蟋蟀》这本书的扉页简洁大方，书名、作者、绘者、译者、出版社一目了然。扉页上还有一幅小小的插图，一个中国风的宝塔形笼子竟然出现在了美国作家的书里，这着实让读者惊讶。花纹精美的底座彰显着这个笼子的不凡"身份"，笼子里面精致小巧的铃铛体现了主人的情趣，配合着书名中的"蟋蟀"，所有的线索都指向这是一个来自中国的蟋蟀笼子。可是四敞大开的门又让人不禁心生怀疑，这样精美的笼子里养的必然是最为出色的蟋蟀，为什么现在空空如也？是有人偷了它，还是主人故意放了它？引人产生无限遐想。好的扉页就是这样，不仅与书中内容完美契合，还能激发读者的阅读兴趣。 |

（续表）

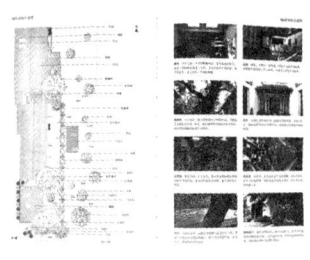

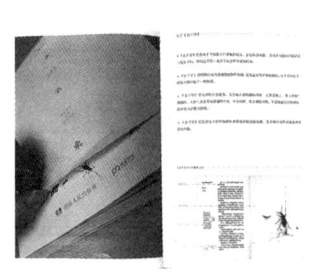

《虫子旁》是书籍设计师朱赢椿的首部图文作品，介绍了被我们所忽略的虫子世界。它的扉页有好多张，张张经典，均有可以拆解的地方。

1. 第一张扉页上虫子旁的字密密麻麻铺满了书页，让我们惊讶地发现原来我们的文字里有如此多虫子旁的字，先声夺人大概也就是这个意思了。第一张扉页的设计让我们开始怀着众生平等的态度去正视这个虫子的巨大世界。

2. 第二张扉页左边的照片被平均分成了三个部分，右边的"树上""墙上""地上"的提示在告诉读者，寒来暑往，只要你用心去看，虫子随处可见，自成一派野趣。

扉页上那句"谨以此书献给随园书坊的虫子们"更是动人。随园书坊是作者的工作室，也是作者长年累月观察虫子的地方。把书作献给虫子们，既符合了本书的主题，也表现了作者对这些虫子平视的态度。

3. 第三张扉页是随园书房的平面图和实景图。直观立体地展现了随园书坊各动、植物的分布。阁楼的蜘蛛，后院的蜥蜴和鼻涕虫，天井的蚂蚁家族和幽灵蛛，竹篱笆的竹管里切叶蜂一家，前院朴树下面的金龟子、螳螂和蟋蟀。扉页不仅仅展示了各种各样的虫子，更是为有心的读者展示了如何在日常生活中发现那些可爱的虫子们。阅读后，让人不禁想去看看自家门前的那棵大树，是不是也藏着好多有趣的虫子呢！

4. 第四张扉页我叫它方法篇，如何阅读这本《虫子旁》作者介绍得清清楚楚，封面折口下面要翻一翻，随处隐藏的虫子总会带给你无限的惊喜。这种对好奇心和探求欲的激发，让读者迈开了学习观察大自然的第一步。书的内容组成示意图也是诚意满满：现场图片，观察日记，观察手稿，编辑提示（昆虫小百科），让读者一目了然，同时也激发了读者自己用手账记录自然观察的兴趣。

## 六、"拆"前言、序

前言和序是放在图书正文之前的独立文章，前言也称前记、引言，序可以分为自序、他序、代序等。作者自己写的叫自序，内容一般包括本书的主要内容、写作缘由、撰稿过程、主要特点和内容体例等；由他人所撰写的序叫他序，一般包括对作者的介绍，对作品的分析、价值评判以及就某些问题进行的探讨等。浏览前言和序可以让读者快速地从整体了解一本书，从而判断这本书究竟是不是自己想要读的。

《永远讲不完的童话》是德国作家米切尔·恩德的作品。这本书的前言非常有趣，作者没有介绍书中的任何一个故事，也没有介绍本书的写作背景、表达手法等。他在前言中介绍了一个有特殊癖好的家庭，这个家庭的特殊癖好就是——手不释卷。比方说，祖父因为读书把烟灰弹进了花瓶，又把花瓶里的水当咳嗽药喝了；祖母边读书边织袜子，结果织的袜子就像一条毛茸茸的大蟒蛇；父亲是位肖像画家，一边画画一边看书，结果把要画的女士的脸和她怀里那只哈巴狗的脸弄反了……

这么可爱的故事，这么有趣的前言，无需多言，读者早就被这本书深深吸引了。

## 七、"拆"后记、跋

后记、跋是写在书末的说明性文字，多是补充序和前言之不足，说明稿件完成后的新情况，或对他人在自己写作过程中给予的帮助致以谢意等。后记、跋多数是由作（译）者撰写。看后记、跋会让读者对这本书的理解更为全面，感觉特别像在看一本书的"小道消息"。

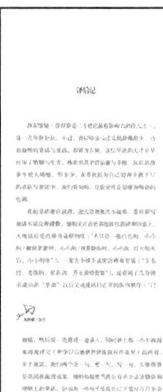

《普拉斯童话童谣集》一书中包含了作者西尔维娅·普拉斯创作的三个十分有趣的小故事，译者黄昱宁为本书写了译后记，介绍了作者的基本情况，她还专门把作者这三个童话故事与其他重在说理的童话故事做了对比，对比后发现这三个故事更注重韵律和诗意。译者还在译后记后面的部分讲了她与这本书的故事：一个是翻译这本书让她克服了翻译诗歌的心理障碍；另一个是她与女儿共同翻译的趣事。她给女儿一本词典，放手让女儿去翻译，最后女儿由衷地感叹：原来翻译是一件开头那么好玩，后来那么辛苦的事。

本书是汉英对照版，译者在译后记中的分享让读者不禁产生了自己也试着去翻译一下的冲动，这就是后记的作用，它能让读者对这本书了解得更深入，对这本书产生更多有趣的想法。

## 八、"拆"目录

目录也会反映一本书的品质。目录是书的骨架，作者创作这本书的整体思路可以从目录里找到。有经验的读者通过目录就可以评估出一本书的价值，并可以通过目录迅速查找到自己所需要的内容。

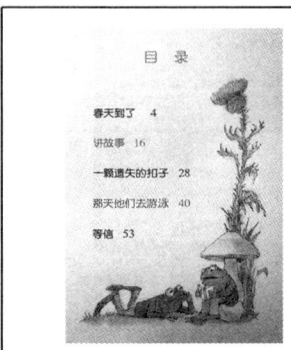

艾诺·洛贝尔的"青蛙和蟾蜍"系列在美国家喻户晓。洛贝尔是这一系列书的作者及绘者，他在绘画上极其用心，目录设计也极其有特色。《青蛙和蟾蜍——好伙伴》的目录，洛贝尔选择了蟾蜍身上的土黄色和青蛙身上的青绿色作为文字的颜色，目录配图画的是蟾蜍给青蛙读书的场景，周围的景物不多，巨大的植物、白色的蘑菇伞都微微向这对好朋友倾斜着，好像在说：只要有爱，世间万物都是那么的美好。

（续表）

| | |
|---|---|
| 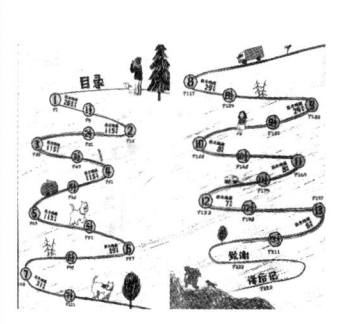 | 《马克的完美计划》这本书的目录也相当特别。弯曲的线条就像主人公马克出行的路线。目录中的圆圈是一个个站点，整数站点是以马克的视角述说的故事，非整数站点是以他的好友杰西的视角述说的故事。从目录中读者就能发现这本书是双线叙事结构。目录上出现的小狗、大卡车、照相机、行李等图案都是故事里很重要的部分，开头处画了马克在拍照，结尾处画了马克带着小狗登山，读了整本书之后，读者就能明白这样的设计既有创意，又完美地展现了主题。 |
|  | 《老鼠记者》这套书在前面"拆"勒口的时候提到过，其实这套书的目录也极有个性。"啊，大海，没有什么比得上大海""啊，高山，没有什么比得上高山""啊，探险，没有什么比得上探险""啊，艺术，没有什么比得上艺术"……目录里大量的口语和反复的结构使得读者忍俊不禁，还激发了读者的阅读兴趣，很多读者都说最想看"蟑螂面包酱"这一章。好的章节名称虽然很重要，"分分钟"吸引读者的注意力。除了有趣的章节名称，这套书的目录还配有一些有趣的插图——编辑部老鼠们的私人物品、奶酪形状的奖杯、恐龙、书籍、摩托车、飞机……好的目录就是这样的。你有没有想要阅读本书的冲动呢？ |

## 九、"拆"封底

封底，又称封四、底封，是书刊的背面，跟封面相对的一面，是书刊的重要结构部件，是封面、书脊的延展、补充、总结或强调。封底和封面是紧密关联的，互相衬托、互相补充，缺一不可。图书封底的右下方会印有书号及其条码和定价，一般封底也会印有本书涉及领域内的专家、媒体的评价等文字。

|  | 《安妮日记》的封面和封底的色调都是棕色系的，橘黄色的书名为整本书增添了一丝暖意。<br>封底有美国前总统约翰·肯尼迪等人的书评，这些人的身份在暗示着这本书的主题与政治、历史、战争有关。约翰·肯尼迪说："在历史上众多在重大痛苦和损失之时为人性尊严发言的人当中，没有谁的声音比安妮·弗兰克更铿锵有力。"书评在帮助读者建立与这本书的联系。如何？有没有马上翻开书阅读的冲动？<br>仔细阅读图书封底的书评，可以对本书有一个初步的认识。书评大多是该书题材领域内的专业人士撰写，因此通过书评撰写人找同类书的方法也相当实用。|
|---|---|
|  | 《鸡蛋哥哥小组》讲的是三个戴着蛋壳的小鸡，在努力向自己憧憬的对象靠近的过程中，逐渐变化和成长的故事。最后，故事里的鸡蛋哥哥们自己扔掉了蛋壳，欢呼着变成了小鸡。本书封底画了一幅图，图上有一个戴着棕色蛋壳的小鸡，它也想加入鸡蛋哥哥小组，却只看到了地上三个残缺的蛋壳。好的封底会让故事继续。|
|  | 《有个老婆婆吞了一只苍蝇》改编自一首夸张而幽默的传统民间童谣，整本书都透着一股轻松逗乐又"无厘头"的味道。作者在绘本的封底用贴条的方式把长得酷似苍蝇的昆虫一一介绍出来，让读者在哈哈大笑的同时，掌握了不少有关昆虫的知识。好的封底会给读者额外的知识。|

### 十、"拆"附件（书衣、书签、腰封、导读手册）

一本书的附件如书衣、书签、腰封、导读手册等，也可以作为判断一本书品质的依据。彼得·门德尔桑德是世界知名的书籍装帧设计师，他认为好的设计不仅要美观且不落俗套，还要让书衣、封面等成为阅读的一部分，这未必一定要在其中暗示或象征什么，而是通过巧妙的设计让读者蓦然领会它们与书中寓意的关联，就像透过锁孔窥探一个未知的房间，同时也向读者暗喻一扇通往未知的大门即将打开。下面我将举例来说一说如何"拆"附件。

相对于普通的长方形书签，未读的书签绝对是颜值和实用的双料冠军。依中间的折痕将书签对折后会突出半个圆形，上面有未读的标识。一面是联合天际的标志，一面是可供读者写字的便签，下面还有未读的二维码。小小的书签材质轻薄，可以把读到的书页夹在中间，合上书后露出半个未读的标识，既起到了广告的作用又方便查找。书签上的"未读之书，未经之旅"既是未读的理念，又给读者一种激励，鼓励读者不停地阅读新书。细节彰显品位，好的书签绝对是一本书，一个出版社，一个阅读品牌的品质展现。

《禅与摩托车维修艺术》这本书的书名可能会让一部分人望而却步，但这本书的腰封上有一段话："我因为写了一部人们把它和《禅与摩托车维修艺术》相比较的书而感到甚受恭维。我希望拙作（《时间简史》）和本书一样使人们觉得，他们不必自处于伟大的智慧及哲学的问题之外。"霍金的这段话让这本书瞬间变得十分有吸引力，一本令霍金都自愧不如的书，成功地激发了人们的阅读兴趣。

事实也确实如此，这确实是一本好书。这本书是一部自传体小说，还是一部哲学作品。这本书讲了一个父亲带着十四岁的孩子克里斯骑着摩托车横穿美国大陆，前往西部旅行的故事。在漫长的骑行过程中，他们以维修摩托车为起点，探讨了科技与反科技、古典主义与浪漫主义、西方哲学与东方哲学、主观客观与良知等哲学问题。

（续表）

| | |
|---|---|
|  | 《我永远也得不到贝森老师黑板上的一颗星》这本绘本配有一个导读手册，导读手册里的内容相当丰富，有作者詹妮弗·K.曼的介绍、个人访谈录和相关评论等。关注导读手册能让读者快速地了解这本书的相关背景。<br>导读手册也可以帮助读者挑选优质的图书。 |

我们每个人都可以自由地选择图书，但在这之前，我们也应该拥有选择图书的能力。

# 非虚构类文本怎么读

今天想跟大家聊聊非虚构类文本该怎么读。在聊之前先给大家介绍一套书——《阅读力：阅读写作策略丛书》，作者是加拿大的阿德丽安·吉尔，整套书一共有三本。今天我要聊的是这套书中的一本——《阅读力：知识读物的阅读策略》，这本书讲的就是非虚构类文本的阅读知识。这本书里有一首小诗，是这样写的：

什么是虚构？

| | |
|---|---|
| 什么是虚构？什么是虚构？ | 什么是非虚构？什么是非虚构？ |
| 并非真实。并非真实！ | 可是真实？的确真实！ |
| 大象在飞翔， | 事实和信息， |
| 北极熊在驾驶…… | 但是没有想象…… |
| 并非真实。并非真实！ | 的确真实。的确真实！ |
| | |
| 有趣、吓人；魔鬼、仙子。 | 表格和标签，网络图和图表。 |
| 还有冒险。还有冒险！ | 文字说明。文字说明！ |
| 人物和背景， | 青蛙、昆虫、栖息地， |
| 开始和结束…… | 星球、天气、鲸鱼、蝙蝠…… |
| 并非真实。并非真实！ | 的确真实。的确真实！ |

这首小诗给我们留下印象最深的应该就是这十二个"真实"。在这首小诗

中，"虚构"与"非虚构"的区别就是：你是不是真的。如果有仙子、魔鬼等，就是虚构的；如果有表格、文字等，就是非虚构的。这看起来似乎很清晰，但我们却不能这样想。

我们来看看右面这张图，当你第一眼看见它时，你认为这是一只鸭子还是一只兔子呢？在心理学中的解读是，如果你第一眼看见的是鸭子，你的心理特征是偏男性的；如果你第一眼看见的是兔子，你的心理特征是偏女性的。（但也有看见鸭子的性格会外向一些，看见兔子的性格会内向一些的说法）既然看见鸭子和兔子都对，那么真实的图片到底是什么？是的，真实的图片是你的看法。你选择了什么信息，你的选择就会让"真实"发生变化。所谓的"真实"带有你个人阅读的经验、家庭的环境、受到的教育、生活的经历等。

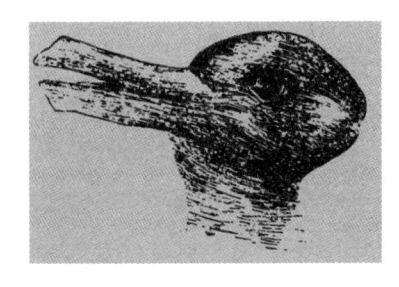

再看这幅图，我们都知道是月亮，可是当一个没有任何经验和知识储备的人抬头看向这个圆盘状的东西时，他是不会知道这是月亮的，他会觉得那就是一个很亮的像盘子一样的东西，这是他真实看到的。随着科技的发展，人们发现月亮是一个直径为3000多千米的球体。究竟哪一种观点才是真实的？也许你会说：那肯定是"直径为3000多千米的球体"的说法才是最真实的。可是当你站在地球上抬头仰望月亮时，那个光亮的圆盘也是你真实看到的，所以，真实与个人的想法是有密切联系的。

在康德的《纯粹理性批判》这本书里有一段非常精彩的话："我们所认识的对象只能是认知形式构造的产物，是现象，而不是自在之物。所有过去认为是客观的事物，事实上都是主体的构造，没有什么表象能够不受主体的影响。"也就是说所有你认为的事实，其实都是观点。例如，今天35 ℃，你觉得天气很热，也许别人并不这么认为，那今天35 ℃的气温是事实吗？其实也不是，这是人为给予气温的一个度数。后现代主义有一个观点："真实是一种发明，而不是一种发现。"我们看每一样事物都是带着自己个人的理解和判断的。

刚才所讲的是想跟大家明确一个概念：到底什么是"非虚构"。如果这个概念不搞清楚，下面的讨论也都是无意义的。如果你与别人有了争论，你们也要在一些基本概念上达成共识，这样，之后的讨论才有意义。

回到阅读，古德曼发表的一篇非常有名的论文，在阅读界引起了很大的震动，这篇论文的题目是《阅读是一种心理语言的猜测游戏》，就是说你所有的语言都是一种猜测，每个人的选择也都是不一样的。就像是杯子里有半杯水，有的人会想，只有半杯水了，这是消极的选择；可是有的人却觉得，哇，还有半杯水！这是积极的选择。于是也就有了这句话：阅读是一个选择的过程。选择不同，我们对所有文本的理解就不同，所以判断是非虚构类文本还是虚构类文本其实进入了一个误区。虚构类文本里也有真实的东西，像童话就源于生活而高于生活，童话里面所含的逻辑都是真实的；一些非虚构类文本里也有虚构的成分或手法。所以，从严格意义上区分非虚构类文本和虚构类文本是比较麻烦的。

我们先来看看虚构类文本，例如童话，我们最需要领会的就是其表层背后的象征意义。如上图所示，我选了最具代表性的《安徒生童话》中的《海的女儿》这个故事，这是叶君健翻译的一版。我们不妨想想故事中的小美人鱼为什么用她的声音去换来一双腿。如果你对童话心理学进行过研究，你就会知道这里象征着人对爱的失语，小美人鱼丧失的是表达的能力，所以她没有办法去跟王子解释：是我救了你，你不能娶其他的人。还比如说那把刀子，我们要先看刀子是怎么来的，它是小美人鱼的姐姐们剪掉自己美丽的长发跟女巫换来的。在很多地方，头发是智慧的象征。小美人鱼的姐姐们用智慧给了小美人鱼一次重新选择的机会：要不要从那个并不适合你的人类角色变回美人鱼。原文中写道："我们已经把头发交给了那个巫婆，希望她能帮助你，使你今后不至于灭亡。她给了我们一把刀子。拿去吧，你看，它是多么快！在太阳没有出来以前，你得把它插进那个王子的心里去。当他的热血流到你脚上时，你的双脚将会又连到一起，成为一条鱼尾，那么你就可以恢复人鱼的原形，你就可以回到我们这儿的水里来……快动手！在太阳没有出来以前，不是他死，就是你死了！"故事后面写小美人鱼看到王子的新娘在他的臂弯里睡着了，她弯下腰，在王子清秀的眉毛上吻了一下，天快亮了，当她还在犹豫着要不要刺下去的时候，王子喃喃地念着新娘的名字。这个细节太重要了，小美人鱼拿着刀子真的是要去杀掉王子吗？依照我的理解，她是去确认心意的，确认自己的心意，也确认王子的心意。因为在爱这件事上，永远不能"单打独斗"，是要两个人双向奔赴的。她最终确定了那个答案，扔掉了那把刀子，这也超越了前面提到的"智慧"。这个故事给予我的感受就是当你安放好情感之后，你才能安放好人生。读虚构类文本就是可以给我们很多的想象空间，让我们联结各种情感。

> 在那条船上，人声和活动又开始了。她看到王子和他美丽的新娘在寻找她。他们悲伤地望着那翻腾的泡沫，好像他们知道她已经跳到浪涛里去了似的。在冥冥中她吻着这位新娘的前额，她对王子微笑。于是她就跟其他的空气中的孩子们一道，骑上玫瑰色的云块，升入天空里去了。
>
> ——《安徒生童话》叶君健译

当我们去读《十万个为什么》这样的非虚构类文本时会有完全不一样的感受。如上图所示，《十万个为什么》里写道："三百年前，即使国王也不认为必须每天洗一洗。"这是因为那个时候的人们没有清洁的意识，直到许多人因为感染了鼠疫、天花等传染病而丧命，人们才意识到清洁的重要性。当人们有了这样的意识，就发明出了水龙头，可见发明与人的意识有关。

> 三百年前，即使国王也不认为必须每天洗一洗。在法国国王华丽的寝宫里，你可以找到一张大床，这张床这么大，要是没有一种特别的工具——铺床棍帮忙，简直就没法铺。你可以找到一顶华丽的帐幔，挂在四根镀金的柱子上，就像一座小神殿。你可以在那里找到极好的地毯，威尼斯产的镜子，最上等的工匠精制的时钟。但是不管你怎么找，你在那里都找不到一只洗脸盆。
>
> ——《十万个为什么》董纯才译

我们在读《海的女儿》和《十万个为什么》的时候会有完全不一样的感受，这也帮我们解决了如何去区分虚构类文本和非虚构类文本的问题。《阅读力：阅读写作策略丛书》这套书是这样划分两类文本的（见下表）：诗歌、神话、童话、小说等文学作品属于虚构类文本，配方、目录、简报、传真、广告等知识读物属于非虚构类文本。

| 文学作品 | 知识读物 |
| --- | --- |
| 诗歌<br>神话<br>童话<br>小说<br>民间故事<br>…… | 配方　传记　说明手册<br>目录　地图　订货单<br>菜单　申请　程序<br>简历　简报　写给编辑的信件<br>指示牌　处方药瓶标签　专著<br>杂志　表单　报纸　叙事类非虚构文本<br>传真　广告　手册　电邮<br>招聘广告　食物包装上的原料表<br>…… |

在阅读中我们会发现，虚构和非虚构类文本是有交叉的。南京师范大学王晖博士对非虚构类文本有一个更精细的划分（见下表），表中有三个维度。第一个维度"作家的写真意识"，即使作者想写真实的事物也会带有个人的情感，也会有虚构的部分，但我们依然会把它划分为非虚构类文本；第二个维度"文本再现的似真程度"，有的文本中的时间、地点、人物等的似真程度会让读者思考这到底是不是真实的；第三个维度"读者接受时的真实感效果"很重要，读者在读一个文本的时候会有自己的感受，这种感受也会告诉读者文本是虚构的还是非虚构的。

| 非虚构类文本划分 |||
| --- | --- | --- |
| 作家的写真意识 | 文本再现的似真程度 | 读者接受时的真实感效果 |
| 完全非虚构 || 不完全非虚构 |
| 报告文学、传记、口述实录体、新闻报道和纪实性散文…… || 非虚构小说、纪实小说、新闻小说、历史小说、纪实性电影和电视剧剧本…… |

当然在非虚构类文本里还有更细的划分——完全非虚构和不完全非虚构，

比如报告文学、传记、口述实录体等属于完全非虚构，纪实小说、新闻小说、历史小说等属于不完全非虚构，这些文本里虽然含有作者推测的内容，但读者读起来依然有很真实的感受，与读童话是完全不同的。

非虚构类文本中有一类叫标识类文本，如何去读标识类文本？最简单的方法就是思考三个问题：看到了什么？可以提出什么问题？得到什么答案？

举个例子，右图是我在澳门的一个图书馆中看到的标识图，没有任何文字。我们第一眼会看到图上有很多圆圈，上面打了斜杠，代表禁止做某事，这是我们眼睛的选择——会首先关注主体的部分。我们可以提出的问题是"禁止我们做什么？"，例如竖排第一个标识上有一个公文包，这个标识的意思是禁止把包带进图书馆，我们还要再往下想一想：为什么要禁止带包进图书馆？或许图书馆的管理者认为会有人用自己的包把书装走。曾经，我们进入超市的时候工作人员会发一个布包，让我们把自己的包放进去，再用一个卡扣封起来，随着时间的推移，大的布包变成了一个小的胶条，再到现在几乎没有封包这样的环节了，这代表着超市管理者对顾客的信任。再例如竖排第二个"禁止打电话"标识，这代表管理者认为图书馆内应该是安静的。还例如竖排第三个标识，上面画有一个汉堡和一杯饮品，我们很容易就能看懂这表示禁止饮食。

标识类文本虽然没有一个文字，但给我们传递了很多信息。所以在读标识类文本的时候，首先你要问自己看到了什么，然后思考它想要告诉你什么，最后你得到了什么答案。我们可以通过这些标识知道该区域管理者想要告诉我们什么，甚至可以推测出对方的意图是什么，他是如何去管理自己的区域以及他对这个区域的定位是怎样的。这样的阅读是非常重要的，因为我们逛公园、坐地铁、坐飞机等时都会遇到大量的标识。对于学生来说，我们以往都过于关注故事性文本的阅读，加入非虚构类文本是当务之急，也理应越来越重视，因为它与生活息息相关。我们最终是要帮助学生成为独立的阅读者，帮助他们更好地生活的。

我们再回头看这本《十万个为什么》，如果我们只是为了学习百科知识，这本书就完全不必读了，因为这本书里的很多内容已经过时了。如果教师带学生读这本书时要求学生重复地去做里面的实验，或者去分析其中的科学知识，那就是教师在做阅读选择时出现了偏差。对于这本书，我们要考虑的是，为什么过去将近一百年了，它依然是经典。

我们来看右面这幅图，图中画的是万户飞天的故事。万户为了能飞上天去，把47个自制的火箭筒绑在椅子上，自己坐在上面，双手举着两个大风筝，叫人点火发射。他最后成功了吗？没有，不仅没有成功，他还为此献出了生命。很多人会觉得万户这样很傻，这相当于自杀。可是从另外一个角度看，他是世界上第一个想到借助火箭推力升空的人，被称为"世界航天第一人"，他失败了是因为当时的物质条件是不充足的，但这也并不能影响他想要实现自己飞天的梦想，每一个时代都需要这样的先驱者。后来，为了纪念万户，国际天文联合会将月球上的一座环形山以他的名字来命名。

像《十万个为什么》这样的非虚构类文本，我们究竟要读什么？译者董纯才在序言中写道："他不是把科学和发明'写成一篇现成的发现和发明的总账'，而是写成'人类跟物质阻力和传统思想搏击的战场'。"这句话是说这本书里的科学知识都不是最重要的，我们要看到的是人类怎样跟物质阻力和传统思想搏击，我们要看到的是历史的变化和人类思维的变化。就像刚才提到的，人类为什么要发明水龙头？是有大量的人因没有清洁意识而生病，甚至死去，人们才慢慢知道清洁原来如此重要，也正是因为人们有了清洁的意识，才会去考虑怎样更方便地用水，才有了后面的水龙头等一系列的发明。所以这本书绝不只是在讲科学和发明，它在讲人类的历史，在讲人类与传统思想的搏击，上文提到的万户实际上就是在与物质阻力搏击。人类从未停止搏击物质阻力和传统思想，也从未因为物质阻力和传统思想的束缚而停止向前探索。这才是这本书最有意义的地方。

# 一念之间的译者

对于译文书来说，译者是十分重要的，他担任了第二个作者的角色。当我们把一本非常经典的译文书放到儿童面前，你想给儿童看的东西和儿童真正看到的东西有时候是两回事。

下面我用四个字——顺、准、雅、趣来谈一谈《兔子坡》的几个翻译版本之间的优劣。在这之前，我先要谈谈什么是公版书。公版书即公共版权书籍，用最简单的话说：作者去世后五十年，其作品的版权就归全人类所有了，所有想出版其作品的出版社都不用付版权费。公版书非常多，那些获过大奖的公版书更是出版社的首选。问题来了，同一本书的不同翻译版本之间差距大吗？我只想说，不太大，也就差一个"珠穆朗玛峰"吧。

### 一、顺

写作，文从字顺是非常重要的，翻译也是同一个道理。《兔子坡》是1945年纽伯瑞儿童文学奖金奖作品，再版的次数相当多，在比较了国内二十多版的《兔子坡》后，我可以很负责任地说，司南翻译的版本最优。

英文原版：

Willie Fieldmouse galloped along to the end of the mole ridge and whistled shrilly. "Mole," he shouted, "Mole, come up. News, Mole, news!"

司南版本：

田鼠威利尖叫着，飞跑到鼹鼠土堆的尽头。"鼹鼠。"他喊道，"鼹鼠，快来呀！有新闻，鼹鼠，有新闻！"

版本 A：

田鼠威利跳到鼹鼠脊的尽头，尖声吹着口哨，"鼹鼠。"他喊着，"鼹鼠，出来！新闻哪！鼹鼠，有新闻哪！"

版本 B：

老鼠威利沿着鼹鼠挖的地脊一路飞奔到头，扯着嗓子大喊："鼹鼠，鼹鼠，快出来，有好消息。鼹鼠，有好消息！"

"ridge"确实有"脊背"的意思，但也有"隆起处"的意思，版本 A 毫不手软直接就给译成了"鼹鼠脊"，中国人几乎没有使用过"鼹鼠脊"这个词，这样翻译是人为增加儿童阅读的难度，影响儿童阅读品位。司南翻译成了"鼹鼠土堆的尽头"，如果你还是不能理解，看下面的图片你马上就会明白这样翻译真的是很恰当。"mole ridge"其实就是鼹鼠钻出的高高隆起的土堆。那为什么又是"尽头"？因为田鼠威利要告诉鼹鼠一个大新闻，肯定要在土堆尽头才碰得到他。版本 B 把"news"翻译成"好消息"，还不知道来的新居民是什么品性，怎么能说成是"好消息"呢？完全不通。"come up"版本 A 和版本 B 分别翻译成了"出来""快出来"，这种命令式的语气读来有些不舒服。鼹鼠可是会对田鼠说出"威利，做我的眼睛"这样的话的，田鼠可是会因为朋友伤感情的玩笑哭鼻子的，所以司南翻译的"鼹鼠，快来呀"才是文字顺、情感顺、表达顺。还有"fieldmouse"直译就是"田鼠"，结果版本 B 把"田鼠"翻译成"老鼠"。给儿童看的书，翻译一定要走心！

## 二、准

英文原版：

"It never was," sighed the Squirrel. "Never could recollect where I put things." He paused to rest and looked out over the valley. "I can recollect other things, though, real clear. Do you remember the old days when things were good here on the Hill, when there was good Folks here? Mind the tree the young ones always used to fix for us, come Christmas? That spruce over there it was, only smaller then. Little lights onto it, carrots and cabbage leaves and celery for your folks, seed and suet for the birds (used to dip into them a bit myself), nuts, all kinds of nuts for us—and all hung pretty—like on the branches?"

司南版本：

"我的记性从来就不怎么样，"松鼠叹口气，"总是想不起东西放在哪儿。"他停下来歇歇，看着下边的山谷，"但我能记住别的事儿，记得非常清楚。你还记得从前的日子吗？山坡上住着好居民，什么都很好。还记不记得圣诞节时，年轻人总是给咱们装点的那棵树？就是那边那棵云杉，那时要小一些，上边挂着小灯；还有给你们的胡萝卜、卷心菜叶和芹菜；给鸟儿的种子和板油，我自己也经常尝一点儿呢；给我们的坚果——各种各样的坚果——都像真挂在枝头那样，记得吗？"

某版本：

年轻人就会为我们准备圣诞树，并在上面挂上各种好吃的。

田鼠这一段回忆在原文中非常重要。我们都知道《兔子坡》写于二战后期，很多国家物资极其匮乏，都在等待救援。田鼠对于圣诞节和圣诞树的回忆，无疑为生活在战争年代中的人们带来了光明和希望，就像本书封面上写的那句话："有好时光，也有坏时光，但未来总是充满希望，年少雀跃的心总是向着阳光！"下面这个版本的译者把原作这段描写几乎删光，目的为何呢？对原著的尊重就是无误地将其翻译过来，如果连起码的无误都做不到，那我们给儿童看的东西究竟是什么呢？它还是罗素的《兔子坡》吗？

### 三、雅

英文原版：

Mole heaved head and shoulders up out of the earth and turned his blind face toward Willie, pointed snout quivering. "Well, Willie, well," he said, "what's all the excitement? What news is news?"

司南版本：

鼹鼠的脑袋和肩膀钻出地面，失明的眼睛转向威利，尖尖的鼻子抖动着。"哎呀，威利，哎呀。"他说，"都在激动什么呢，什么新闻不新闻的呀？"

某版本：

鼹鼠昂起头，从土里钻出来，把他那瞎眼的脸转向威利，尖鼻子颤动着，他说："哦，威利啊，唉！什么事这么高兴？有什么新的消息吗？"

我不想说其他版本把"heaved head and shoulders up"翻译成"昂起头"，缺乏起码的准确，我也不想说司南翻译的"哎呀，威利，哎呀"远比"哦，威利啊，唉！"更符合鼹鼠和田鼠之间的亲密关系，我就想说说"blind face toward Willie"究竟该怎么翻译。鼹鼠只是视力不好，某版本直接翻译成"瞎眼"真的合适吗？文字应是带有情感和温度的，这样的翻译真的能给儿童看吗？"失明的眼睛转向威利"和"把他那瞎眼的脸转向威利"是有完全不同的含义。还记得那句话吗："做我的眼睛，威利。"所有的深情都被"瞎眼的脸"这种翻译破坏了。译者翻译的时候，除了要保证"顺"和"准"之外，还要特别讲究用词的典雅，要符合本国的语言习惯和书中的情感基调，这才是一个优秀的译者该具备的素养。

## 四、趣

英文原版：

Dear Uncle Analdas：

I hope this finds you well but I know you are lonesome with Mildred married and gone away and all and we are hoping you will spend the summer with us as we have new Folks coming and we hope they are planting Folks and if they are we will all eat good but they may have Dogs or poison or traps and spring－guns and maybe you shouldn't risk your life although you haven't much of it left but we will be looking forward to seeing you anyway.

Your loving niece，
Mollie.

There was a postscript which said, "P. S. Please don't let Little Georgie get his feet wet," but Georgie didn't read that out loud. The idea! He, Little Georgie, who had jumped Deadman's Brook, Little Georgie the Leaper, getting his feet wet!

"Well now," cried Uncle Analdas. "Well now, that's a real nice letter, real nice. Don't know but what I will. Certainly is dingblasted lonesome'round here now, with Millie gone and all. And as for food – of all the carrot – pinchin', stingy folks I ever see, the Folks around here is the stingiest, carrot – pinchin'est.

<u>司南版本：</u>

亲爱的阿纳达斯叔叔：

希望你一切都好。但我知道，米尔德丽德结婚搬走以后，你很孤单。我们盼你来，跟我们一起过夏天。我们这里有新居民要来了，希望他们是庄稼人。如果他们是，我们就能吃得很好；但如果他们有狗或毒药或夹子或弹簧枪，也许你就不要拿生命来冒险吧，虽然你也没有多长的生命了。不管怎么说，我们还是盼着见到你。

你亲爱的侄女：莫莉

还有一条附言，说："请别让小乔吉弄湿脚。"

但小乔吉没有大声读出来。瞧妈妈这想法！他。小乔吉，跃过木桩旁的小溪的跳跃能手小乔吉，会弄湿脚吗？

"嗯。"阿纳达斯叔叔叫道，"嗯，这封信写得真亲切，真亲切！可我不知道该怎么办。当然啦，米丽一走，这儿寂寞得见鬼。至于吃的嘛——在我见过的所有收藏胡萝卜的小气鬼中，这附近的人最小气，把胡萝卜看得最紧了。"

<u>某版本：</u>

亲爱的阿那达斯叔叔：

希望您身体健康，但是我知道自从米尔杰德结婚走以后，您很寂寞，我们都希望您能来和我们共度夏天，而且，我们这里有新人家要搬来，我们希望他们是庄稼人。如果真是如此，我们就可以吃得很好，不过，他们也可能会带来狗或毒饵、陷阱、弹簧枪之类不好的东西，不过这也没什么了不起。

我们仍然希望见到您。

爱您的侄女茉莉

还有个脚注写着："请不要让小乔奇把脚弄湿了。"

但是乔奇并没有把这句话念出来。老妈竟然会有那种想法！他，小乔奇，都能跃过死亡溪了，难道还会把脚弄湿吗？"太好了，"阿那达斯叔公喊道，"好极了，真好，我正不知道这个夏天要做什么才好哩；米尔杰德和所有的人都走了以后，这里确实萧条得很，至于粮食嘛——我看过所有缺少胡萝卜的吝啬鬼，就属这附近的人最穷、最小气了。"

翻译童书，直译很容易，情趣最难得。兔妈妈说"虽然你也没有多长的生命了。不管怎么说，我们还是盼着见到你"，阿纳达斯叔叔叫道"嗯，这封信写得真亲切，真亲切"。兔妈妈看似泼辣实则关心的语言，还有阿纳达斯叔叔的英式冷幽默，让我忍不住笑出了声，这就是阅读带来的乐趣。相比较某版本里的"您"和"不过这也没什么了不起"等表述带来的疏离感，我真是想为司南叫好。还有后面阿纳达斯叔叔的抱怨，读司南版本你就会发现，他的翻译非常有节奏感，一个可爱幽默的老顽童形象就活脱脱地站在你面前，而某版本这里的抱怨还真就是抱怨，很难想象幽默善良的阿纳达斯叔叔会说出这么尖酸刻薄的话来。所以说译者太重要了，不然你都不知道你究竟给儿童看了什么。

我之前读雷蒙·格诺的《风格练习》时，一直不明白把一个那么无聊的故事改编成99种风格究竟有什么意义。读书还真是讲缘分，直到我看到罗素的《兔子坡》英文原版的时候，一切都明白了。

Dear Uncle Analdas：

I hope this finds you well but I know you are lonesome with Mildred married and gone away and all and we are hoping you will spend the summer with us as we have new Folks coming and we hope they are planting Folks and if they are we will all eat good but they may have Dogs or poison or traps and spring – guns and maybe you shouldn't risk your life although you haven't much of it left but we will be looking forward to seeing you anyway.

> Your loving niece,
> Mollie.

兔妈妈的信中没有标点,你发现了吗?没有标点,就把一个啰啰唆唆、唠叨不休、刀子嘴豆腐心的形象完全表现出来了,这就是风格。向雷蒙·格诺致敬!向罗素致敬!

司南的翻译也并非完美无缺,例如对上面这封信的翻译,司南就给加了标点,可能司南是为了儿童阅读方便才这么做的吧。我倒是觉得应该相信儿童,就像罗伯特·罗素那样,相信儿童的审美水平和阅读能力。不管怎么说,感谢司南,感谢所有为这本书付出努力的人,正是因为你们的付出,才让我们读到了这么美好的《兔子坡》。

译者翻译童书,光有文学积淀是不够的,还要有童心、有悟性、有想象力。

《兔子坡》
(司南翻译版本)

# 让学生成为独立的阅读者
——可视化思维工具在小学整本书阅读中的运用

阅读的核心是理解，所以教师经常会问学生一个问题：这本书讲了什么？但有些教师却很少去思考这个问题多么简单粗暴。在整本书阅读教学的过程中，学生需要教师教给他们阅读的方法，这些方法会让他们拥有读下去的兴趣和信心，只有这样，在离开教师的帮助之后，他们才能成为独立的阅读者。可视化思维工具就能帮助学生解决在阅读过程中遇到的真实困难，是学生在独立阅读道路上的"绝佳伙伴"。

## 一、思维可视化的概念及意义

思维可视化是指运用一系列图示把本来不可视的思维（包括思考方法和思考路径）呈现出来，使其清晰可见。简单地说，就是用图把思维呈现出来。

思维是隐形的、难以表述的，对于学生来说，思维有时还是混乱的、无章可循的。可视化思维工具就好像在学生的脑海中搭建起了一个支架，让学生把杂乱无章的信息依据支架的模型进行筛选、分类、提取、总结，最终用相应的图表呈现出来，帮助他们在理解阅读内容的同时提升思维能力。不可视的思维用图表清晰地呈现出来后，学生能更好地理解、记忆和运用知识，也能更加准确、高效地表达出自己的想法和观点。

## 二、让情节可视化

整本书阅读教学的三个维度依次为情节、人物、主题，在这三个维度中，情节为先，只有在熟悉故事内容的基础之上，才能更准确地认识人物。情节可视化支架可以帮助学生复述故事，并在复述故事的基础之上理解故事，最终指向故事的主题思想。

（一）情节绳

情节绳的灵感源于古代的结绳记事，上面黑色的圆点指关键事件，圆点之间的距离代表事件描写的详略，圆点的大小代表事件的重要程度。用情节绳梳理故事情节时要抓住关键词，用简洁明了的语言去表述，避免思维上的混乱，这样可以使情节绳的使用更高效。

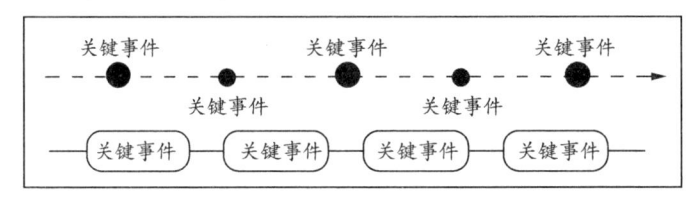

（二）情节梯

情节绳是非常灵动的，但如果故事的情节是层层递进的，我们就可以使用情节梯来梳理故事情节，使故事情节的呈现更加形象和直观。

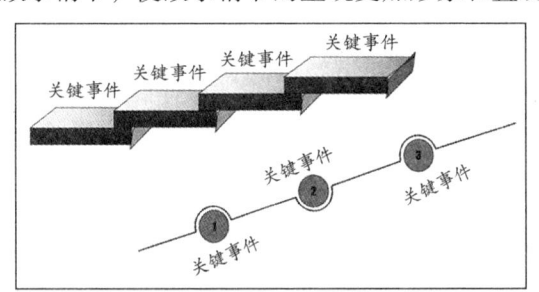

（三）情节波

如果故事的情节是一波三折的，我们就可以用情节波来梳理故事情节。当故事的结局是美好向上的，就可以用 N 形波；当故事的结局是悲剧，就可以选择倒 N 形波。

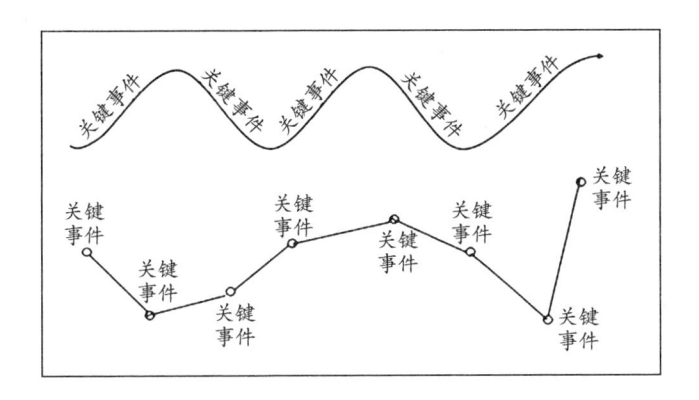

(四) 情节环

如果故事的内容是首尾呼应的，我们可以用情节环来梳理故事情节。双环结构也属于情节环，在内环、外环上写下简练的关键词，这就是双线并行的故事结构，这样的结构同样适用于教学生复述、创编故事。

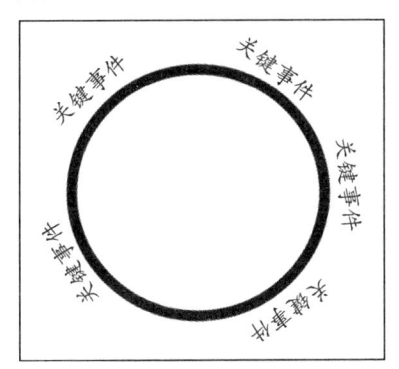

(五) 情节格

| 7 | 8 | 1 |
|---|---|---|
| 6 | 题目 | 2 |
| 5 | 4 | 3 |

| 起 | 承 |
|---|---|
| 转 | 合 |

常用的情节格有两种：一种是九宫格，依照图片中数字的顺序将主要的故事情节罗列出来；一种是四宫格，它分为四个步骤——起、承、转、合。

四宫格不仅可以帮助学生梳理故事情节、理解故事内容，还可以帮助学生在写作时厘清思路、构思故事。起的部分是故事的开始，合的部分是故事的结果，中间承、转的部分可以通过丰富的想象让故事情节曲折动人。

| 情节绳<br>（线性） | 情节梯<br>（层递） | 情节波<br>（起伏） | 情节格<br>（罗列） |
| --- | --- | --- | --- |
| 情节泡<br>（发散） | 情节环<br>（首尾） | 情节树<br>（结构） | 情节网<br>（交错） |

可视化思维工具不止有上图所示这些。每一种可视化思维工具都有相应的特征，对应着不同特点的文本。情节绳是线性的，情节梯是层层递进的，情节波是一波三折、有起伏的，情节格是适合罗列的，情节泡是发散的，情节环是首尾呼应的，情节树是有结构的，情节网是交错的。所谓"大道至简"，越简单越有效，这些可视化思维工具中，情节绳的使用最为普遍，尤其是在故事性的文章上，因为它能照顾到每一个学生，让每一个学生都有能力开口讲故事。学生在使用这些工具时，不用过分追求美观，但一定要简洁，用最快的速度梳理出最精准的内容，极简就是一种智慧，这反映出学生提取核心内容的能力。

可视化思维工具不仅可以用来梳理故事情节，还可以用来梳理旅行的路线、制作和阅读地图、整理考试复习内容……可以用在生活的各个方面，在帮助激发学生阅读、表达的热情之余，还能帮助他们解决生活中的难题，甚至规划自己的人生。

### 三、可视化思维工具的运用

《没头脑和不高兴》作为第一本进入统编版教材的整本书，再次印证了经典是经得住时间考验的这一道理。故事幽默风趣，非常适合二年级学生阅读。

（一）拆与合

对于低年段的学生，我们要教给他们基本的书册知识，让他们学会如何去看封面、勒口、封底、目录等。中、高年段的学生就要学会独立"拆"书了，除了获取书中的基本信息，更重要的是学会挑书，有能力在真实的环境中去挑选自己真正需要的图书，为成为独立的阅读者做好准备。

根据下图我们能知道《没头脑和不高兴》这本书的目录是由多个故事组成的，扉页上那句"在'没头脑'和'不高兴'身上，每个人都能读到自己"就是阅读这本书的"金钥匙"。我们要教给学生联结的策略——读书时要想到自己、家人、朋友，这样才能在书中看到自己。

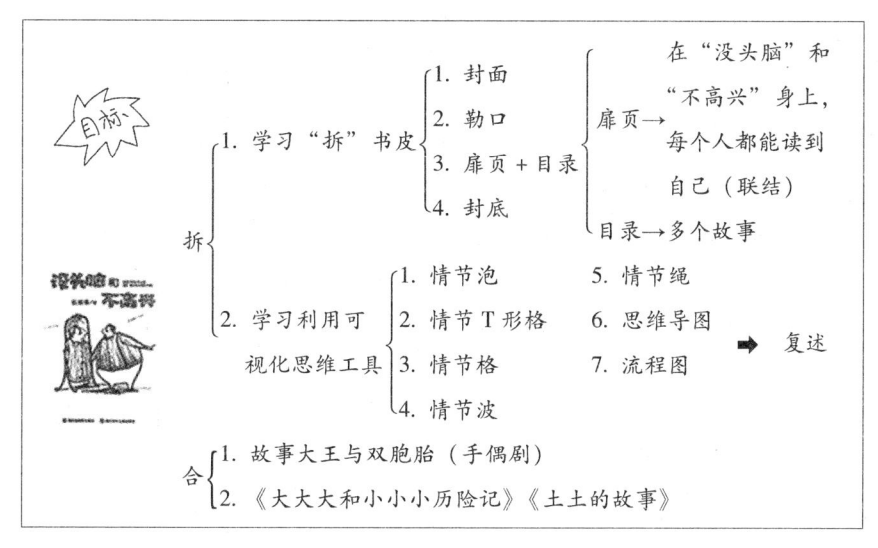

```
目标
      ┌ 1. 学习"折"书皮 ┌ 1. 封面        ┌ 扉页→ 在"没头脑"和
      │                │ 2. 勒口        │        "不高兴"身上，
  折 ┤                │ 3. 扉页+目录 ┤        每个人都能读到
      │                └ 4. 封底        │        自己（联结）
      │                                └ 目录→ 多个故事
      │ 2. 学习利用可  ┌ 1. 情节泡   5. 情节绳
      │   视化思维工具 │ 2. 情节T形格 6. 思维导图  ➡ 复述
      └                │ 3. 情节格   7. 流程图
                       └ 4. 情节波
  合 ┌ 1. 故事大王与双胞胎（手偶剧）
     └ 2.《大大大和小小小历险记》《土土的故事》
```

读这本时我让学生使用了七种可视化思维工具，包括情节泡、T形格、情节格、情节波、情节绳、思维导图和流程图，最终指向的都是提升学生复述故事的能力。在整本书阅读教学过程中，我通过演读故事、示范可视化思维工具的画法等方式，潜移默化地教学生如何去使用可视化思维工具。

读完书之后，可以通过实践性的活动"合"上整本书，例如排演小话剧，或是让更多学生都能参与其中的手偶剧。手偶剧用两根画着表情的手指就能检验学生的表达能力和阅读能力是否有提高。在学完整个课程之后，学生要用上学到的方法去实践。我用《大大大和小小小历险记》《土土的故事》等图书来检验学生的学习成果。我们教给学生学习方法并不是为了展示，而是让他们能将方法真正地用到今后的阅读实践中，提高阅读能力。

1. 情节泡——《没头脑和不高兴》

这个情节泡的中心是"仙人"，"没头脑"和"不高兴"的故事就是靠仙人串起来的，最终指向的都是"事"。教师可以带着学生边读边梳理："没头脑"和"不高兴"在做小孩子的时候身上都发生了什么事呢？仙人把他们一个变成了建筑工程师，一个变成了演员，变成大人后的他们身上又发生了什么事呢？完成四周的情节泡，顺着这些情节泡学生就会讲故事了。在把故事情节梳理得非常清楚之后，教师再问一个核心的问题：你喜欢"没头脑"和"不高兴"吗？为什么呢？这就指向了最终的主题：儿童还在成长的过程中，要给他们时间长大。当然，读同一个故事，每个人都会有自己的看法，这也是阅读的乐趣之一。讲完故事别忘了让学生想一想：你们身边有没有"没头脑"和"不高兴"这样的人？你要对他们说些什么？

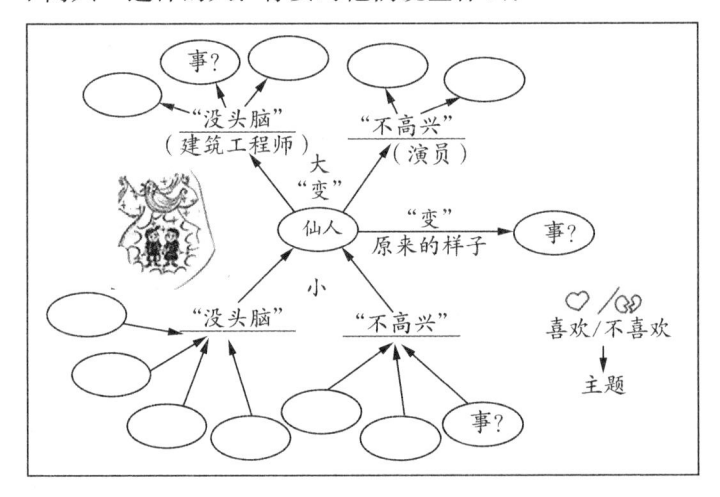

2. T形格——《一个天才杂技演员》

阅读《一个天才杂技演员》这个故事时，我们会发现"泰焦傲"和"甄用工"之间是可以进行对比的，他们自己的前后表现也形成了对比关系，我们就可以利用T形格双线并行的方式引导学生复述故事。学生复述完故事，想一想：究竟什么样的人才算是天才呢？这个故事对自己有什么启发呢？

```
                          一个天才杂技演员
                对
          人     比  人
          物  语    物      外貌
          之  言    自      表现
          间  行    己
             为        泰焦傲    PK    甄用工
                     （杂技演员）      （小丑）

                         走钢丝（武）  演   满场乱转   健
                               出             康
        "我是天才！"      瘦        休       练功    证
                        吃+睡    养
                                 所
                         胖              转    天才？！
                        滚→掉    演                主题
                                 出
```

### 3. 情节格——《奶奶的怪耳朵》

在《奶奶的怪耳朵》这个故事里，教师可以用情节格帮助学生复述故事。先用"～～～"画出奶奶听不见什么，再用"＿＿＿"画出奶奶听得见什么。公园大爷的"怪耳朵"部分也可以用同样的方法整理出相应的内容。学生把左右格子里的内容串起来，再加上闹闹的表现，就可以把整个故事复述出来了。复述完故事教师再引导学生发现：奶奶究竟听得见什么话，听不见什么话？这个问题就指向了主题：对别人说话要有礼貌，不然你身边的人也会长出"怪耳朵"。

| 奶奶的怪耳朵 ||
|---|---|
| 奶奶听不见什么？"～～～" | 奶奶听得见什么？"＿＿＿" |
| "我要吃炒鸡蛋！我要吃炒鸡蛋！" | "奶奶，我的牙实实在在不疼。" |
|  |  |
|  |  |
| 公园大爷听不见什么？"～～～" | 公园大爷听得见什么？"＿＿＿" |
| "怪!?" | 发现？ |

↓
主题

初学默读
初学批注
圈画

### 4. 情节导图——《小妖精的咒语》

故事中的小妖精是怎么帮助阿土提高数学成绩的呢？这个故事可以用情节导图巧妙地进行梳理。一大串奇怪的咒语其实就是乘法口诀，想学好数学要背好乘法口诀才行；相应地，想学好地理就是要念好国家的名字。教师带着学生发现学好一门课的秘密之后，中间搭设好支架，再引导学生思考，学好英语的口诀是记好什么呢？学生就会想到是单词，接下来就能让他们自己编"咒语"了。这样的设计也是考虑到了学生的学情，是有梯度的。

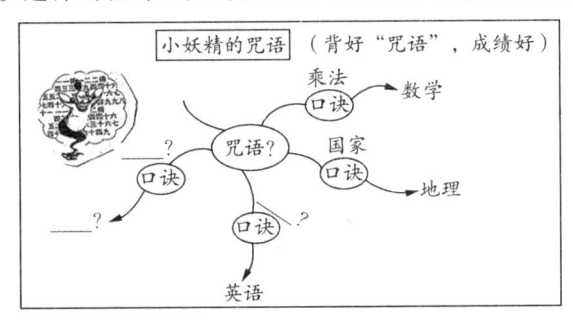

### 5. 情节梯——《小妖精闯祸》

《小妖精闯祸》的故事情节是典型的通过层层递进的形式展开的，最适合用情节梯来梳理故事。阶梯上面写出的人物是小妖精遇到的不同的人，阶梯下面是他们说的话，想想小妖精都对不同的人说了什么，再顺着情节梯就可以把整个故事复述出来了。复述完故事之后，再让学生思考：为什么小妖精会闯祸呢？最终指向主题：听人说话可不仅仅是只听表面的意思，更要懂得人家真实的想法，不然就可能会闯祸。

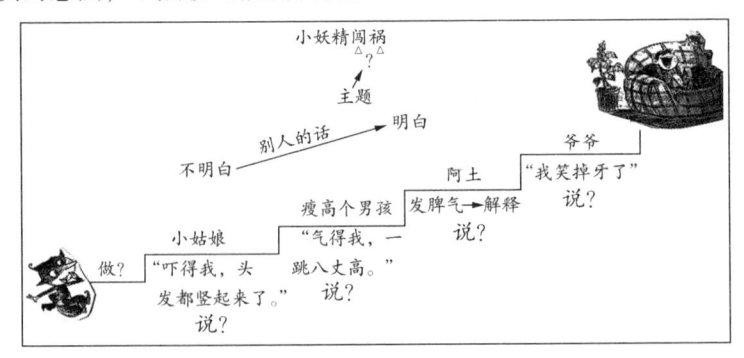

6. 情节波——《当心你自己身上的小妖精》

这个故事我用了情节波来梳理，并且是前面提到的 N 形波，因为故事最终的结局是积极向上的。故事中的多多从最开始的乖到不乖再到乖，经历了不少波折，爷爷给的法宝就是：你坚决不发脾气，它就没有办法。借助情节波，学生可以马上把故事复述出来，并关联到自己：我会不会控制自己的脾气，让它不敢再做坏事呢？

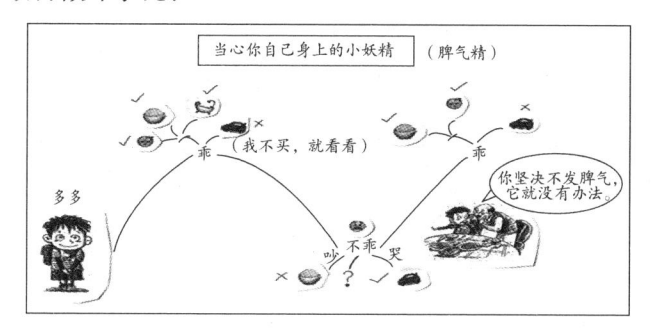

7. 情节序列表——《听青蛙爷爷讲故事》

这个情节序列表很清楚地告诉我们青蛙爷爷讲了三次故事，将青蛙爷爷的叫声和作者翻译过来的内容一对比就会发现字数都是对应的，这也是作者编写故事的良苦用心。用这样的情节序列表可不仅仅是为了让学生学习青蛙爷爷是如何讲故事的，还需学生借助这个工具想象鸡大婶、雷公公、剪子阿姨、喇叭花姑娘又是怎样讲故事的。

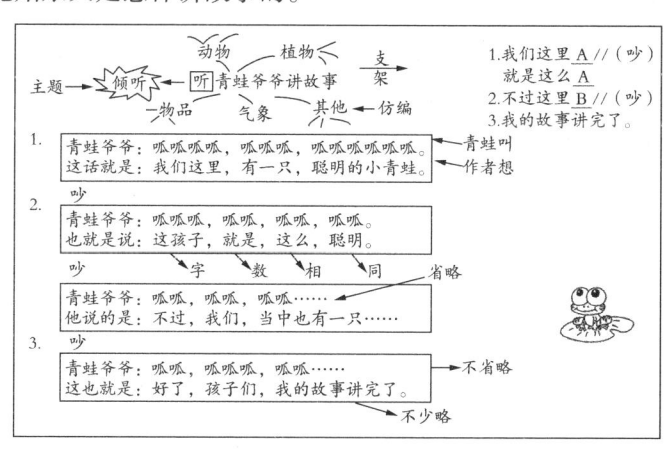

（二）合——与生命联结：你读到的都是你自己

在"合"的部分，教师要检验学生在学习了如何使用七个可视化思维工具后，阅读能力究竟有没有提升。教师要打破时间的概念，并不是所有的阅读课都是一节课，四十分钟，导读课可能十分钟就够了；而最后"合"的部分可能要两节课，甚至一上午的时间，需要教师准备扎实、充分。

先看人物。我设计的活动是：看目录回忆人物。我们可以把所有人物都写在黑板上，出场多、台词多、变化大的人物一般都是主要人物。和学生一起重新梳理后就会发现这里的主要人物都是小朋友，最关键的人物是那个"我"，"我"是一个将所有事件串联起来讲故事的人。学生用这样的方式梳理完人物后就会发现，他自己写故事的时候也可以用"我"来串联故事，这就是教师要教给他们的一种阅读和习作方法。

再看情节。之前我们要求学生能复述故事，用手偶剧自编自演故事，学生学习了上述七种可视化思维工具后，我们可以对学生提高要求，要求他们重新默读整个故事，借助可视化思维工具去讲整个故事，我们还要有相应的评价标准，最终评选出"讲故事大王"。此外，我们要提出讲故事的几点要求：第一，讲故事要遵守基本的礼貌，例如，开头可以是"大家好，今天我要给大家讲一个故事"，结尾可以是"我的故事讲完了，希望你们喜欢"；第二，声音洪亮，要所有人都听得见；第三，讲故事要正确、流畅；（用可视化思维工具能做到正确，但要达到流畅的程度，还需要我们指导学生去掉类似"然后"这样的口语化的词）第四，讲故事要详略得当，并配有恰当的表情、动作。当学生能够绘声绘色地讲故事时就证明他们已经有了自己的理解了。这样训练学生讲故事，他们的表达力、理解力和阅读力一定会显著提升。

最后看主题。很多教师在教学中很着急地想提出这个问题：这本书让你学会了什么？收获了什么？不要着急，当你前面的功课做扎实了，后面的主题是会自然生成的。我们可以问问学生在读这本书的时候有没有发现书中人物跟哪个同学或者朋友比较像，生活中有没有这样的人，读的其他书里有没有这样的人物。把学生的思维打开，让他们可以想到更多人，当然也可以想到他自己。整本书阅读只有走进生命实践，学生才会成长。

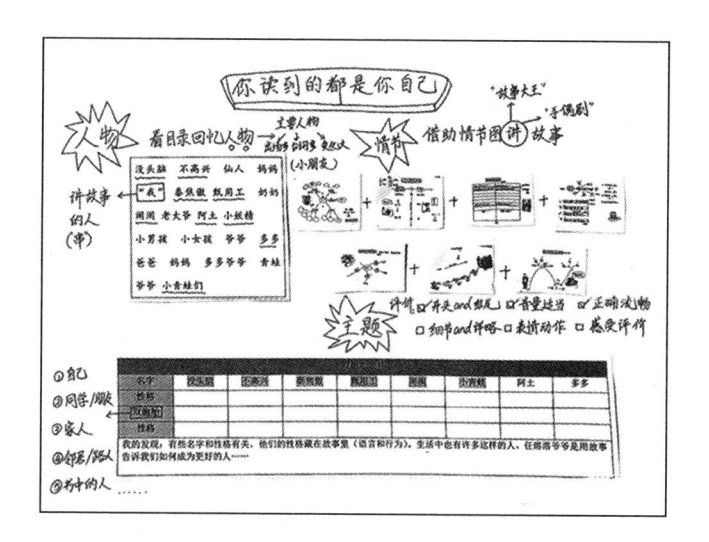

低年段的阅读课，教师一定要用听读策略，甚至要手舞足蹈地去演读，读到关键的地方停下来，让学生去预测，帮助他们提高预测的能力。更重要的是，教师一定要给学生默读、回读的时间，在这个过程中他们会形成自己独特的感受。此外，教师还要让学生在可视化思维工具的帮助下学习如何表达、探讨主题。

不是所有的书都适合做整本书阅读课程书，整本书阅读课程书要有非常好的结构、非常清晰的表达，还要有能非常容易提炼出的规律，例如《没头脑和不高兴》。

书是教不完的，教师要教的是方法，指向的都是学生在阅读过程中遇到的困难。在可视化思维工具的帮助下，学生在离开教师之后也能成为一个独立的阅读者，这便是阅读教学的终极目标。

## 当读写遇见四宫格

今天老付和你说说全球著名的皮克斯动画工作室。

《玩具总动员》《赛车总动员》《海底总动员》《机器人总动员》《虫虫危机》《怪兽电力公司》《飞屋环游记》《寻梦环游记》……怎么样，总有一部你看过吧？这些都是皮克斯出品哦！

我们来看看皮克斯动画工作室讲故事的思路吧。

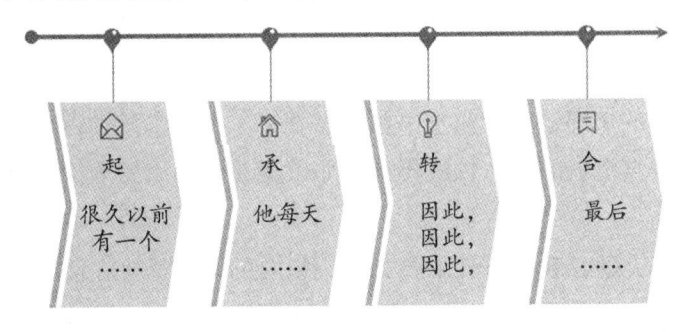

| 起 | 承 | 转 | 合 |
|---|---|---|---|
| 很久以前有一个…… | 他每天…… | 因此，因此，因此，…… | 最后…… |

发现皮克斯动画工作室讲故事的秘密了吗？没错，四个步骤——起→承→转→合。

作为全球最会讲故事的动画工作室，它讲故事的秘密绝对可以给我们一些启发。现在老付把皮克斯讲故事的四个步骤变化一下：

| ·起 | ··承 |
|---|---|
| ···转 | ····合 |

仔细看上面这幅图，这就是我要推荐的可视化思维工具——四宫格。它

不仅可以在阅读的时候帮助你梳理情节、理解内容，还可以在写作的时候帮助你梳理思路、构思故事。你也许会问我，为什么是四宫格？我喜欢两宫格，实在不行九宫格也好呀，一百宫格行吗？我选择四宫格是因为一个完整的故事一般通过起、承、转、合四个部分就可以说清楚。四宫格最简洁，便于概括，特殊情况下最多也就是九宫格了，如果再多就不如选择思维导图。下面我们来看一个例子。埃·奥·卜劳恩的连环漫画作品《父与子》深受人们的喜爱，故事就是起、承、转、合四个部分。

当然，《父与子》里面也有六宫格、九宫格，但故事依旧是分起、承、转、合四个部分。如下面这则六宫格漫画《引人入胜的书》，如果去掉③④，只剩①②⑤⑥，你会发现故事依旧完整，但③④把故事前后承接的部分呈现得更详细了。九宫格同样如此。

《引人入胜的书》

那么在写作中，我们如何更好地使用四宫格呢？

第一步：完成起、合。根据主题先完成①④格，也就是起、合两个部分。想好了开头和结局，中间你怎么"折腾"都可以。结局没想好就开写，有的时候会"困"在半路上。

| ·起 | ·· |
|---|---|
| ···· | ·····合 |

第二步：挑选关键。②③格作为承、转是四宫格中很重要的部分，里面应该填的是关键事件、关键人物。

| · | ··承 |
|---|---|
| ···转 | ····· |

第三步：添加图文。在四宫格里可以使用文字也可以使用图画，当然，也可以图文并茂，最好使用关键词语、短句。切记不要大段大段的，特别是使用描述性的语言。

不会画画的人能不能用四宫格呢？四宫格作为一种可视化思维工具，是给你自己用的，无论画成什么样，你自己明白就好。四宫格不仅仅可以用在阅读上，还可以用在讲故事、演讲、写作中。

新工具，新技能，你学会了吗？

# 用联结策略写读书报告

### 一、深耕阅读

深耕阅读的教学理念并不认为完成了识字、朗读文本、复述故事、理解内容、发现主题等环节，教师就完成了阅读教学任务，而是认为要对学生继续进行关于个人认知过程的认识、调节、监控，这就是一种元认知策略。所以阅读教学是以理解为核心，以培养思维能力为抓手，帮助学生寻找文本信息，获得意义，进行高阶思维的过程。教授阅读策略就是教授思维方法。

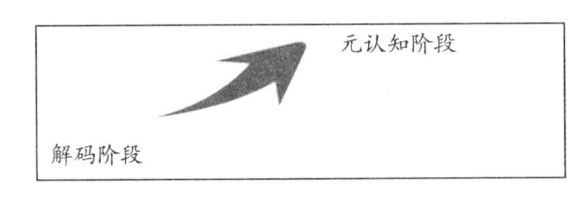

解码阶段 → 元认知阶段

### 二、读书报告

下面我以如何指导学生完成读书报告为例，说一下如何使用联结策略并引导学生进行表达，从而带领学生走向更高阶的元认知阶段。

在这个模板中，最核心的部分就是最下方的联结策略："这部分故事让我想起了……"

| 读书报告 | 姓名：<br>班级：<br>日期：2025.2.21 | |
|---|---|---|
| 书籍信息 | 书名：　　　　　作者：<br>奖项：<br>内容简介： | |
| 手绘插画 | | |
| 联结策略 | 这部分故事让我想起了…… | |

运用联结策略的读书报告模板

### 三、联结策略

什么是联结策略？结合下图中的观点和我自己长期从事小学语文教学实践研究的经验来谈，联结策略就是一个优秀的阅读者在阅读和表达的过程中能够主动调取自己已有的知识背景和个人经验，更好地进行理解和表达的一种策略。

**国际常用阅读策略**
- 联结：既有知识和经验的运用。

**美国【K-W-L】**
- 联结：我知道什么—我想知道什么—我学到了什么。

**赵镜中先生**
- 联结：文体使读者想到曾经的经历或者另一个文本，从而产生共鸣或获得新的信息。

**柯华葳老师**
- 联结：比较自己的经验，比较以前阅读过的材料。

**蒋军晶老师**
- 联结：本书中的联结、和另一本书的联结、已知事物和新资讯的联结、和生活的联结。

联结策略包括六个方面的联结：①上下文联结；②图文的联结；③其他书籍联结；④学习背景联结；⑤生活经验联结；⑥世界环境联结。

**四、教学流程**

教师在上阅读指导课前要跟学生明确联结策略的概念，并形成班级共同的话语体系：这段故事（这句话、这幅图、这个人物）让我想起了……教师要不断地进行示范，给学生充足的时间进行练习，并及时给予他们反馈，鼓励他们讨论。下面我用六步流程图来展示具体的教学过程。

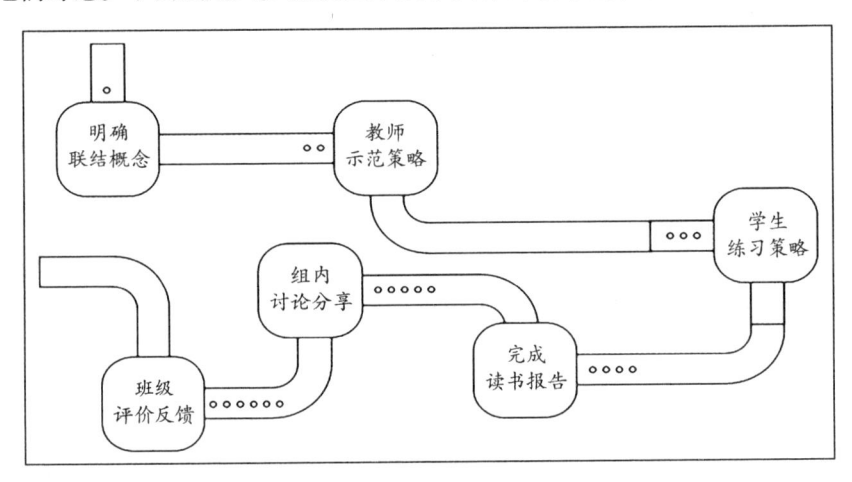

# 如何教儿童写好童话

童话写作可以谈的方面有很多，容易使人眼花缭乱，因此我们需要头脑清晰、目标明确地找准抓手——童话写作思维的构建。

## 一、为了什么而写

使用逆向思维是解决如何写出童话这一问题的好方法。我们从"为了什么而写童话"这一问题入手，让面对作文纸时头脑中一片空白的学生拥有打开童话写作大门的三把钥匙。

**第一把钥匙**：为了讲道理而写童话。道理是个很有意思的东西，它以千面英雄的形象出现，在人间各处亮相，从而证明自己的正确性和永恒性。比如，寓言故事《掩耳盗铃》《一叶障目》《堵门防盗》……不同的时间、不同的地点、不同的人、不同的故事，讲的却都是人只能自欺，永远无法欺人的道理。先选择一个道理，然后给这个道理安排一个恰当的童话故事，这会让那些抓破头也想不出该写什么的学生轻松走进童话写作的大门。同一个道理，在不同学生的笔下，以各式各样的童话故事的形式呈现，学生们在分享和交流中会获得极大的进步和乐趣。道理从语文课本、寓言故事、亲身经历……各种地方中寻找，把道理变成童话故事，也是对道理的深刻理解和再次验证。

**第二把钥匙**：为了讲知识而写童话。我们熟悉的《小蝌蚪找妈妈》其实就是用童话的方式讲述青蛙变态发育的过程，《小水滴旅行记》是用童话的方式讲水的三种形态的变化。让学生将自己对动物、植物、自然现象的了解写成童话，是帮助学生走进童话大门的第二把钥匙。除了引导学生进行科普童话的写作，我们还可以继续帮助学生扩大知识领域。比如把刚学会的数学知识写成童话故事，把新认识的汉字写成童话故事，把刚学会骑自行车的经验写成童话故事……学生每天都在快速地吸取着各方面的知识和信息，把这些知识和信息用童话的方式进行表达和二次理解，这件事本身就挺"童话"的。

**第三把钥匙**：为了表达情绪而写童话。一个学生如果只是为了完成作业而写作，是可悲的，所以第三把钥匙我想留给学生自己。有位从事文字工作的前辈曾经问我："你写作为了什么？"我抬头看着她的眼睛说："为了我自己。"她皱了一下眉，盯着我说："你怎么能为了你自己呢？你应该为了老师们的需求而写。"我身体不自觉地向后靠，说："我怎么会知道老师们的真正需求呢？我只是希望自己不悔初心。十年后，再次拿起我的书，依旧能够泪流满面。因为每一个字，我都倾注了真实的情感，它不会因为时间的推移而变成一堆废纸。"前辈不再劝我。或许在她眼里，我不过是可笑的理想主义者。可是，写作是多么美好的一件事，我就是要告诉所有的学生：生活就是童话，童话也是生活。那些最动人、最美好的童话，不是先想好一个道理去逆推故事，也不是把一个科学知识披上童话的外衣讲出来，它应该是你认认真真地面对你的心，诚实地去表达你对爱的渴望，对背叛的愤怒，对孤独的无能为力，对失去的恐惧……还有，你对这个世界的期望！

## 二、写好童话的三个小"魔法"

童话作为一种常见文体，并非古而有之，在 20 世纪上半叶，因为有了一定数量和质量的作品，童话作为一种新文体才被世人所认可。童话也并非凭空出现，它在神话和民间故事中孕育，逐渐长成了独特的自己。抓住童话的独特之处，便可以掌握写好童话的秘密。这里有三个小"魔法"可以点石成金，帮助学生写出有"童话味儿"的童话。

1. 时间穿梭术

"很久很久以前"——每当出现这样的开头，读者马上心领神会，绝对不会在心里纠结怎么会有能说话的兔子、盖房子的猪……这是属于作者和读者之间的契约，只要出现这样的童话开头，一切不合理的变得统统合理，一切不可能的统统变得可能。既然说了是"时间穿梭术"，那一定不能只往前穿梭，时间也同样可以往后延伸，例如"多年以后""时间过去了一百年"……让故事从以后的某个时间点开始。在童话里，如果你愿意，甚至可以创造平行时空，你作为童话世界中的时间旅者来去自由，过去的遗憾可以弥补，未来的美好可以实现。虽然现实世界里可能什么都改变不了，但平行时空里的你已经活成了你想要的模样。带给人的美好和温暖也是童话的价值和意义。

2. 地点梦境术

能发生童话故事的地方也一定非同凡响。你可以像 J. K. 罗琳一样，让你的主人公通过九又四分之三站台来到充满魔法的霍格沃兹，一个完全不同于麻瓜世界的新领域。你也可以像内斯比特一样，让五个孩子把一个远古的沙精从沙子里拽出来，从而在现实世界中经历神奇的事情。通过"入口"，你的主人公可以走进一个由你打造的崭新世界，通过"出口"，你也可以把神奇的人物引入熟悉的城市中。这些"入口"和"出口"可以是梦境，可以是洞穴，可以是大衣橱，可以是镜子，也可以是游泳池……童话发生的地点皆因你的故事而存在。你甚至可以放弃"入口"和"出口"，直接给出森林、湖泊、公路、书店、艾奇利亚王国这样具体的、或许存在或许不存在的地方。你的童话就像你的梦，由你做主。别忘了你和读者的契约，哪怕是完全不存在的地方，你的读者依旧可以接受、可以理解、可以意会。

3. 人物变化术

童话中的人物可以是普通人类，可以是有超凡能力的人，可以是神仙、魔怪、精灵，也可以是动物。如果你觉得选择一个主角很困难，那不妨试试从动物入手，值得注意的是你选择的动物虽然有着动物的外表和习性，比如胆小的兔子、需要冬眠的大熊，但它们同时也具备人类的特质。这些动物不过是披着动物皮的人类，它们有着人的情感、人的烦恼，用动物的身体在童话中经历人类的困难。同样，无论是有着神奇经历的普通人类，还是拥有超凡能力的神仙、魔怪、精灵，他们的本质依旧是"人"，要经受挫折、要得到经验、要学习成长。

### 三、掌握三个经典童话原型

太阳底下没有新鲜事,你所经历的一切其他人早就经历了,你要讲的故事别人也早就讲过了。这样想,一方面令我们很绝望,因为你从来都不独特,也很难讲出独一无二的新故事,但从另一方面看,你拥有全人类提供的可学习、可借鉴的丰富经验和材料。柏拉图曾经说过,现实事物只不过是理念的影子,所以理念才是真正的"原型"。掌握原型,除了了解经典童话的叙述模式,更重要的是理解背后的理念,这才是创作童话的技术核心。像神话里面的"创世""造人""取火"等故事,在全世界各个民族的故事中均有体现,这个现象可以追溯到人类集体无意识的部分。同样地,童话里的经典原型也在不断地以新鲜面貌出现在人们的视野中,但"理念"上并没有太大的差别。下面我将从众多童话中选取三个极具代表性的原型,供学习童话的学生作为写作支架储备,同时也是对原型背后"理念"的一次探究。

1. 《三只小猪》

民间故事的"三个儿子"叙事原型被童话继承,它的基础模式是:接到一个挑战性任务,大儿子失败→二儿子失败→三儿子成功,最后三儿子获得奖励。奖励可能是活命的机会,可能是一袋金币,也可能是一位公主。在民间故事里,结局会对大儿子和二儿子进行惩罚,以表示对三儿子的赞扬。不同于民间故事的爱憎分明、惩恶扬善,童话往往会选择美好的大团圆结局,这与童话主要为儿童服务的理念有关。童话的作者和整理者希望让儿童看到这个世界充满了爱和希望,这也使得很多童话以"后来,他们幸福地生活在一起"为结局。《三只小猪》的故事就是典型的"三个儿子"叙述模式,三只小猪接收到盖房子的任务后,由于他们不同的选择,最后得到了不同的结果。反派大野狼的出现除了营造紧张的氛围,增加故事冲突外,也成为三种选择的"质检员"。"万事逃不过因果"是"三个儿子"叙事原型最终要传递的理念,你的想法决定你的做法,你的做法决定最后的结果。为什么是"三个儿子",不是"四个儿子"或者更多呢?《道德经》里讲"道生一,一生二、二生三、三生万物",一是一元,二是二元(对立),三是变化。一般来说，两个是无法产生变化的，但三个就可以了，同时"三"也代表很多，例如我们经常说的"事不过三"。三只小猪的能力顺序也并非随意排列，而是阶梯式上升的，第二个和第三个小猪都能从上一个哥哥的经验中成长，并选择更适合的方式去解决问题。如果我们跳出"三只小猪便代表三种选择"的思维模式，便会发现我们自己便是这"三只小猪"的集合体，在不断的试错和升级中，我们终将盖出属于我们的"石头房子"。

2.《灰姑娘》

"灰姑娘"作为最经典的童话原型，被广泛地应用在各种小说、电影、电视剧中。"灰姑娘"原型成功的秘诀就在于"逆袭"两个字。主人公前期过得比较悲惨，恶毒的后母不断地虐待她，在经历了一系列打击后，遇到一个"神仙教母"，从此踏上了逆袭之路，最终获得幸福。"灰姑娘"原型的改编创作有很大的空间，"灰姑娘"可以是男生，还可以是动物，"神仙教母"可以是师父，还可以是陌生人，甚至可以是一件宝物。"灰姑娘"原型中最重要的部分就是"神奇一瞬"，也就是当南瓜变成金马车，老鼠变成骏马，旧衣服变成绝美华服的那一刻。想把新版"灰姑娘"的童话故事讲好，从"神奇一瞬"入手绝对是一条捷径。主人公华丽变身之前，可以给他设置各种有难度的障碍，当然，这些障碍要在华丽变身之后被完美化解。以"神奇一瞬"为中点，前面的悲惨和后面的成功像齿轮般环环相扣，展现出命运的戏剧性和童话的神奇性，这样便可以完美复刻经典的"灰姑娘"叙事原型。

3.《丑小鸭》

很多人认为《丑小鸭》是动物版的灰姑娘，理由乍一看也很充分：虽然一个是动物，一个是人类，一个是公鸭子，一个是年轻女性，但故事大体的路径都是受难——成长——逆袭。可是如果你仔细辨别，还是会发现两个童话故事本质的不同。灰姑娘获得成功的方法是遇到"神仙教母"，自己几乎没有费任何力，一瞬间便完成华丽变身，从此走上人生巅峰。丑小鸭不是的，吐绶鸡在它还是一个蛋的时候，就被信誓旦旦地"预言"它是一只火鸡，根本不会游泳，应该直接放弃。虽然我们经常说英雄不问出身，但你知道为什么不问出身的英雄如此之少吗？因为他们大都"死"在了"蛋壳"里。丑小鸭变成白天鹅的故事更像是面对命运蹂躏，咬紧牙关死死扛住的每一个普通人的血泪史，它是在经历了无数屈辱和困难后，才在湖水中看清楚自己的真实模样。很多人喜欢《灰姑娘》的故事，因为它告诉我们，从不幸到幸福原来只需要魔法棒轻轻一挥，可是，《丑小鸭》告诉我们，如果你没有南瓜车，没有水晶鞋，没有"神仙教母"……在无数个夜晚崩溃大哭依旧等不到天亮时，也不要放弃你自己。人生本就是一场历险，在生活的一次次痛击中我们才能长出勇敢的翅膀。用一次次的磨砺锻造你的主人公吧——除了生活上的难题，还有心灵上的磨难。让它们呈现出阶梯式的样态，只有一次比一次严酷，一次比一次痛苦，你的主人公才会浴火重生，你才会凤凰涅槃。

# 教学实录

《玲玲的画》教学实录及点评
《我要的是葫芦》教学实录及点评
《神笔马良》教学实录及点评
············

# 《玲玲的画》教学实录及点评

点评：黄 犨
单位：珠海市香洲区第十九小学

**教学目标**

1. 用了解字理、梳理字族、联系生活识字等方法，随文认读"玲、详、幅、评、奖"等15个生字，会写"报、纸"2个生字。

2. 能用问同学、问老师，"问"拼音、"问"字典等方法，把课文读正确、读通顺，并能读好长句子。

3. 借助带"地"的短语，运用情节绳把故事讲完整；借助"得意""伤心""满意"三个词语，运用"心情线"把故事讲出感情变化。

**教学过程**

### 板块一：读题识"玲"，初读课文

一、学"玲"入课

1. 师：今天，我们来认识一个新的学习伙伴，她的名字叫玲玲。

（提示：读准后鼻韵母和轻声）

2. 师：你们猜猜，这个名字是男孩子的还是女孩子的呢？为什么？

生1：这个名字是女孩子的名字。因为我以前的班上也有一个叫玲玲的女孩。

师：你是根据生活经验来判断的。

生2：我预习课文的时候，发现里面的"她"是女字旁。

师：了不起，我们也可以通过阅读来判断。正如你们所说，玲玲真的是个女孩子。（师板书：玲玲）

3. 师：我们来看看这个字，它的偏旁是不是也能帮我们判断呢？"玲"是斜玉旁，这些也是斜玉旁的字。比如：妈妈喜欢戴的"珍珠"项链，还有"琉璃""玛瑙"。（PPT出示：珍珠、琉璃、玛瑙）

师：谁发现了？这些都是什么？

生：都是女生喜欢的珠宝。

师小结：是的，斜玉旁的字大多跟珠宝有关，表示美好、珍贵的事物。"玲玲"在古代是指玉器碰击时发出的清脆声音。所以很多家长都喜欢用斜玉旁的"玲"给女孩子起名字。你看，关注一个字的偏旁，还能有这么大的发现呢！

4. 师："玲"字的另一个部件"令"，也可以帮助我们认识很多字。带"页"的是首领的"领"，我们在一年级下册的时候学习过。有"金"字旁的是响铃的"铃"，牙齿的多少可以帮我们区分人的年"龄"，有"山"的是山岭的"岭"。

（PPT出示：领、铃、龄、岭）

师：玲玲同学不仅名字好听，还特别会画画，我们一起来欣赏玲玲的画。（师板书：的、画。补充课题）

## 二、初读课文

1. 师：请同学们自由朗读课文。出示自学要求。

（1）读两遍课文，读准字音，读通句子。

（2）难读的多读几遍，读完后手平放，坐好。

2. 师：在读文章时，如果遇到不认识的字，该怎么办呢？

生1：可以看拼音。

生2：也可以问老师。

生3："问"偏旁也可以。

生4：还可以查字典。

生5：问问同桌。

师小结：是的，我们遇到不认识的字的时候，可以用同学们刚才说的方法——问同学，问老师，问父母，"问"字典，"问"拼音，也可以"问问"网络。

（生读课文，师指导读书姿势）

## 板块二：读长句子，读通读好

师：同学们读得这么好，那老师可要考考你们。这里有四个长句子，句子里红色的字是我们要认识的字，谁敢大声地读一读？

玲玲得意地端详着自己画的《我家的一角》。这幅画明天就要参加评奖了。

（生1读句子）

师：看这个词，注意"详"要读轻声。（PPT出示：端详）老师带来了玲玲的画，那什么叫"端详"呢？谁来"端详"一下这幅画？（师拿出玲玲的画，生"端详"画）

师：谁来猜一猜，什么叫"端详"？

生1：就是看着。

生2：就是端着看。

师：这个画现在不用她端着，老师拿着。怎样看才叫"端详"？

（生再次"端详"画）

生3："端详"就是仔细地看。

师：玲玲可是得意地端详着自己的画，你能学学玲玲的动作吗？

（生做动作，得意地端详着自己的画）

师：我要采访一下玲玲，你为什么要得意地端详着自己的画啊？

生4：因为这幅画我画得太好了，我心里真是太高兴了。

师：同学们，刚才你们通过读句子和观察这位同学的"表演"，猜测"端详"就是认真地看。你们猜得真的对吗？我们可要验证一下。老师查了第7版的《现代汉语词典》，词典里对"端详"有3个解释，第一个意思是"详情"，第二个意思是"端庄安详"，第三个意思是"仔细地看"。在这个句子里，我们应该选择哪个意思呢？

生：应该选择第三个意思"仔细地看"，这样更符合句子的意思。

师小结：我们读课文的时候如果遇到不理解的词，可以先在句子里猜一猜，然后再表演一下当时的情景，最后还要在词典里查一查，验证一下。这样才是真的学会这个词了。

师：下面我们一起来欣赏一下这幅画吧。（出示字卡"幅"）我们来看看它的结构，它是左右结构的字。"巾"字旁表示跟布匹有关，是指布的宽度，"幅"在这里做量词。这就是玲玲画的一幅画。请同学们认真看看这幅画的内容，它的墙壁上又挂了两幅画。谁来说说？用上"幅"字，墙上挂着两幅画，一幅是……，另一幅是……。（师重读"幅"字）

生：墙上挂着两幅画，一幅是中国地图，另一幅是书法作品。

师：玲玲的画是要参加评奖的，我们班同学都得过什么奖？（出示字卡"奖"）

生1：我以前参加机器人比赛得过奖。

师：得了几等奖？

生1：三等奖？

师：你得过什么奖呢？

生2：我画画得过一等奖。

师：掌声送给他，也送给你们自己。大家通过自己的努力去参加评奖，还获得了那么好的名次。（师每次说到"奖"，都举起字卡）

师：这么好的画，玲玲可是画到很晚的。（出示字卡"催"）谁来读一读课文相关内容？

"玲玲，时间不早了，快去睡吧！"爸爸又在催她了。

师：你的父母催过你吗？怎么催的？

生：我妈妈催过我。

师：你学一学，妈妈是怎么催你的？

生：快去睡觉！

师："快去睡觉"，语气有点急。咱们用上这样的句式来说一说。（出示句式："时间不早了，_____。"_____又在催我呢。）

生："时间不早了，快去睡觉，不然该起不来了。"妈妈又在催我呢。

师：带着这种催促的语气，全班一起读第二句。

（全班都读出了催促的语气）

师：这个时候意外发生了。（出示字卡"啪"）谁来读读这句？

水彩笔啪的一下掉到了纸上，把画弄脏了。玲玲伤心地哭了起来。

（一生读，没有读出"啪"的短促）

师：你们看，这就是啪！（师让一支水彩笔掉落在桌上。师指导生快速干脆地读出语气词"啪"，无论是女生还是男生，都读出了"啪"的干脆利落）

好多事情并不像我们想象的那么糟。只要肯动脑筋，坏事也能变成好事。

师：虽然画弄脏了，但并不表示玲玲没有机会了。（全班齐读上面这句话）

### 板块三：运用短语，讲好故事

**一、找短语，把故事讲完整**

1. 师：这四个长句子里还藏着特别有意思的短语，认真读一读，你有什么发现？

（PPT 出示：得意地端详、伤心地哭）

生 1：这些短语都有"地"。

生 2：第一个有高兴、骄傲的感觉，第二个有伤心的感觉。

师：我明白他的意思，这些短语传达出来的情绪是不一样的。

生3：它们都是动词。

师：同学们真了不起，像这样有"地"的短语，文章里还有好几个呢！同学们赶快去找找。

（生交流找到的带"地"的短语，PPT出示，生齐读）

2. 师：这些带"地"的短语可有用了！你瞧，把它们按照时间的顺序串在一起，就能够把故事讲完整了呢！要想把故事讲完整，我们可得搞清楚这是谁的动作。

（生汇报短语对应的人的动作）

3. 师：用上这条情节绳就可以把故事讲清楚了，你们自己试一试。

（生用词串讲故事，师指导生讲故事要有开头和结尾。生把故事讲得清晰完整，师鼓掌）

## 二、关注心情词，把故事讲精彩

师：你们太会讲故事了，我得升级难度。现在，我们只留下跟主人公玲玲有关的词语。（PPT出示：得意、伤心、满意）

师：按照这条心情线，中间的表示平静，上面的是开心，下面的是难过，那这三个表示玲玲心情的词该怎么摆放呢？

（生摆放玲玲的心情图标）

师：你觉得"得意"和"满意"哪一个表示高兴的程度更深？

生：我觉得"满意"比"得意"更深。

师：她除了对画满意，还对谁满意？

生：她不仅对画满意，还对自己满意。

师：为什么？

生：因为这是她自己画的。

师：她有没有放弃？

生：没有，她没有放弃脏了的画，她努力让画更漂亮了。

师：这可不是一个普通的故事，它蕴藏的情绪是一波三折的。如果用上表示情绪的词语,不仅可以把故事讲得完整,还可以把故事讲得非常有感情。你来试一试。

(生讲故事,有非常明显的感情起伏,很精彩。师鼓掌)

师:你们太棒了,通过摆一摆竟然发现了这个故事的情绪变化。以后我们再讲故事的时候,也要随着主人公情绪的变化而改变自己的语气,这样讲故事会更精彩。

**三、读奖状,复现生字**

师:同学们,你们看,肯动脑筋的玲玲不仅没有错失比赛,她还得到了一张大奖状。

(生读奖状)

**四、读句子,领悟道理**

师:果真就像爸爸说的"好多事情并不像我们想象的那么糟。只要肯动脑筋,坏事也能变成好事"。玲玲能获得最后的成功,就是因为爸爸对她说了这句话。我们以后遇到困难的时候也要告诉自己,"好多事情并不像我们想象的那么糟。只要肯动脑筋,坏事也能变成好事"。

## 板块四:观察比较,学写汉字

**发现规律**

1. 观察易错笔画,写正确。

师:这节课我们要写"报纸"两个字,老师要考考你们,"报"的第四笔是什么?

生1:横折钩。

生2:竖。

师:哦,出现不同意见了,我先不揭晓答案。你们觉得"纸"的第六笔是什么?

生1：竖提。

生2：横。

（师带生书写，订正笔顺）

2. 观察"报、纸"的结构：左右结构，左窄右宽。

师：要想把它们写美观，还得观察结构。

生：这两个字都是左右结构，要写得左窄右宽。

3. 观察"报、纸"的位置：上下两线，找准高低。

4. 观察关键笔画：报——横撇、捺画成一线，纸——主笔斜钩写舒展。

师：哪个笔画一定要写好？谁来提醒一下？

生："报"的竖要在中线上，"纸"的竖提也要在中线上。

（生书写：报、纸）

师小结：有一位小朋友听说你们学习《玲玲的画》，也带来一幅书法作品，她让我问问你们，上面的字，你们都认识吗？（生读书法作品，再次复现生字）我们课后需要写的字里，还有同样是左右结构的"幅""评"。请大家用上今天学到的方法——一看结构，二看位置，三看关键笔画。下节课我们继续来写字。

---
点　评
---

## 让每个学生成为真正的独立的阅读者

低年级的语文教学中，识字教学在课堂教学中占有相当大的比重。是集中识字好，还是随文识字好？是先识字再学文，还是先学文再识字？是淡化识字，关注阅读，还是淡化阅读，关注识字？……这些一直是困扰一线教师的问题。平常教学中的常规操作是学生先学习生字，然后带拼音读，去掉拼音读，或男生女生分开读等，扫除生字障碍，解决字词的教学，再回过头来带学生学习课文。这堂低年级阅读课的成功与出彩，在于付雪莲老师将教材本身的优势和创造性得以充分发挥。这节课带给我们的启示是多方面的，既有"接地气"的独具创意的教学模式，又有模式背后带给我们的思考。

## 一、多元识字，重视识字方法的渗透

《义务教育语文课程标准（2022年版）》（后简称"课标"）要求低学段学生"喜欢学习汉字，有主动识字、写字的愿望"，要求中高学段学生"对学习汉字有浓厚的兴趣，养成主动识字的习惯"。因此，小学低年段识字教学，不仅要完成课标规定的识字任务，更重要的是教会学生识字的方法，培养学生主动识字的兴趣和习惯。比如学生在课外阅读童书或报纸，这些读物中有没有学过的生字；学生在大街上散步，在商场购物，在公园里游玩……身边处处会遇到不认识的汉字。学生该用什么办法认识生字呢？这就需要有经验的教师在识字教学中，不仅仅教授汉字的音、形、义，还需要非常注重培养学生主动识字的习惯，引导学生交流课外认识的汉字，激发学生自主识字的积极性。

付老师的课很细腻，很丰满，这种细腻和丰满首先来自她对识字目标的准确把握和创新。她的课自始至终关注一个非常重要的目标落实——识字方法的指导。我们看到，她的识字方法既是多元的，又是整合的。

比如偏旁识字。上课伊始，付老师由课题导入，让学生猜一猜"玲玲"是男孩子还是女孩子。根据声旁和形旁，她让学生知道"斜玉旁的字大多跟珠宝有关，表示美好、珍贵的事物"，从而让学生明白要了解汉字的意思可以关注一个字的偏旁。

比如字族识字。"玲"字的"令"是一个构字能力非常强的部件，它还可以帮助我们认识更多的汉字：带"页"是首"领"，有"山"是山"岭"，牙齿知年"龄"……她通过对汉字关键部件的讲解，让学生初步建立字族的概念：有些字虽然不同，但有些部件是相同的，从而认识到这些字之间是有关联的；同时把这一类字串联起来，让学生温故知新，复习之前的生字，通过这种方法推断一些还没学过的字。

自主识字还有一个重要渠道，就是在生活中识字。生活的场所有多大，其识字的范围就有多大。学生在不同的语境中认读汉字，就可以熟悉汉字在具体语境中的不同使用意义。如，付老师教完《玲玲的画》后开展了一个有趣的实践活动——有一位小朋友带来一幅书法作品，再次复现生字，引导学生认读书法作品上的生字，在生活中培养学生主动识字的习惯。

## 二、立足教材，借助思维图示讲故事

课标对低年级学生"讲故事"的要求是"较完整地讲述""简要地讲述"。也就是说，学生只要能大致讲出故事的主要内容就能达成目标。统编语文教材在引导学生学习讲故事的时候，使用的方式是多样的。比如这一课的课后习题：试着用上"得意""伤心""满意"这3个词语，讲讲这个故事。对于刚刚升入二年级的学生，借助3个关键词把故事讲出来有一定的难度。付老师根据学情设计了两个环节。一是借助动词"端详"等，把这些动词串联起来，让学生说说谁怎么样，学生就能把这个故事讲完整了。到这里，本环节的教学还没结束，教师还可以引导学生绘声绘色讲故事。怎么办呢？付老师带来第二招——加入表心情的词语"得意、伤心、满意"。此时，学生突然领悟到这便是故事里非常重要的一条情感线。原来"我"对自己的画十分满意，甚至有些小得意，当画被弄脏了，心情跌入谷底。在爸爸的帮助下，"我"不放弃，经过自己的努力，把画变得更漂亮了。最终，"我"战胜了自己。就像课堂上学生说："我不仅满意画，我还满意我自己。"这样文章的主题才自然地得到了升华。

## 三、创设情境，让识字与阅读不分家

从识字教学的规律来看，识字教学与阅读教学不能割裂，要将识字融入特定的阅读情境中。比如玲玲经过自己的努力，她的画被评为一等奖，同学们给玲玲颁奖时，可以通过具体的情境识记"评、奖、玲"等生字，再次检查生字是否掌握。再比如认识"幅"字时，付老师创设情境：这就是玲玲画的一幅画，请同学们认真看看这幅画的内容，它的墙壁上又画了两幅画——墙上挂着两幅画，一幅是中国地图，另一幅是书法作品。学生就能在具体的阅读情境中理解"幅"字并加以运用。

所以，付老师这堂课的每一个识字环节都能形成一个具体的语境，并且能做到"字不离词，词不离句，句不离段，段不离篇"。实践证明，生字只有在相应的阅读语境中才能被很好地识记和理解。

## 四、遵循步骤，掌握写好汉字的规律

写字教学要遵循"书写不是书法课，保底做到书写正确，再到美观"的要求。所以在低年级要加强双姿训练——正确的坐姿，正确的握姿，让学生养成良好的书写习惯。

付老师在长期的写字指导中发现了学生写好汉字的规律，总结出"一看结构，二看位置，三看关键笔画"的习字程序，并教授给学生，帮助他们掌握写好字的规律性知识。在写字教学中，我们往往会选择有规律的，比如有共同的偏旁，或是横画较多的字，把它们放在一起进行比较；学生通过观察、对照找出它们的相同与不同，从而由会写"一两个字"到会写"这样一类"字。我们很多教师往往关注的是把字写正确，不要写错字，这是语文知识教育。而付老师关注的是把这个字写好，写美观，比如"报——横撇、捺画成一线，纸——主笔斜钩写舒展"，这教的不仅是知识，更是一种审美。

付老师曾说："挫折和困难会让我们收获成长，对于学生也是一样。"低年段的学生也可以在读文的过程中一起去探寻汉字之源，感受汉字之魂，品味汉字之韵。终有一天，他们也会成为真正的独立的阅读者。

# 《我要的是葫芦》教学实录及点评

点评：刘翘憨
单位：珠海市香洲区第三小学

**教学目标**

1. 通过字族识字、换偏旁等多种识字方式，认识"葫、芦、藤、谢"等11个生字，会写"邻、怪"二字。

2. 能正确、流利地朗读课文。通过抓关键词，朗读人物语言，体会种葫芦人和邻居的心态，体会反问句、感叹句与陈述句的不同语气。

3. 借助情节绳把故事讲完整；了解种葫芦人最后没有得到葫芦的原因，初步懂得"做任何事情都要注意事物之间的联系"。

**教学过程**

一、"葫芦"导入

1. 师：今天我们来学习一篇新的课文，一起来读题目《我要的是葫芦》。（师提示生读准轻声）

2. 师：认真观察，"葫""芦"这两个字的哪些部分是一样的呢？

生：这两个字都有草字头。

师：这两个字都是草字头，说明和植物有关。其实像这样的字还有很多，比如眼睛、葡萄、玻璃。（出示图片）

3. 师：葫芦有什么用处呢？

生1：可以用来做药。

生2：可以用来做菜。

生3：可以做成装饰品——葫芦娃。

生4：还可以做成葫芦丝，用来吹。

师：同学们，葫芦原来有这么多的用处——可以做成乐器葫芦丝；可以做成容器，装酒装水；还可以做成一件艺术品。当然，它也很好吃！葫芦原来这么好，难怪这个人说……（出示图片）

生：我要的是葫芦！

## 二、发现秘密，学认生字

1. 师：那这个人到底得到葫芦了吗？咱们先来看看自学提示。

（1）读两遍课文，读准字音，读通句子。

（2）难读的多读几遍，读完手放平坐好。

2. 师：如果遇到不认识的字，怎么办呢？

生1：读拼音。

生2：查字典。

生3：问同学。

生4：问老师。

师小结：是的，如果我们在家，还可以问问爸爸妈妈或查询网络。现在开始读课文吧。

（生自读课文）

3. 师：这个种葫芦的人种的葫芦是什么样子呢？谁来读一读？（出示图片）

师：同学们，这一段里可藏着很多秘密呢，一起来读读这四个字。

生：一棵葫芦。

师：这里的"一棵葫芦"和题目中的"葫芦"是一回事吗？

生：不是！

师：那这里的"一棵葫芦"都包含什么呢？

生：一整棵葫芦包含葫芦的藤、叶、花，还有可爱的小葫芦。

（师贴生字"棵""葫""芦"）

师：是呢！而题目里的"葫芦"指的是什么呢？——就是这可爱的小葫芦！

4. 师：我们再看看这段文字，里面还藏着秘密呢！要特别注意括号里的字，谁来读一读？一会儿再填一填。（出示图片）

师：这棵葫芦有怎样的葫芦藤啊？

生：是细长的葫芦藤。

师：有怎样的小花呢？

生：雪白的小花。

师：又有怎样的小葫芦呢？

生：可爱的小葫芦！

5. 师：还不止这些呢，这一段还藏着葫芦生长的秘密呢！有同学读了第1自然段后说："我发现葫芦的生长秘密是长叶——结果——开花。"你觉得对吗？

生：不对，葫芦的生长秘密应该是先长叶，再开花，最后结果。

6. 师：是啊，这么短的一个自然段竟然藏着这么多秘密。还有呢，你们再看红色的字"谢"。当有人帮助我们，我们会说"谢谢"。课文里的"谢"是什么意思呢？我们想理解句子中某个生字的意思时，可以用这样的方法——换个字放里面，谁来试试？

（生依次替换为"枯""落""没"，师出示图片）

师：他们说得对吗？我们可以问问共同的老师——词典。在词典中"谢"有五个意思，你们觉得这里该选第几个意思。（出示图片）

生：第四个，花落。

师：是的，所以并不是花没了。我们在学习一个生字的意思时，就可以通过语境来换词猜测，更重要的是查查词典进行验证。

7. 师：这可爱的小葫芦最后竟然变成了那个样子，谁来读一读？（指读）"慢慢地"，就是要读得慢一点，全班一起来读一读。（出示图片）

师：这段话里有一个生字——蚜，其实在我们一上、一下的时候都学习过。比如你们根据学过的《乌鸦喝水》就可以知道，"牙"加"鸟"就是"乌鸦"的"鸦"，加口就是"呀"，加"虫"就是"蚜虫"的"蚜"。（出示图片）

### 三、理解句子，会讲故事

1. 师：同学们，究竟发生了什么事呢？一开始的时候，葫芦是多么的可爱，可是最后却一个一个都落了。咱们来读读这两段话，前排读左边的，后排读右边的。

（师指导生对比朗读这两段话时，让生注意情绪的不同：读左边的文字要开心，快一点；读右边的要难过，慢一点）

（出示图片）

2. 师：到底发生了什么事，让挂在藤上的小葫芦一个一个地都掉了？（板书：挂、掉）请同学们自由读课文2、3自然段，用"＿＿＿"画出种葫芦人的想法，用"～～～"画出种葫芦人和邻居的对话。

（生读句子：有一天，他看见叶子上爬着一些蚜虫，心里想，有几个虫子怕什么！）

师：有几个虫子怕什么！意思就是说……

生：有几个虫子不用怕。

师：像这样的句子，我们也可以来说说看。比如，外面下着雨，你没带伞，你会对自己说什么？

生：有雨怕什么！

师：你的意思是什么？

生：有点雨不可怕。

师：我们正在进行升旗仪式，可是外面太阳那么晒，你会对自己说什么？

生：有太阳怕什么！

师：你的意思是什么？

生：有太阳不可怕。

师：有几个虫子怕什么！这句话的意思是什么？

生：有几个虫子不可怕。

师：但是，这两句话的语气却是不一样的，哪一个更强烈一些？

生：第一个！

（师贴板书：不可怕）

3. 师：就是因为种葫芦的人这么想，所以他才这么说……（出示图片）

（生读句子）

师：什么叫"赛过大南瓜"？

生：就是比南瓜还要大。

师：其实这个"赛"字，我们在生活中是很常用的。比如"赛车在赛道上比赛""像这样正式的比赛""它分为初赛、复赛和决赛"。（出示图片）

师：种葫芦的人希望自己的葫芦赛过南瓜才好呢。在这里，他先看见了什么呢？

生：叶子上有蚜虫。

师：在这段话里，有一个词和"看见"的意思非常像，但程度不同，你找到了吗？

生：是"盯着"。

（生上台，分别表演"看见蚜虫"和"盯着葫芦"的样子）

师："看见"和"盯着"有什么不同呢？

生："盯着"就是眼睛睁得很大，而且看得时间长；而"看见"所用的时间会比较短。

师：我想采访一下种葫芦的人——你为什么只看一看叶子上的蚜虫，却盯着葫芦呢？

表演的学生：因为叶子上的蚜虫只有几个，我的眼里全是葫芦。

4. 师：这个种葫芦的人眼里全是葫芦，看不见蚜虫，谁着急了？

生：邻居着急了！

师：谁来学着邻居劝一劝种葫芦的人？

（生读对话：一个邻居看见了，对他说："你别光盯着葫芦了，叶子上生了蚜虫，快治一治吧！"那个人感到很奇怪，说："什么？叶子上的虫还用治？我要的是葫芦。"）

师："叶子上的虫还用治？"这句话什么意思？

生：意思是他觉得叶子上的虫不用治，跟他的葫芦没关系。

（生读句子，体会语气的不同）

师：像这样的句子还有很多，比如"楼梯那么宽，还用靠右走？"其意思是什么？

生：楼梯那么宽，不用靠右走。

师：再比如"过马路还用走斑马线？"

生：意思就是过马路不用走斑马线。

师：像这样的句子我们自己也可以说。隔壁班和我们班拔河，我们班输了，我们该怎么安慰参赛的同学呢？

生：这么点失败，还用哭？（这么点失败，不用哭。）

（师贴板书"还用治"）

5. 师：这究竟是怎么回事呢？为什么原来高高挂在藤上的葫芦最后都掉落了？我们一起来看看，本来葫芦是高高挂在藤上的，可是这个人心里却想着：几个蚜虫怕什么！当邻居劝他的时候，他还反驳说："还用治？"结果没过几天，小葫芦都掉了。（师边梳理课文内容，边板书情节绳）谁能根据情节绳来讲讲这个故事？

（生上台根据情节绳，讲出整个故事）

师：你的故事讲得真好，但你们可别小看这条绳，这里面可是有情绪变化的。原来小葫芦高高挂在藤上，那人多么开心；最后小葫芦都掉了，那人多么难过。请大家带上情绪把故事讲得更精彩。

（生再次根据情节绳讲故事，讲出情绪变化）

师：这个情节绳太神奇了，不仅能帮我们把故事讲完整讲正确，还能帮我们讲出不同的情绪来。

6. 师：为什么这个人的想法就让这么可爱的小葫芦从高高的藤上都掉了呢？其实这段文字里还有很多秘密，一起来看红色的字。

（生认"想、感、怪、慢"四个字）

师：这四个字有什么特点？

生："想"和"感"都是心字底，"怪"和"慢"都是竖心旁。

师：心字底和竖心旁的字都与内心的想法有关。就是因为他这么想，才导致小葫芦最后一个一个都掉了。他到底不明白什么呢？

生：因为蚜虫把叶子啃坏了，而叶子是给小葫芦输送营养的，所以小葫芦就一个一个掉下来了。

师：所以要是不管蚜虫，最后就会没有葫芦。同学们明白了，种葫芦的人明白吗？

生：不明白！

师：他真的不明白吗？回到文中读读这句话。

有一天，他看见叶子上爬着一些蚜虫，心里想，有几个虫子怕什么！

（生读句子）

师：他也许知道蚜虫会啃叶子，而叶子会给葫芦输送营养，但他为什么还不管呢？

生：因为他看见只有很少的一些蚜虫。

师：嗯，他觉得蚜虫对葫芦的影响可能很小，只要葫芦长得够快……

生：蚜虫就没了！

师：所以他是知道的，只是抱有侥幸的心理。第二年，这个种葫芦的人还想再种一次葫芦。这一次，他会对自己说些什么？

生：这一次，"我"要把叶子上的蚜虫都除光，这样葫芦就可以长大了！

**四、学写汉字**

1. 学写"邻""怪"，"邻"的第六笔和"怪"的第二笔分别是什么？

（生明确笔顺，"邻"的第六笔是横撇弯钩，"怪"的第二笔是点）

2. 一看结构，二看位置，三看关键笔画。

（1）两个字都是左右结构，"邻"是左宽右窄，"怪"是左窄右宽。

（2）"邻"左高右低，"怪"的竖心旁要稍高。

（3）"邻"字捺变点，竖写长；"怪"字"又"穿插，"土"在下。

3. 教师范写，学生书写。

4. 学生描红、书写，教师点评。

师小结：一年的时间很快就过去了，这个人内心的想法发生改变的时候，他的行为就会发生改变。他真的好好地去治叶子上的蚜虫了，也终于种出一大片的葫芦。他给你们送来了一封感谢信。（出示图片）

（生读感谢信）

师：同学们，这个故事给你了什么启发？

生1：在做一件事情之前，一定要先想想最后的结果会怎样。

生2：这个种葫芦的人一开始只关心结果，却不关心过程；但是第二年他却很用心，所以他才种出了葫芦。

师：不要担心失败，只要你不断地善于反思，也能得到你想要的"葫芦"！

## 点 评

### 趣味入学堂，润物细无声

春雨"润物细无声"，好的课堂也如此。对于付老师这一堂课，我们从学生上扬的嘴角，便可以知道这一堂课学生有多投入。

《我要的是葫芦》是统编版小学语文教材二年级上册中的一篇课文，内容篇幅偏长，如果让学生讲出完整的故事并理解含意有一定的难度。而对于低年级的学生来说，识字更是此课重中之重。如何让学生在高效识字的同时关注课文内容与表达，这是一个挑战！付老师的课给了我们很多启发与思考。

## 一、融会贯通——多样识字

《我要的是葫芦》作为二年级的一篇课文，让学生掌握其生字是低年段教学最基本的目标之一。本课的生字一共有11个。若让学生一个一个地认，效率太低，且达不到预期效果。识字教学需要抓住两个抓手：归类、联结。调动生活经验，学生会更有兴趣和动力，识字也会更扎实高效。

本课的教学中，付老师没有单一地让学生认读、识字，而是遵循了学生识字的规律，以"趣"为线，将识字方法融入课堂的每一个环节步骤。

"葫""芦"是本课要认识的生字。上课伊始，付老师便借助"葫芦"二字，让学生发现"两个字都有草字头"，引出"字族识字"的方法，并借助思维导图工具，让学生更充分地认识"葫芦"的作用。

我们都知道，学生要想认识汉字，需要不断地复现，更需要方法的教授，即教会学生认识生字的方法。

付老师不光采用了字族识字、"换偏旁"识字，还教会学生利用"换字—查字典验证"的方式来理解、学习汉字。

在教"谢"这个字的时候，付老师先调动起学生的生活经验，通过换字的方式让学生畅所欲言：还能把"谢"换成什么字呢？付老师没有直接告诉学生答案，而是让学生自己发现、交流，联结自己的阅读经验来理解生字词。然后，为了让学生更加准确地理解字义，付老师出示"谢"在字典中的意思，让学生自己去找寻最为恰当的意思。这样的设计渗透了一个非常重要的方法：当遇到不懂的生字的时候，我们可以先调动自己的阅读经验，去猜测理解，最后通过查字典的方式来验证自己的猜测。

"授人以鱼，不如授人以渔。"整一堂课付老师都是这样教，教会学生自主学习的方法。

更令人眼前一亮的是结尾生字复现的方式。以往很多教师都会采用玩游戏的方式把这节课所要认识的生字展示出来，这样就与文本内容脱节，环节融入生硬。付老师在课文内容的基础上创设情景，出示了一封"感谢信"。感谢信上既有生字的复现，又有道理的延展，让学生将生字扎实地识记，将道理内化于心。

在整堂课的教学中，付老师巧妙地将识字方法不露痕迹、润物无声地让学生慢慢掌握。

## 二、举一反三——语用训练

在低年段的教学中，字词教学是最根本的目标之一，句式的掌握也是教学重点。教材的课后题中有两个句子，既是本课教学重点，又是教学难点。如何将难理解的句子巧妙融入课堂，让学生充分理解呢？

付老师的精心设计层层深入，突破了这一教学难点。付老师让学生先画出描述种葫芦人想法的句子，找到这个难句——"有一天，他看见叶子上爬着一些蚜虫，心里想，有几个虫子怕什么！"然后询问学生"有几个虫子怕什么！"的意思，学生将自己的理解表达出来。付老师通过创设情境，联结了学生生活经验，让学生举一反三："外面下着雨，你没带伞，你会对自己说什么？""我们正在进行升旗仪式，可是外面太阳那么晒，你会对自己说什么？"付老师由扶到放，轻松地让学生掌握了两个句子的使用方法。如此层层递进的教学环节，更使学生理解了"有几个虫子怕什么！"所表达的强烈情感。

## 三、绘声绘色——巧用情节绳

《义务教育语文课程标准（2022年版）》对小学低年段"说"的要求是："能较完整地讲述小故事，能简要讲述自己感兴趣的见闻。"因此，从二年级开始，统编版小学语文教材便已经开始培养学生将故事讲完整的能力。从《小蝌蚪找妈妈》的连环画开始，目的是让学生把故事讲清楚，讲完整。在这一课的教学中，付老师将情节绳作为自己的板书内容，更是把板书的作用发挥到极致，让学生借助情节绳将故事讲完整。这就既降低了讲故事的难度，又让学生掌握了将故事讲完整的方法。"讲完整"这一目标达到后，付老师再提高难度，提示学生可以带上情绪把故事讲得更精彩。学生立刻进行了新的尝试，将情绪带入故事中。这样的"即讲即练"的方式，既能让在场的所有学生充分学习，也给所有教师一个新思考：如何将板书的作用发挥最大？付老师的教学环环相扣，巧妙设计，让学生的语文核心素养得到了很大的提升，也让其他教师在听课的过程中不断思索。

## 四、化繁为简——长文短教

对于二年级的学生而言，这篇文章偏长，如果一段一段地讲，就显得过于冗长。

如何能够做到长文短教，并且让学生理解课文呢？付老师用"整合"的方法化繁为简。

付老师先抓人物——种葫芦的人和邻居，再抓人物的想法和语言，长长的课文一下子就分成了两大部分。在理解人物特点时，付老师引导学生抓住关键的动作"盯着"来理解句子，深化学生对人物内心的理解，从而使他们更容易感知文章里面种葫芦人的愚昧、邻居的焦急。把握核心问题，统领全文，是化繁为简的好方法，更是让课堂聚焦的大智慧。

好的课堂学生一定是在积极参与思考，绝不仅仅是积极热闹。思维的升华比表象的热闹更重要。有时候，学生可能不会很活跃，但他们参与的却是有深度广度的思考型课堂。付老师的这堂课既让学生在自然流畅的情境中掌握了多样的识字方法，训练了语言表达的能力，内化了课文的道理，又让学生体会到了表达的乐趣。在课堂上，一切的设计不着痕迹，我们看得见的是学生那上扬的嘴角，那用力的生长！

# 《神笔马良》教学实录及点评

点评：钟平鹏

单位：珠海市香洲区夏湾小学

**教学目标**

1. 通过看目录，学习阅读监控策略。
2. 借助"插图+首尾句"，学习讲长故事。
3. 梳理故事，找到获得"神笔"的秘密。

**教学过程**

### 一、观察目录

1. 发现"图片+题目+页数"。

师：今天我们一起来学习《神笔马良》，老师知道你们之前已经读过了，你们知道这一页叫什么吗？（PPT 出示封面、目录页）

生：目录。

师：请你读一读这些目录（生读），这里的"25"是什么意思？

生：就是说《牧童三娃》这个故事从 25 页开始。

师：同意的请举手。（生齐举手）那咱们一起来验证一下。

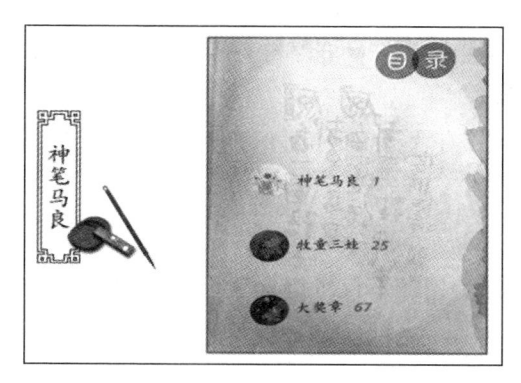

2. 验证页数，学习使用目录。

师：快翻到25页，看看是不是《牧童三娃》。（生翻书验证）原来目录这么有用，看到页数我们就可以翻到自己想读的故事。再看看目录上的页码，1~25页中间差了多少页？

生：24页！

师：那这24页是哪个故事的页数？

生1：《神笔马良》！

生2：不对，是《牧童三娃》！

师：同学们有不同的答案，咱们还是来验证一下。男生去数一数《神笔马良》有多少页，女生去数一数《牧童三娃》有多少页。

（生翻书验证两个故事的页数）

生：《神笔马良》是24页！

师：是啊，《神笔马良》是从第1页开始的，《牧童三娃》是从第25页开始的，所以这中间的24页就是《神笔马良》的页数。《牧童三娃》的页数就应该用67减25，是多少？

生：42页！

3. 根据页数，学习阅读监控策略。

师：我们从这里可以判断——这两个故事哪个更长一些？

生：《牧童三娃》！

师：算出来哪个故事长，对我们可有用了！比如说，我只有20分钟的时间，我就可以选一个稍微短一点的故事，比如……

生：《神笔马良》！

师：如果我今天有大量的时间，我就可以选一个长一点的故事，比如……

生：《牧童三娃》！

师：目录真的是有用，不仅可以让我们知道故事是从哪一页开始的，还可以让我们估算一下——长的时间可以看长故事，短的时间就可以看个短一点的故事。

**二、讲长故事**

1. 观察图片，学习看"主角＋动作"，回忆故事。

师：我要给你们介绍一个人，他叫洪汛涛，他名字后面的这个字是"著（zhù）"。"著"的意思就是……

生：这本书是他写的。

师：还有一个人叫张光宇，他的名字后面有个"绘"，所以里面的插图就是……

生：他来画的。

师：咱们来看看他画了多少插图，（PPT出示）现在我要考考你们能不能借助插图回忆回忆这个故事。

师：看第一张，请你用简短的几句话说说这幅图讲了什么。（出示插图）快速看图的秘诀就是关注主角和他的动作。

生1：一个画师把口水吐到了马良的脸上，还说："呸，穷孩子还想画画，做梦吧！"

师：掌声送给他。老师奖励你把这幅画送到黑板上。（生贴插图，师出示第二幅插图）

生2：马良很小的时候就想学画画，可是他没有笔，他就用一根枯树枝在地上画画。

师：这说明你也认真地读了故事，请你也把插图贴在黑板上。

（生依次说插图的内容。师指导，生将插图依次贴在黑板上）

生3：马良在河边用手画画，他画了一条鱼。

生4：马良的梦里来了个白胡子老人，白胡子老人给了他一支神笔。

生5：马良用神笔给穷人们画了很多劳动工具，穷人们缺什么，马良就给他们画什么。

生6：消息传到了恶财主的耳朵里，他就派家丁去逼马良画画。马良不画，就被关在了马厩里。

生7：结果马良拿出画笔，画出梯子，翻墙逃走了。

生8：马良骑着马逃走了，财主派家丁去追。马良画出箭，用箭射中了财主的马，顺利逃跑了。

生9：马良在街上画画，他画了一只没有眼睛的白鹤。一滴墨水刚好滴在了白鹤的眼睛上，白鹤就活了，飞向天去。

生10：消息传到皇帝的耳朵里，他把马良叫来为他画画。他让马良画龙，马良画了一只大壁虎；他让马良画凤凰，结果马良画了一只大乌鸦。

生11：皇帝把神笔抢走了，画了一块金砖，结果金砖变成了大蟒蛇。

生12：马良在大海上画了小岛和摇钱树，皇帝让他画一条船和风，结果船翻了。最后，有人说马良回家乡了，有人说马良到处为穷人画画。

师：你们太了不起了，一个接一个就把这么长的故事讲出来了。这个方法就是你们之前学的串联图片法。（师连接图片）这样串联起来就把一个故事讲完整了，但是讲得好像还不够好。

2. 学习首尾句"听人家说"+"有的说",把故事讲完整。

师:怎么能讲得再好一点呢?书的开头有这样一句话……

生读:"听人家说,从前,有一个孩子名叫马良。"

师:根据"听人家说"你就知道了,这个故事是从别人那听来的,讲故事的时候就要小点声说。

(生模仿老师的声音说第一句话)

师:咱们再看看结尾,谁来读一读?(生读结尾)看红色的字"有的说""有的说"。每个人都有自己的说法,你也可以加上自己的想法。根据中间所有的图片,我们都知道讲了什么故事。前面加上"听人家说",后面加上"有的说""有的说",这个故事就讲完整,讲流利了。

> 神笔马良
>
> 听人家说,从前,有一个孩子名叫马良。……
> 但是,马良后来怎样了呢?大家都不清楚。
> 有的说,他回到自己的家乡,和那些种地的伙伴们在一起。有的说,他到处流浪,专门给穷苦的人们画画。

**三、发现获得神笔的秘密(想笔+得笔+用笔)**

1. 热爱画画。

师:学会讲故事还不是这节课的重点,洪汛涛先生说了这样一句话:"愿每一个孩子都是马良,愿每一个孩子都有一支神笔。"你觉得可能吗?

生:不可能,世界上不可能有神笔。

师:可是老师告诉你,还真的有可能。我们来看看整个故事的脉络,我们的绘者用三幅画讲马良渴望得到神笔,中间只有一幅画画的是他得到笔,更多的画是画他如何使用笔。我们再来看看洪汛涛先生写的文字段落:马良渴望笔写了4页,得到笔写了1页,而使用笔写了14页。你有什么发现?

生:我发现得到笔的篇幅是最少的,而使用笔是写得最多的,其次是渴望笔。

师：也就是说，最重要的是马良渴望笔以及怎么去使用笔。我们这节课就看看哪个孩子能成为马良，能得到神笔。翻开书，谁来读读第一段？（生读）

师：这里介绍了马良的家庭背景。他父母很早就死了，这说明马良无依无靠，只能靠自己打柴割草过日子。你捡过柴火吗？是什么感觉？

生：手很痛。

师：是啊，这个孩子没有人爱他，没有人关心他，他只能靠自己过日子，自己长大。得到神笔，跟家庭环境有没有关系？

生：没有！

师：书上说，他从小就喜欢画画，可是一支笔也没有。所以想要得到神笔，跟什么有关呢？

生：要喜欢画画。

师：太棒了，要想得到神笔，你心里要真的喜欢。"有一天，他走过学馆，就对人家说：'我很想学画画，借我一支笔好吗？'"他为什么能这样情不自禁就走进学馆，提出这样的要求呢？这说明什么？

生：他太渴望画画了！

师：可是这个画师却脾气不好，骂道……

生读：穷孩子还想学画画，做梦吧！

师：画师的想法就是"你穷，所以——你不配"。所以，光是喜欢也没有办法让你避免那些伤害，总有一些人会对你说：你不行，你不可以，你没有这个能力，你不配……

师：我们来看看马良是怎么做的。（师出示文段，生阅读）

生：马良说："为什么穷孩子不能拿笔，连画画都不能学呢？我就是要学！"

师：所以，你如果想要得到神笔，就不要怕别人的打击。我就是要学画画，因为我是真心喜欢。

2. 每天勤学苦练。

师：可是这样他也没有得到神笔，我们看看他做了什么。

生：他每天用心苦练。

师：注意这两个词——"每天""苦练"。光是嘴上说喜欢是没有用的，你需要"练习"，怎么练习？

生：每天！

师：还要刻苦和用心，你才有可能得到神笔。那马良没笔的时候怎么办？

生：他上山打柴时，就捡起枯树枝在沙滩上描飞鸟。

生：在河边割草时，就用草根蘸水去画。

师：所以当你真的热爱画画，当你真心喜欢一件事情的时候，外界条件反倒没那么重要了。万物都可以是笔，最重要的就是你内心对画画的喜欢。接着往下看，"一年一年过去"，这说明"每天"不是今天练，也不是明天练，而是一直一直，直到练成为止。那怎样才叫练成了呢？

生：他在村口画了只小母鸡，天上就有老鹰在打转。

生：他在后山画了只狼，牛羊都不敢去吃草了。

师：这说明什么？

生：他画得太逼真了，简直跟真的一模一样了。

师：画师手里的那支所谓的笔重不重要？不重要，最重要的是你想要画的心。面对你真正热爱的事情，一切外在条件都不重要。然后，他就真的得到这支笔了。

3. 为善良的穷人画画。

师：你们说了，他使用笔的过程才是最重要的。考验来了，同学们。如果你们认为只要喜欢画画就能得到神笔，那你们就错了，更重要的是你这支神笔拿来做什么。

生：帮助穷苦的人。

师：咱们来看看马良是怎么帮助穷苦人的。

生：谁家没有犁耙他就画犁耙，谁家没有耕牛他就画耕牛，谁家没有水车他就画水车，谁家没有石磨他就画石磨。

师：他都在画什么？

生：劳动工具！

师：马良为什么要画劳动工具呢？画座金山，画棵摇钱树不就一劳永逸了吗？

生：他要帮助真正有需要的人，而不是帮助贪财的人。

师：掌声送给他。马良是要帮助那些用自己的劳动创造美好生活的人，而不是帮助贪婪的人。所以，神笔真正的意义在于你怎么使用它。

4. 不怕恶人和强权的逼迫。

师：所以后来财主哄他、吓他，他就是不肯给财主画，这也是对马良的考验。你如果热爱一件事情，你如果坚持每天刻苦用心地去做，你也会获得一件宝物——也许是神笔或者其他东西，但更重要的是后面的考验。你想拿你的才能或才华做什么呢？

师：我们接着看。（PPT 出示片段）当你逃走后，面对更有权势的皇帝，这个时候你要不要画？

生：不画！

师：所以无论面对有钱的财主，还是地位更高的皇帝，马良都经受住了考验！故事的最后，有的说马良回到了家乡，有的说他到处流浪给穷人画画。你觉得他的笔会不会一直神奇下去？

生齐：会！

师：因为什么？

生：因为他通过了考验，为真正有需要的人去画画。

## 四、思维提升（生活中那些拥有"神笔"的人）

热爱 + 练习 + 渴望 + 通过考验。

师：那究竟怎样才能得到一支神笔？有一本书叫《我……有梦》，说的是女孩子珍有个黑猩猩玩偶，叫作朱比利。她好喜欢黑猩猩，她到哪儿都拎着这个玩偶，她说："我要跟黑猩猩做一辈子好朋友。"她有了一个梦想，跟马良想有一支笔的梦想一样。她不仅会在户外观察动植物，还自己查找资料。

所以，你热爱一件事，还要做到每天刻苦努力。一天一天，一年一年，她终于到了非洲，成了全球最著名的黑猩猩研究专家之一。我们把掌声送给珍。她真心热爱，经受住了考验，所以得到了她的"神笔"。

师：这个人是谁？——我们的总理周恩来。有人说为了赚钱而读书，有人说为了当官而读书，有人说为了光宗耀祖而读书，他却说"为了中华之崛起而读书"。他也是刻苦学习，不断努力，最后成为新中国的第一任总理。他也获得了自己的"神笔"。你呢？你学到了什么？到底什么才是获得"神笔"的方法？

生1：要真心喜爱。

生2：要一天天刻苦练习。

生3：还要经得住考验。

师：今天我们讲了《神笔马良》，后面还有两个故事。这两个故事中的人物又是如何找到自己的宝物的呢？下节课咱们接着讲，下课！

---

## 点　评

### 让阅读走进学生的生命

我通过反复观看老付二下的整本书推进课——《神笔马良》，深刻地体会到了"阅读走进学生，阅读走进生命"的内涵。

放手，是为了让学生走得更远。

这是一节二年级下册的整本书推进课，学生已经有了一定的阅读基础，但如何进行阅读推进呢？老付没有把故事从头到尾地讲一遍，没有把道理一股脑灌给学生，而是选择了"放手"：放手让学生去查看目录，去猜测并验证，学会阅读监控策略——根据时间来选择故事；放手让学生去尝试讲长故事，掌握讲述一个完整的长故事的方法——串联图片法和首尾句法；放手让学生去回顾故事细节，发现获得"神笔"的秘密——热爱、刻苦、经得住考验。没有学生能够拒绝这样的推动，他们就是这节课的主角。在老付设计的丰富多彩、扎实有效的学习活动中，学生感受着阅读带来的快乐和成就，既能回顾所学、所读，又能拥有不一样的阅读感受和体验，就像走进了马良笔下的精彩世界，每一个环节都能触碰意想不到的彩蛋。而老付，就是那个手握"神笔"的马良。

取舍，是为了让学生钻得更深。

"弱水三千，只取一瓢饮。"一节课如果面面俱到，往往只能蜻蜓点水。所以教学中的"取"和"舍"尤为重要，老付深谙此道——遵循语文学科的本质、儿童学习的规律、教材的编写意图进行取舍。

例如，在故事"渴望笔""得到笔""使用笔"三个环节中，作者和绘者都将"使用笔"作为重点，其次是"渴望笔"。老付紧紧抓住这一文本特点，引导学生一步步回到书中，去了解主人公马良是如何得到笔、使用笔的，进一步概括出"热爱画画""每天勤学苦练""为善良的穷人画画""不怕恶人和强权逼迫"等关键信息，这也精准地实现了"梳理故事找到获得'神笔'秘密"的教学目标。

再如，在练习"利用插图讲好长故事"的教学环节中，"舍"了让学生加动作加表情来表演故事的环节，"取"了学生容易忽略但能保留故事完整性的首尾句着重提点。对于这节课来说，把故事讲完整比把故事讲生动，更符合二年级学生的学情。

联结，是为了让学生活得更真。

老付说："你会发现，所有的儿童故事也好，童话也好，包括寓言、神话，看起来是故事，其实比现实生活还要现实。"阅读是为了更好地进行生活。面对二年级的学生，老付在课堂上，用"联结"让学生感受了生活的"真"。

一是联结学生的生活情感：

"你捡过柴火吗？是什么感觉？"

"光是喜欢也没有办法让你避免那些伤害，总有一些人会对你说：你不行，你不可以，你没有这个能力，你不配……"

"所以当你真的热爱画画，当你真心喜欢一件事情的时候，外界条件反倒没那么重要了。万物都可以是笔，最重要的就是你内心对画画的喜欢。"

一个个提问，一句句总结，学生在阅读、思考中感受到自己和马良的距离逐渐拉近，仿佛马良就在眼前。

二是联结真实的人物故事：

课堂的最后讲了珍和周恩来的故事，将故事中的马良变成身边真实存在的人物，将宝物"神笔"的抽象含义变成真实可见的客观存在。

这些身边的例子和真实的感受在学生的阅读中，在老付的引导下，悄无声息地埋下"种子"后，也许不会有"立竿见影"的效果，但是慢慢地，就像种子会经历发芽、开花、结果的过程一样，会让学生发现"故事其实比现实生活还要现实"。

思辨，是为了让学生看得更广。

《义务教育语文课程标准（2022年版）》在"课程目标"中指出：思维能力是指学生在语文学习过程中的联想想象、分析比较、归纳判断等认知表现，主要包括直觉思维、形象思维、逻辑思维、辩证思维和创造思维。思维具有一定的敏捷性、灵活性、深刻性、独创性、批判性。因此大家要有好奇心、求知欲，崇尚真知，勇于探索创新，养成积极思考的习惯。这些在这节阅读推进课中，从师生的对话中，可见一斑：

对话一：

师：马良为什么要画劳动工具呢？画座金山，画棵摇钱树不就一劳永逸了吗？

生：他要帮助真正有需要的人，而不是帮助贪财的人。

对话二：

师：所以无论面对有钱的财主，还是地位更高的皇帝，马良都经受住了考验！故事的最后，有的说马良回到了家乡，有的说他到处流浪给穷人画画。你觉得他的笔会不会一直神奇下去？

生齐：会！

师：因为什么？

生：因为他通过了考验，为真正有需要的人去画画。

小插曲：

快下课的时候，一个男孩小声问：为什么马良不画自己的爸爸妈妈呢？

老付的提问是有设计的，不是简单的"对不对"；学生的回答是有思考的，尤其是最后的小插曲让人意想不到。这些问题的答案并不是统一的，甚至可能没有答案，但是阅读的目的不就是让学生去发问、去思考吗？阅读的真正目的从来都不是让学生说出作者、主人公等基本信息，也不是考查学生一字不落地把故事讲出来，最终目的是让学生在阅读之后能够发问，能够质疑，能够思考，能够探索，在阅读中产生对故事的情感，对人物的情感，对自己的情感。这样的思辨，才能让故事之光照进学生的内心深处，温暖那颗阅读的种子。

就像学生在最后总结的那样，"神笔"从来都不是一个具体的东西，它可以是马良手中的那支笔，可以是阿珍和周恩来的那颗心。但无论如何，获得神笔的方法是"要真心喜爱，要一天天刻苦地练习，要经得住考验"。

如何使用手中的"神笔"，这是值得学生和笔者用一生的时间去思考的问题。感谢"神笔"马良，感谢老付用"神笔"为儿童画画，让阅读走进学生的生命。

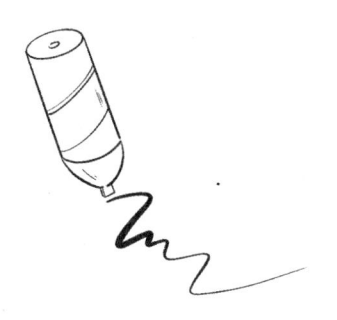

# 《总也倒不了的老屋》教学实录及点评

点评：房陈钰
单位：珠海市香洲区甄贤小学

**教学目标**

1. 认识"暴、凑、喵"等8个生字，会写"洞、准、备"等13个生字。
2. 借助儿童诗学习预测方法，掌握预测位置。
3. 学会通过故事情节、角色特点、泡泡提示语等线索进行预测，懂得预测要有一定的依据。
4. 尝试在课外阅读中运用预测，进一步体验预测的乐趣。

**教学过程**

### 板块一：共读童诗，初学预测

**一、激趣导入，梳理要素**

1. 关注单元主题。

师：同学们，今天我们要学习第四单元。（出示单元导读页）猜测和推想，使我们的阅读之旅充满了乐趣。这句话中，哪个词一下子就吸引了你？

生：猜测与推想。

师：什么叫猜测？你来猜猜付老师多大年纪。

生：我猜您20来岁。

师：你为什么这么猜测？

生：因为您的样子看上去很年轻。

师：我不告诉你我到底多大，因为年龄对一个女生来讲是个秘密。不过，你能做到猜测有依据，这很棒。这种有依据的猜测，也叫预测。（板书：预测）那你再看看我，猜猜我爱吃什么。

生：您应该爱吃素食吧。

师：为什么呢？

生：因为您比较瘦。

师：看来我的身材"出卖"了我。这位同学之所以推想我爱吃素，是因为他发现我身材瘦小。所以，推测也要有依据。还有哪个词吸引你？

生：阅读之旅、乐趣。

师："阅读"和"阅读之旅"是不一样的，"阅读之旅"是一个过程。在阅读过程中我们要不断地猜测和推想，这样就能增添阅读的乐趣。

2. 梳理语文要素。

师：我们再来看下面的部分。你发现了什么？（出示单元要求）

生1：我们要学习一边读，一边顺着情节猜想。

生2：我们还要学习一些基本的预测方法。

生3：要学习在故事原有基础上继续往下创编。

师：是的，这些都是我们学习本单元的一些重要目标。

二、共读童诗，学习预测

师：学习课文之前，我们先来读一首儿童诗。（出示童诗题目）这是一首诗的题目。你有什么发现？（板书：题目）

生：这里有人物——我们、托比。

师："托比"不在"我们"之中，"托比"是谁呢？

生1：可能是个小孩子。

生2：可能是个小动物吧。

生3：应该是个机器人。（众笑）

师：来，读一读。（出示前两句）这是这首诗的开头。（板书：开头）猜一猜，小狗在爸爸房间撒尿，接下来会发生什么？要把开头和题目结合在一起来想。

生1：小狗撒完尿就跑了。（众笑）

生2：爸爸没看到，滑倒了。（众笑）

生3：还在爸爸房间拉便便。（众笑）

师：你的好朋友，你负责。（众笑）一起看小作者是怎么写的。（出示后三行）你觉得"我"会负责干吗？

生1：我负责大笑。

生2：我负责帮妈妈打扫。

生3：我负责去找狗玩。

师：一起看——我负责（打狗）。你看，我们可以根据人物和情节的变化在过程中进行猜测。（板书：过程）这件事发生了，爸爸、妈妈和我都做出了反应，那托比呢？我们在结尾的地方，也可以进行预测。（板书：结尾）这首小诗算上题目才7行，为什么读起来这么有意思呢？因为我们阅读的时候用到了一种方法——预测。来，回顾一下，我们是在什么地方预测的呢？你看，在题目、开头、过程，还有结尾，都可以进行预测。记得这几处位置哦！方法学会了，咱们就来用一用吧！

### 板块二：梳理情节，随文预测

**一、紧扣题目，预测故事**

师：接下来我们要学习的课文叫《总也倒不了的老屋》，看到题目，你有什么发现？（出示题目）

生1：题目中提到故事是讲老屋的。

生2：老屋倒不了。

生3：题目里有个"总"，那这间屋子肯定不能倒，但是感觉它每一次都要倒，可是又倒不了。

师：你猜猜课文可能讲了一个什么故事，说说依据。

生：这篇课文可能讲了有一座非常坚固的老屋，即使刮大风下大雨都不会倒下。因为题目里说老屋"倒不了"。

师：真会学习，可以围绕题目里的关键词来预测。

生：这个故事可能在讲有一座神奇的房子，有坏蛋想损坏它，但是不论怎么破坏，老屋都一点事也没有，还好好地在那里。

师：想象力够丰富，你可以成为一位很棒小说家。谢谢你！同学们，我们在题目中找到了"总""倒不了""老屋"等关键词，这些有助于我们更好地预测故事。我们一起来看看故事。

## 二、抓住开头，预测故事

1. （出示：老屋已经活了一百多岁了。它的窗户变成了黑窟窿，门板也破了洞。它很久很久没人住了。师指生读）

师：你有什么发现？

生1：老屋年纪大了，还比较破旧。

生2：老屋让人感觉有点怕，窗户都成了黑窟窿。

师：这样的屋子你住吗？为什么？

生：不住。不安全，不结实。

师：老屋老，仅仅是因为年纪大吗？其实还有个很重要的原因——它很破旧，不被需要了，该倒下歇歇了。

2. （出示："好了，我到了倒下的时候了！"它自言自语着，准备往旁边倒去。）

师：接下来会发生什么？

生1：老屋没有倒，因为它总也倒不了。

生2：准备要倒，就是还没倒下，可能有人来了。

3.（出示："等等，老屋！"一个小小的声音在它门前响起，"再过一个晚上，行吗？今天晚上有暴风雨，我找不到一个安心睡觉的地方。"）

师：后面会发生什么呢？

生：外面有暴风雨，上了年纪的老屋应该会同情来的人，答应这个要求。

师：老屋倒了吗？

生：没有倒。

4.（出示：老屋低头看看，吃力地眯起眼睛："哦，是小猫啊！好吧，我就再站一个晚上。"）

师：我们继续读，你看，老屋果然没有倒。同学们，为什么老屋答应了小猫的请求？你看到了一个什么样的老屋？

生1：因为小猫要求很少，它可以再坚持一下。

生2：老屋想倒下休息，但为了小猫的安全，它愿意再坚持一下。所以我觉得他很善良。

师：接下来会发生什么呢？

生1：接下来小猫就在这里住下来了。

生2：接下来小猫可能真的住了一晚就走了。

师：你可真会预测。到底是不是这样呢？我们继续读。

5.（出示第5、6自然段）

师：你发现了吗？有一句话再次出现了。

生齐：好了，我到了倒下的时候了！

### 三、围绕过程，继续预测

师：老师在前面讲过，在过程中也要结合题目来预测。请你猜猜看，接下来会发生什么？你的依据是什么？

生：可能又来一只小狗要住一晚。因为这里既然有小猫，也可能会有其他小动物。

师：你真厉害，会关注细节发挥想象。那又来一只猫可以吗？

生1：也可以啊。不止一只小猫嘛。

生2：不能，来的小动物重复了，故事就不好玩了。

师：同学们说得都有道理。其实，我们还可以根据自己的阅读经验做预测。那我们的预测到底对不对呢？继续往下读。

6. （出示："等等，老屋！"一个小小的声音在它门前响起，"再过二十几天，行吗？"）

师：哦，这又是谁来了？

生1：我估计是一个出门旅行的人，想在这里住一段时间。因为我觉得二十几天可以来一次旅行。

生2：可能是候鸟妈妈，因为在这里安家，待二十几天它就走了。

师：预测要有依据，你们都做到了。我们继续读。

7. （出示：主人想拿走我的蛋，可是我想孵小鸡。我找不到一个安心孵蛋的地方。）

师：如果你是老屋，你答不答应老母鸡的请求？

生1：我会答应，因为我是"倒不了老屋"呀。（众笑）

生2：我会答应。因为鸡妈妈要孵小鸡，会有小生命诞生，要保护小鸡。

师：真是个善良的孩子。可刚刚老屋再站一晚就已经很难了，为什么现在二十几天都还要坚持呢？如果老屋不答应，会发生什么？

生：如果不答应，有可能小鸡就孵不出来，老母鸡就做不了妈妈了。

8. （出示第8、9自然段）

师：是啊。什么也阻挡不了生命的诞生，什么也阻挡不了一个母亲的决心。我们来看看这个表格，你发现了什么。（出示表格）

生1：我发现老屋要倒的时候，总是会有小动物来。

生2：来的小动物要住的时间会越来越长。

生3：我发现老屋都会答应它们的请求。

师：是的，大家观察得很仔细。来的小动物要求越来越高，时间越来越长，老屋的答复都是一样的。那依据这一点，你猜猜：老屋倒了吗？还会有谁来？

生1：可能有一只大鹅来了，要住一个月。因为我记得鹅的孵蛋时间是一个月左右。

生2：可能是大象，大象要快两年才能生宝宝。

师：哇！那我们的老屋可就变成产房了。刚才我们提到了，故事要是重复了，就没意思了，不会总是来要生宝宝的妈妈吧。（众笑）我们接着读故事。

9. （出示："等等，老屋！"一个小极了的声音在它门前响起，不注意根本听不到，"请再站一会儿吧，我肚子好饿好饿，外面的树被砍光了，我找不到一个安心织网抓虫的地方。"）

师：你猜，是谁来了。

生：蜘蛛，因为它要织网抓虫吃。

师：蜘蛛说自己"好饿好饿"，想想当时它是怎么跟老屋说这句话的。谁来演一演？

生：等等，老屋。请再站一会儿吧，我肚子好饿好饿。外面的树被砍光了，我找不到一个安心织网抓虫的地方。

师：你体会到了什么？

生：小蜘蛛真的好饿。

师：是啊，大家都听出来了。小蜘蛛几乎是哀求，真可怜。老屋会怎么做呢？

生：答应他。（一起回应）

师：小蜘蛛要求老屋"请再站一会儿吧"，这一次跟前两次有什么不同？

生：这一次的时间比前面的短。

师：你看，故事里总是充满意外。那为什么不是三年、五年呢？

生：那也太久了，可能一下子说那么长时间，老屋真的不会答应。

师：是啊，人之常情，本来老屋年纪就已经很大了，三年五年确实是太累了。所以，我们边读边预测，还要注意自己的预测要合情理，不能乱预测。那接下来会发生什么呢？一起来看。

10. （出示：老屋低头看看，眼睛眯成一条缝："哦，是小蜘蛛啊。好吧，我就再站一会儿。"）

师：果然如此。那接下来呢？仔细看。

11.（出示：小蜘蛛飞快地爬进屋子，在屋角织了一张又大又漂亮的网。偶尔有虫子撞到网上，小蜘蛛马上爬过去把虫子吃掉。）

师：看样子，小蜘蛛果然是饿了。（众笑）再仔细看看这段话，你又有什么新发现？

生：小蜘蛛织网技术真高明，织得快还又大又漂亮。

师：偶尔有虫子，小蜘蛛马上就吃了。从这里你能体会到什么？

生1：一会儿一只，小蜘蛛吃得很快。

生2：好像小蜘蛛不想让老屋看到自己吃虫子，它可能想多待一会儿。

师：哦，你很会思考，可能小蜘蛛真是这么想的。我们继续读。

12.（出示："小蜘蛛，你吃饱了吗？"老屋问。）

师：老屋为什么这么问？

生1：可能老屋实在是太累了。

生2：老屋可能担心小蜘蛛还没吃饱呢。

生3：老屋想让小蜘蛛换个地方再吃，自己已经站不住了。

师：老屋为什么不说"小蜘蛛，差不多了吧"？

生：老屋是真的想让小蜘蛛吃饱，所以，它不用这样的话催小蜘蛛走。

师：那小蜘蛛会怎么做呢？

生：小蜘蛛肯定说没吃饱，因为这样它就可以多待一会儿，老屋就不会倒下了。

师：你说得有道理。假如你是小蜘蛛，你想在这里长住下去，会怎么做呢？

生1：跟老屋聊天。

生2：给老屋唱歌。

师：真是个小机灵鬼。之前老屋一直在付出、奉献、承担，只有在小蜘蛛这里它感受到了有意思。真心的交流和相处让老屋感受到了自己被需要，感受到了生命的乐趣。你猜后面会发生什么呢？我们继续读。

13.（出示："没有，没有！"小蜘蛛一边忙着补网，一边回答，"老屋老屋，我给你讲个故事吧！"）

师：小蜘蛛会讲什么故事呢？你猜猜。

生1：讲他怎么到这里的故事。

生2：讲他和小伙伴们找家的故事。

师：看来小蜘蛛的经历还很丰富啊。（众笑）我们来看小蜘蛛讲了什么故事。

14. （出示：老屋想，这倒很有意思。于是它就开始听小蜘蛛讲故事。）

小蜘蛛的故事一直没有讲完，因此，老屋到现在还站在那儿，边晒太阳，边听小蜘蛛讲故事。

师：你对这个结局满意吗？说说看。

生1：还行吧，我就是感觉故事好像还没完。

生2：我觉得结局还挺温暖的。

师：同学们，最美好的故事是小蜘蛛和老屋的故事。也许你会说，小蜘蛛也会死，老屋最后还是会倒呀！是的，如果用理性思维去思考，就像第1自然段说的，老屋最后一定会倒，一切物质的东西都会烟消云散。但故事不会，爱不会。只要这个故事继续讲下去，老屋就永远不会倒。因为"爱，永远不会倒"。

### 板块三：拓展延伸，学以致用

师：同学们，我们今天学习的预测是个很棒的阅读方法，但是你要不断练习，真的把它变成自己的一项能力。下一课是《胡萝卜先生的长胡子》，看题目，你会有什么预测呢？

生1：胡萝卜先生可能有满满一脸的长胡子。

生2：长胡子可能让胡萝卜先生遇到了麻烦。

（出示：胡萝卜先生常常为胡子发愁，因为他长着浓密的胡子，必须每天刮。有一天……）

师：这是这个故事的开头，大家结合今天学习的方法去读一读这个故事吧。下课。

## 点　评

### 新、趣、活、实，掷地有声

"读书之法，在循序渐进，熟读而静思。"《总也倒不了的老屋》一课，付老师通过独具匠心的教学理念、趣味萦绕的教学过程、灵活精彩的现场生成、扎实高效的教学方法，循序渐进，反复斟酌，拓展延伸，充分体现了这一理念。与其说这是一节课，不如说是付老师带着学生走进一个阅读的新世界。

《总也倒不了的老屋》这篇课文是小学阶段第一个策略单元的内容，也是三年级策略单元的第一篇课文。由于三年级学生是第一次在课本中接触阅读策略，因此，这篇课文地位很独特。付老师在这关键一课中，让学生在享受阅读的过程中明白了什么是"预测"，怎么去"预测"。

一、新颖——匠心独具，化难为易

付老师的课堂体现出新颖的特点，观念新，教法也新。

首先是观念新。在阅读教学当中，容易出现放任自由、扶得太多这两种极端情况。纵观本课，教师是学生阅读的引路人、好伙伴，在课堂中与学生一起交谈、辩论、思考、分析。这样既保障了学生在阅读过程中的主体地位，又为学生的阅读过程保驾护航。

其次是教法新。阅读策略是三年级学生新接触的内容，对于学生来说是一个难点。怎么理解"预测"这一阅读策略？付老师非常巧妙地运用了学生比较熟悉，而且篇幅比较简短的儿童诗来促进学生对"预测"策略的理解。短短的几行儿童诗，让学生从题目、开题、过程、结尾等部分进行预测，并且及时验证预测结果。这样既让学生明白了预测应该结合前面的内容，又让学生知道了可以在题目、开头、过程、结尾等地方进行预测。在有趣的儿童诗阅读过程中，学生就了解了运用"预测"策略的方法。

二、趣味——趣味横生，乐在"测"中

兴趣是学生学习的内在动力。付老师的课堂向来趣味横生。纵观本节课，付老师用亲和的语气、巧妙的语言与学生的交流真正地展示了师生间的相映成趣,妙趣盎然。

阅读教学是学生、教师、文本之间对话的过程。在本节课一开始的导入环节,付老师就巧妙地将学生、教师与"猜测与推想"这一语文要素连接起来,通过亲和的谈话,让学生猜测老师的年龄、饮食习惯。学生在好奇心的驱使下,在积极的猜测和推想中,在愉快的氛围中,很快便投入课堂学习中,在付老师聊天式的指导中还潜移默化地明白了"原来预测是要有依据的"。

课堂的趣味还在于付老师对疑问的包容。学生有自己独特的阅读视角,而且每个学生不同的人生阅历和阅读量都会导致阅读过程有一些偏差。面对这些独特的理解或者是疑问,付老师都会带领同学们正视,甚至是去讨论这些问题。例如,有同学预测可能有一只小狗要在老屋里住一晚。因为老屋既然接待小猫,那也可能会接待其他小动物。付老师就顺势让学生猜测又来一只猫可以吗?同学们对于这个问题有着不同的看法。此时,付老师没有直接揭晓答案,而是到后面才通过表格,让学生发现来的小动物要求越来越高,时间越来越长,让学生自己去验证自己的预测。学生一下子便打开了新世界的大门,明白原来文字的背后还有这样的含义。学生对于阅读的兴趣又被激发了。

三、灵活——巧妙点拨,迎刃而解

课堂的魅力,就在于它的不可预设、不可复制的生命历程。崔峦先生说过:"阅读教学一定要改变教学过程凝固、教学方法僵化,要因生、因文、因地制宜,创造灵活多样、不拘一格、讲求实效的教学过程与方法。"这对教师的要求就不仅停留在对课文的理解、对教学的设计上,而且要求关注学生的学习情况,及时发现问题、解决问题。本节课中,付老师非常关注学生学习情况,遇见问题时,巧妙地进行点拨。

例如在讨论结局的时候,有的同学可能会认为"小蜘蛛也会死,老屋最后还是会倒"。如果以这种比较理性的思维去进行阅读,就无法转换过来。此时,付老师进行了巧妙的点拨,提醒学生:如果用理性思维去思考,一切物质的东西都会烟消云散。但只要这个故事继续讲下去,老屋就永远不会倒。因为爱,永远不会倒。这样的处理直接拓宽了学生的思路,巧妙的点拨就让很容易困扰学生的难点迎刃而解,变成了这个故事内涵上的升华。

四、扎实——在文章里，在生活中

一节扎实的语文课，应当是内容充实，过程真实，目标落实。付老师的这一节课，就是典型的扎实高效的语文课。

目标落实，重点突出。本节课最主要的学习目标就是让学生学会运用预测的阅读策略。本节课中的每一次预测，付老师都引导学生关注文本，回到文本，在文本当中寻找预测的合理依据。付老师通过反复的强化，让学生明确了"预测要有合理的依据"这一要求。

过程真实，真正阅读。阅读是学生的个性化行为，不应以教师的分析来代替学生的阅读实践。在教学过程中，付老师还原真实阅读，引导学生在真实的阅读中一边读一边预测。学生通过阅读和学习一首妙趣横生的儿童诗，明确了阅读中应该在哪些地方预测。比如，可以在故事的题目处预测，还可以在故事开头、过程或结尾处预测。

内容充实，迁移延伸。在教学内容上，付老师的设计层层递进，环环相扣——从激趣导入，借助儿童诗学习预测，运用预测学习课文，到最后课外的延伸，把教学内容从导、学、用、延等各方面安排得十分充实、完整，让学生能够迁移运用习得的知识。无论是课内还是课外，无论是文章里还是生活中，学生都能很好地运用所学的知识。

《义务教育语文课程标准（2022年版）》将"学会运用多种阅读方法，具有独立阅读能力"作为总目标之一。付老师用"新、趣、活、实"的课堂为学生阅读策略的学习打下了坚实的基础，让学生成长的拔节声响彻课堂，用阅读的"春雨"滋养着一批又一批的独立阅读者。相信蜘蛛的故事不会结束，破旧的老屋不会倒下，阅读的灯光永远不会熄灭。

# 《司马光》教学实录及点评

点评：沈　峰
单位：珠海市香洲区云峰小学

教学过程

## 板块一：读准小古文的停顿

### 一、通读原文，读准字音

师：今天咱们学习一篇文言文，题目叫……
生齐：《司马光》。
师：借助拼音，多读几遍，把字音读准，把句子读通顺。
（生自由读文，师巡视，相机指导）
师：谁愿意来试一试？
（一生读原文，师指导读好"光持石/击瓮破之"）
师：掌声送给她，生字全读对了！咱们一起试一试！
（生齐读原文）

### 二、再读原文，学会停顿

师：读得很好，老师也想读一读。你们要认真听，看看老师读的和你们读的有什么不同。

（师读原文，读出节奏和停顿，语气有起伏变化，有动作和表情，将生带入情境）

生：你比我们读得慢，有情感的变化。

师：你听出老师是有情绪变化的，而且你发现了，老师有的地方读得慢，这叫作停顿，你真了不起。第一次学文言文，把停顿读好了，就相当于学会一半了。（师板书：停顿）

师：这篇文言文一共两句话，咱们先来看第一句。我来读，你认真听，看老师在什么地方停顿了。（师读：群儿/戏于庭，一儿/登瓮）

生：人物的后面，老师都停顿了一下。

（师画停顿线，生齐读）

师：人物后面应该停顿，那"众皆弃去"这句，老师应该把线画在哪里？

生："众"的后面。

（生齐读：众/皆弃去）

师：那"儿得活"呢？

生："儿"的后面。

（生齐读：儿/得活。师读：足跌/没水中）

师：老师在哪个字后面停顿了？一起说。

生齐：足跌。

师：你发现了吗？"足跌"是一件事儿，"没水中"又是一个状态，所以在动词后面也要停顿。那"光持石击瓮破之"应该怎么停顿？

生："光"后面要停顿，"持石"和"击瓮"后面也要停顿。

（生读：光/持石/击瓮/破之。全班齐读）

师：咱们画完了停顿，自己试一试读读全文吧！

（生自由读全文，师带领齐读原文）

## 板块二：理解小古文的意思

### 一、回忆方法，小组讨论

师：读好了这篇文言文，还要知道它的意思。我们回忆一下是怎么学古诗的。

生1：看注释。

生2：查字典。

生3：联系上下文。

生4：组词，找反义词和近义词，还可以问老师、同学或家长。

生5：看插图。

生6：多读几遍就能明白意思了。

师：那你们看看注释吧，自己试着说说这篇小古文的意思。

（生自由说意思，小组讨论，师相机指导）

### 二、多种方法理解意思

1. 组词理解"戏""庭"。

师：谁愿意跟大家分享一下这篇小古文是什么意思呀？

（生上台，师指导生上台发言的礼仪）

生：我来给大家说说《司马光》的意思，"群儿戏于庭"意思是"一群孩子在庭中玩游戏"。

师：哪个字是"玩耍、游戏"的意思啊？

生："戏"。

师：你用了组词的方法把它变成了……

生：变成了游戏。

（师板书组词）

师：下面的同学有没有补充或者是不同意的？

生："群儿戏于庭"的意思是"一群儿童在庭院里玩游戏"。

师：你又用组词的方法把"庭"解释成了"庭院"，非常好，接着来。

2. 看图理解"瓮"。

生："一儿登瓮"意思是"一个儿童登上了一个陶器"。

师：那个陶器的名字叫作……

生：口小肚大的。

师：叫作瓮，你怎么知道它口小肚大啊？

生：注释③写着它是"口小肚大的陶器"。

师：同学们，以前我们知道这个故事叫《司马光砸缸》，那瓮和缸有什么不同呢？咱们来看一看。（出示图片）

生：我觉得瓮比较大，比缸大很多。

师：你问问同学们，看他们有不同的意见吗？

生：我觉得缸的口比较大，瓮的口比较小。

师：那为什么不叫《司马光砸瓮》，而叫《司马光砸缸》呢？你觉得司马光砸瓮更凶险，还是砸缸更凶险？瓮是肚大口小，而缸是底小口大。那小儿掉哪里更凶险呢？

生：应该是瓮，瓮更深一点，盛水也更多。

师：你看看，如果掉进这两个容器里，哪一个更难爬上来？

生：我认为是瓮，因为瓮口小，他用这样的姿势是很难爬上来的。（生边解释边做动作）

师：确实，如果掉进瓮里就很难爬出来。因为瓮口很小，四壁溜滑。大家看，这里有两个成语——"请君入瓮"和"瓮中捉鳖"。后者讲的就是哪怕是擅长游泳的鳖掉进瓮里，都很难爬上来。那小孩子掉进瓮里，简直就是……

生：九死一生。

师：他掉进去，可能会面临怎样的命运呢？

生：悲惨。

师：似乎只有死路一条了。

3. 理解动作"没"。

师：那看看，司马光是砸缸还是砸瓮呢？哪个更危险？——砸瓮，是的。谁愿意接着来解释？

生："足跌没水中"就是"脚没有站稳掉进水里去了"。

师：这里面有一个多音字——没（mò），这个字还念"méi"，为什么你选择念"mò"呢？

生：因为"没"就是沉没，他掉了进去。

师：看老师的手，这是水平面，这叫不叫没？（师的手比在生腰间）

生：不叫！

师：这叫不叫没？（手比在生胸前）

生：不叫！

师：这呢？（手高于生头顶）

生：叫！

师：好危险呀，"没"就是整个都沉了下去。

4. 想象理解"众皆弃去"。

师："众皆弃去"是什么意思？

生："众皆弃去"就是"众人全都不管他了"。

师：我们想象一下当时的情境——"众皆弃去"，这些小孩子可能会有什么表现呢？

生1：很紧张，眼睁睁地看着。

生2：我会想办法，不会不管他。

生3：去找大人帮忙。

师：可是一个大人如果掉进水里，五到七分钟就可能没命了。等你找完大人回来后，会发生什么事？

生：……

师：不敢想，太害怕了，是吗？还有呢？

生4：有的小朋友很着急，想跳下去救他。

师：那你怎么救他？

生4：跳下去，看看能不能踢破这个瓮。

师：如果现在你也跳进这个大瓮中，你真的能救他吗？这个瓮肚大口小，如果你跳进去救他，很有可能发生什么事呢？

生4：掉进去和那个小孩一起淹死。

师：瓮也是很难踢破的。还有的小孩子看见这个情况可能太害怕了，就坐在地上开始……

生5：我想到了两种。第一种他们可能会拿水桶把水弄出来，第二种是可以往里面放尽可能多的杂物，让里面的水渐渐变少，瓮里的小朋友就能出来了。

师：你想想啊，这个瓮中的水既然能够没过小朋友，说明这个瓮肯定比小朋友要高一些。那像你一样高的小朋友能用水桶把水舀出来吗？

生5：不能。所以我在想第二种方法会好一些，就是往里面放尽可能大的杂物。

师：比如，往里放什么呢？

生5：稍大一点的石头。

师：这个小儿可能已经晕厥了，我们往里面扔大石头可能会发生什么事儿？

生5：可能会砸到他，但是如果这个瓮比较小的话，我们就知道怎么放不会砸到他。关键是这个瓮很高，我们完全不可能知道他在什么位置。

师：把掌声送给他。他一直在积极地想办法救小儿，可是两种方法都失败了。你还能想想别的方法吗？

生5：可以往里面扔一些浮木，让他抓着浮木。如果他惊慌失措，就让他抓住一根绳子，大家把他拉出来。

师：真好，他又有办法了。不过，浮木从哪里来呢？这个庭院可能没有浮木，可能也没有绳子。就算有绳子，你现在把绳子放进去，里边的小朋友真的能抓住吗？

生5：不一定，但很有可能。

师：所以我们要试一试，是吧？"一儿登瓮"说明这个瓮非常高，你怎把绳子扔进去？

生5：抛进去，或者说既然他能够蹬上去，周围肯定有能上去的地方。

师：真是好办法，可是里面的小朋友可能会抓住绳子，也可能抓不住。那假设这个小朋友抓住了绳子，接下来怎么办？

生5：我们要找很多人，因为一个人可能也会被拉进水瓮。

师：刚才你想这些办法的时候，已经过去七八分钟了，这时瓮里的小孩很有可能……

生5：很有可能已经淹死了。

师：但你依旧尽了全力去救他，你不算是"众皆弃去"中的。你没有弃去，很好。可是绳子可不是随处都有的。

生5：如果附近有马的话，可以把马的缰绳拆下来。

师：你看，要这么多的巧合才能完成你的设想，也有可能附近什么都没有，是吧？还有别的吗？

生6：用一根很长的吸管。

师：庭院里真的有这样的吸管吗？况且里面的"小儿"已经昏厥了，他真的能把吸管拽进嘴里吸气吗？这些"小儿"除了积极想办法，一定还有"小儿"坐在地上哭了，他们太害怕了。这是七八岁小孩正常的反应。咱们看看司马光怎么做的。

5. 讨论、理解司马光的"英勇无畏"。

生：司马光是用石头去砸瓮。

师：这个瓮就……

生：碎了。我猜他应该是砸的下面。

师：是的。司马光要砸靠下的位置，这和他的身高有关。那司马光找的石头大概有多大呀？（师比画较小的样子）

生：不行，太小了！

师：这么大。（师比画非常大的样子）

生：也不行，太大了他拿不动。

师：所以他得找一个自己能拿动，又刚好能把这个瓮一击砸开的石头。

咱们来读读这句话，速度快一点。你们刚才想办法已经过去那么久了，里面的小孩越来越危险了。

（生齐读：光持石击瓮破之）

师：刚才这位同学说要注意砸的位置，我想问问你，你要用多大的力气砸？

生：不能用很大的力气，不然会伤到里面的儿童。

师：是的，用太大力气可能会砸到这个孩子的头，可能会让他丧命。"司马光，有这样的可能性，你还要不要砸？"

生：要砸，如果能确定他的位置。

师：可是你确定不了他的位置啊！你还要不要砸？

生：要砸。

师：即使有这样的风险，我也要把他救出来！我还想问问另一名同学，如果想尽了办法，小儿救出来却已经死了，你还要不要砸？

生：我也要砸，要去救他。

师：你看，司马光去砸瓮，他内心是有很多的选择的。有可能会伤到他，你要不要砸？

生：要砸！

师：可能出来的就是一具尸体，你还要不要砸？

生：要砸！只要有一丝希望都要砸！

师：水花四溅，瓮的碎片可能会割伤你，你还要不要砸？

生：要砸，伤到我也要砸！一条伤痕和一条人命相比，当然人命更重要！

师：那一刻，司马光完全没有想到自己，他就是要救这个人。他与其他"弃去"的孩子形成了鲜明的对比，那些在地上哭的孩子也充满了同情心，但是他们不敢，他们害怕。所以，我们现在应该给谁掌声？

生：司马光！（齐鼓掌）

师："水迸，儿得活"什么意思呀？

生：意思是"司马光把瓮砸开了，水都涌出来了，那个孩子得救了"。

师：刚才她替换了一个字——"迸"替换成了"涌"，这两个字有什么不同呢？

生："迸"更激烈，"涌"是很快地流出来。

### 板块三：借助情节绳讲故事

#### 一、梳理动词

师：这篇小古文中有很多动词，咱们一起画一画。戏、登、跌、持、击、破、迸（生边说，师边在原文中圈画），这些动词里面藏着好大的秘密。（师在黑板上画瓮，并按照动词的顺序书写在瓮的周围，指导"登"的书写）

#### 二、串联动词讲故事

师：咱们把这些动词串联起来就可以讲故事了。（师边说边画出故事情节线，串联起动词）谁能根据这个情节绳讲故事呢？

（生上台依据情节绳讲故事，师指导讲故事的礼仪）

师：同学们，我们回去也可以把动词串联起来讲故事。咱们在讲的时候要特别注意这个"弃"字，可以把刚才咱们想的情况加进去，如"有的小朋友……有的小朋友……"，这样故事就变得更生动具体了。

### 板块四：发现文言文的特点

#### 一、对比古今文，发现特点

师：有一篇文章叫《司马光砸缸》，这篇文章和我们今天学的《司马光》有什么不同吗？

生1：文言文更简短。

生2：文言文用的是古文，就是古时候的语言，《司马光砸缸》用的是现代的语言。

师：大家可以看看，现代文用了很多的文字描述"众皆弃去"，而文言文却只用了四个字。

## 二、背诵课文

学生先自由背诵，再起立一起背诵。

## 三、拓展阅读

师：这是司马光 7 岁时的事情，这篇文言文选自《宋史·司马光传》。那长大之后的司马光，又会发生什么样的事情呢？《宋史·司马光传》写了司马光的生平事迹，当他长大之后，面对国家大事，没有人敢说话的时候，司马光会怎么选择？面对人生的选择，其他人都胆小怕事的时候，司马光又会怎么选择？所有的答案都在《宋史·司马光传》中，同学们可以在课下读一读，下课！

---

— 点　评 —

## 让学生在文言故事中自主历险，发掘宝藏

《司马光》一课，是学生在小学阶段第一次接触的文言文，是一篇经典的文言故事。全文只有 30 个字，但充满意趣，韵味隽永。对于三年级的学生而言，文言文的学习不一定是掌握全部的文言知识，培养学生阅读文言文的能力，而应该是让学生初步感知文言文的形式，激发兴趣。付老师的这节课，可以说是文言文教学的范本。

### 一、以读为本，理解文言文内容的深度

《义务教育语文课程标准（2022 年版）》指出："注意整合听说读写，引导学生综合运用朗读、默读、诵读、复述、评析等方法学习作品。"这就要求学生重视古代诗文的诵读积累，感受文学作品的独特魅力与思想内涵。在本节课中，有多处教师指导学生朗读的环节。如，在课堂伊始，便有借助拼音读、相机指名读、教师范读、自由读等多种形式，让学生在反复读中把课文读正确，读通顺。尤其是对于第一次接触文言文的三年级学生来说，最有效的方式就是采用教师示范读（跟我读），学生读教师指

导（听你读）这样的方式。而在这一过程中，付老师注重方法的渗透，让学生明白可以在人物以及动作后面进行停顿，从而做到读通顺。这并不是死板地教学生必须在某某处停顿，而是让学生在自己读后进行理解实践，充分掌握方法后的再一次提升。

整堂课的读，不限于此。在把课文读通读顺，进行初步理解的基础上，付老师注重问题引导，让学生能够通过想象画面去读。比如理解"众皆弃去"，"众"是指许多小孩子。在当时的危急时刻，他们又分别在做什么呢？学生们纷纷发言，说出了自己的设想，从而更好地理解了文章的意思，读出自己的韵味。这也从侧面体现出司马光在很小的时候就与别人不同，是英勇无畏的。像这样的地方还有许多，付老师在真实的课堂情境中，通过智慧的对白与交流，注重对学生的引导，与学生一同讨论，让学生在读中收获，在读中成长。

二、多样学词，感受文言文语言的凝练

对于难理解的字词，付老师运用多种方式进行教学。比如理解"群儿戏于庭"中的"戏"与"庭"，就让学生用组词、扩词的方式理解（"戏"可以组成词"游戏"，"庭"可以组成词"庭院"），不给学生一个固定的答案，而是让学生用自己的话讲一讲，让学生在学会方法后再次运用。此时才真正产生成长的拔节。

在理解"瓮"这个字的时候，付老师进行了图片对比。学生发现"瓮"与"缸"的区别："瓮"是肚大口小，而缸是底小口大。这种方式更直观，更生动，让学生能够想象当时的画面是如此的危急，如此的凶险。

在理解"没"这个字的时候，更是巧妙。首先它是一个多音字。付老师教给学生方法，据义定音，让学生自己判断"足跌没水中""没"的读音是"mò"，而不是"méi"。紧接着付老师做动作把学生带入情境：怎么样才是"没"的状态？答案是"整个都沉了下去"，学生们真有一种身临其境的感觉。

《义务教育语文课程标准（2022年版）》指出："可以根据学段学习要求，围绕多样的学习主题创设阅读情境。"在学生理解文言文的过程中，付老师注重教授方法，创设情境，真正将课堂指向了提升学生的核心素养。

三、巧用支架，实践文言文语用能力

复述是发展口语、积累语言和语用实践的重要路径之一。统编版小学语文教材复述练习不仅数量明显增多，练习样态趋于丰富，还提供了多种复述的支架系统。

而复述故事也是文言文教学中比较常见的环节，这个环节常常有两个极端，一是教师完全不给抓手，让学生自由练习后直接展示。采用这样的方式，对于班级里基础较好的学生影响不大，但是对于基础相对较弱的学生是不够友好的。而另一个极端就是教师规定好每个字词的意思，让学生背诵一遍，这样又扼杀了学生自己的思考能力与想象能力。

所以复述故事的支架如何提供，提供什么样的支架最为有效，是值得研究探讨的。付老师给了我们很好的答案——利用可视化思维工具——情节绳，很好地解决了这个问题。把古文中的动词串联，从而恰到好处地给学生生长的空间，也不会让基础不好的学生难以理解，产生畏难情绪。同学们通过复述故事把自己在本节课的所知、所学进行语言实践，真正将语文学科的工具性与实践性的统一落实了。

四、对比阅读，感受文言文的言简意丰

对比阅读是一种教学方式。它有助于深化阅读理解，提高鉴赏水平。正所谓"比较是一切理解和思维的基础"，"没有比较就没有鉴别"。想要理解文言文与其他文章体裁形式的不同，对比阅读是必不可少的。付老师从教学内容的实际出发，从学生认知规律的实际出发，选择恰当的对比点和恰切的教学方法，将这篇文言文同《司马光砸缸》进行比较，让学生自己发现字数、表达等方面的不同，体会文言文体裁最大的特点——言简意丰。课堂不是教师的独角戏，而是学生自主探究、自主成长的天地。付老师真正做到了用教材、得方法，还原真实的课堂情境，让学生的想法落地，有其独特的设计理念和艺术魅力。这样不光学生在课堂中得到升华，教师也在学习中颇受启发。

付老师让阅读真正走进了学生的生命当中，成为学生生命中的点灯人。这堂课下来，教师能够找到教好文言故事的宝藏，学生更是能通过自主学习等方式，在文言故事中自主历险，找到促进自己成长的宝藏。

# 《中国古代寓言故事》教学实录及点评

点评：马　薇
单位：珠海市香洲区香山学校

**教学目标**

1. 通过探索异同，学习重读的策略。
2. 发现寓言故事"千人一面"特点。
3. 结合生活，理解寓言故事中的道理。

**教学过程**

## 一、师生交流，认识寓言

1. 回顾寓言的特点。

师：老师知道，这几天你们读过这本书——《中国古代寓言故事》。那你觉得什么是寓言呢？

生1：能告诉人深刻道理的故事。

生2：都是比较简短的。

生3：寓言故事都是一个一个的小故事。

师：三位同学的答案合起来就说全了。寓言是由一个一个故事组成的，篇幅虽比较短小，但里面却蕴含着深刻的道理。

2. 发现题目的特点。

师：同学们，我要考考你们。既然你们都读过了，那能不能通过看图来猜一猜这是什么故事呢？（出示图片）

生1：掩耳盗铃。

生2：一叶障目。

生3：堵门防盗。

师：掌声送给他们。你们发现了吗？这三个故事的题目……

生齐：都是四字成语。

师：这三个故事的名字都是四字成语。是不是所有的四字成语都是寓言故事？例如这个题目，认真看图，这是不是？

生：螳螂捕蝉，黄雀在后。

师：掌声送给他，你们看，寓言故事的题目……

生齐：有长有短。

## 二、重读寓言，温故知新

1. 了解"重读"。

师：既然你们已经了解得这么好了，那么这本书是不是不用讲了？

生1：不是，你得理解道理。

生2：不是，里面还有很多故事。

师：你们好像读完了，知道了故事，也就知道道理了。那还有没有别的学习办法呢？当然有。付老师教你们一个新的学习方法。（板书：重读）

师：有没有同学会读这两个字？

生：重读。

师：你站起来，好好跟大家解释解释什么叫重读。

生：重读就是你看完了一本书，你也明白里面的道理，你可以再读一次以加深记忆。

师：除了加深记忆，你还可以有更多的什么？

生：理解和发现。

2. 重读题目，发现共同点。

师：把掌声给他！这是一种很好的阅读方法。当你读过之后，我们可以再重读，看看有没有更深刻的发现，我们先从题目开始。

生：《掩耳盗铃》《一叶障目》《堵门防盗》。

师：给你点时间，认真观察这三个寓言故事的题目，你有什么发现？

生1：它们都是成语故事。

生2：它们都是关于偷东西的故事。

师：这个发现了不起！你是根据哪个字发现这三个故事都跟偷东西有关？

生：盗、障。

师："障"虽然不是指偷东西，但是它与偷东西有关。这些故事都与偷东西有关，跟不好的事情有关。大家还有发现吗？

生：这些题目都是能一下子概括全文的。

师：也就是说，这个题目一下子就能把这个故事的主要内容表达出来。所以你以后写作文也是，你的题目要能表达出文章的内容。了不起，还有吗？看，请你把这个动作做出来。（师生做掩耳动作）请你找一找，还有哪个字跟这个字意思是差不多的？

生：一叶障目的"障"。

师：请你做出障目的动作，其他同学也做做看。（师生做障目动作）其实就是把眼睛给挡住，还有吗？

生：堵门的"堵"。

师："堵"就是把门给堵上。也就是说，这三个寓言故事里都有这样的动作。咱们试试看，耳朵不听不听，眼睛不看不看，门堵上堵上。（生做动作）它们都表示拒绝，它们究竟拒绝的是什么呢？第一个拒绝的是耳，第二个拒绝的是眼，第三个拒绝的是门。耳、眼、门有什么共同的特点？

生：都有用处。

师：是的，用处就是让我们接收到信息，让我们看到不一样的事物，听到不一样的声音，掌声给她。这些能够听到的、看到的、感受到的事物都被挡住了，结果怎么样？别急，我们刚才说了重读，对吗？我们再把这些故事读一遍，看看你们又有什么发现。

（生重读）

3. 重读故事，发现故事中的"千人一面"。

师：刚才我们比较的是题目，现在我们来比较故事。四人小组讨论讨论，这三个故事放在一起，你有什么发现？

（生小组讨论，师巡视指导）

师：我们来分享一下，你有什么发现？

生：我发现故事的结果都是不好的。

师：他说这三个寓言故事的结局都是不好的。还有吗？

生：他们都是自以为是、自欺欺人。

师：掌声送给他，他发现这三个寓言故事讲的竟然是同一个道理——自欺欺人。谁能解释一下什么叫作自欺欺人？

生：自己骗自己。

师：自己欺骗自己，就以为能够……

生：瞒天过海，欺骗他人。

师：这个发现了不起！你看，三个不同的寓言故事，蕴含的竟然是一个道理。（板书：1）这就是老师说的"千人一面"。原来，同一个道理能体现在生活中的不同方面。我们再听听别人的发现。

生：我发现这些故事里都有偷盗的行为，而且最后那些人都后悔了。他们都是盲目相信自己，没有思考过后果。

师：他们是盲目地相信吗？自欺的时候，他们是真的不知道吗？再想想看。

生：他们是知道的，他们只是自己骗自己罢了。

师：掌声给他，这个道理的深刻就在这里。他们并不是不知道，他们知道，但他们自己就是心甘情愿地骗自己。他们觉得骗得了自己，就能骗别人。所以这些故事最后都有一个不好的结局。你们还有发现吗？

生：他们都是想要财富。

师：好像都很贪婪。第一个人是想偷别人的……

生：铃铛。第二个人是想用叶子遮住自己，去集市上偷东西；第三个人是想留住自己家的财富。

师：留住自己家的财富是没有问题的，但是……

生：用错方法了。

师：那你有什么方法吗？不把门堵上，不把窗堵上，还能保护自己的财物，用正当的方式。

生：买一条狗看门。

师：掌声给他。其实还有许多的方法，不必把自己完全堵死了。这人就是对财物太贪婪了，所以用了一种极端的错误的方法。还有发现吗？

生：每个人都想着自己，不想着他人。

师：他们心里只有自己，认为自己就是全世界的标准。是哦，这就叫自欺欺人。

生：他们是只想做，不考虑后果。

师：他们都只想去做自己想做的事，却预测不到事情最后的后果，把自己骗了。还有吗？

生：主人公都有一些不好的行为，给自己造成了不好的后果。

### 三、联结生活，避免"自欺"

1. 回顾生活中的自欺行为。

师：你们说得全都对，发现了吗？这三个故事指向的都是不好的结果，指向的都是同一个道理：你欺骗自己，就以为也能够欺骗别人。其实，这只能告诉你：你错了。我们班的同学，你们在平时的生活中有没有这种自欺欺人的行为？

生：我弟弟喜欢看手机，一看就跟妈妈说："看10分钟。"可是他知道看够10分钟了之后还会看。

师：他心里想"没事儿，妈妈不知道我已经看过10分钟了，她肯定还以为在10分钟以内"。你妈妈知不知道他已经超出那个时间了？

生：妈妈是给他定了时间的，不过一响铃的时候，他就直接关掉了。

师：他装听不见，关掉了。这有点像掩耳盗铃，是吗？"掩耳关铃"，我不听，那就没到10分钟，可是能骗得了别人吗？

生：不能。

师：这个例子举得真好，还有吗？有没有平时喜欢在下面说笑话的？"我跟你讲，我怎么样。"手一挡就以为老师看不见。

生："一手障嘴"。（生笑）

师：把掌声送给他。这做的好像都是不太好的事，是吧？然后以为我"障"住了，老师就看不见，同学又看不见，其实谁都看得见。

生：我之前去朋友家，我朋友的妈妈不让我朋友玩手机。我朋友就把门给锁上了，和我就在里面玩手机。

师：这个就是"堵门防妈"（生笑），你觉得他妈妈知不知道？（生：知道）这就是自欺欺人。做这些事的人，最后的结果会怎么样？先说说刚才的"掩耳关铃"，你弟弟后来怎么样了？

生：我妈妈叫我把他手机抢过去，我就抢过来给了妈妈。他就哭了，我妈妈就拿着衣架去揍他。

师：揍人是不好的，但这确实是一个不好的结果，而且妈妈很气愤。你以为你关掉了，我就不知道吗？你觉得在课上小声说话，一手"障"嘴的那个同学的结果会怎么样？

生：被老师叫起来回答问题，回答不出来，就被批评了。

2. 辩证思维："不看不听"都不对吗？

师：刚才那几个人以为能够骗得了自己，最后都有一个不太好的结果，对吗？

生：对。

师：但有的时候不听、不看，就都是不对的吗？是不是"挡住了"就都是不对的，都是不好的结果？你来说说看。

生：不是的。比如说吸烟，你不吸的话身体健康，吸的话就对身体有害了。

师：那就是说当别人吸烟的时候，我不想吸二手烟，把鼻子捂住，快速地离开，这个事情就是对的。当别人在看不好的东西的时候，我把眼睛挡住，我不看，这对我来说也是好的。看来无论是堵啊，挡啊，障啊，一切的一切都取决于这件事情本身的好坏。

**四、重读故事，感受寓言"千人一面"**

1. 重读故事，发现寓言中的"千人一面"。

师：付老师也有这样的感觉。随着年龄不断地增长，每次再读寓言故事，都会有新的感触。同学们，其实像这样"千人一面"的、不同的故事，讲的是同一个道理的，还有很多。（出示目录）除了《掩耳盗铃》《一叶障目》《堵门防盗》，书里还有很多寓言故事。可能两个寓言故事讲得是一个道理，也有可能是三个讲得是一个道理。你先找找看，看你能不能够找得到，开始再一次重读。（生再次重读故事）

师：有很多同学找到了，谁先上来讲一个？你来试试看，现在他将做一个样板，告诉你们怎么去表达，以实现用不同的寓言故事讲同一个道理。你首先要告诉大家，你找到的是哪些寓言故事。

生：我找到的是《滥竽充数》。

师：我明白了，你找的还是与这三个故事是一样的，是吗？《滥竽充数》和这三个故事讲的是同一个道理，都是……

生：自以为是，自欺欺人。

师：最后的结果怎么样？

生：都是不好的。

师：《滥竽充数》的主人公好像还不太像我们学的三个故事的主人公，主人公南郭先生是什么样的人？他主动地去欺骗别人，稍有一点不同，谢谢你。还有没有找到其他不同的？

生：我找到了《河蚌相争》和《螳螂捕蝉，黄雀在后》。

师：《鹬蚌相争》，这是你要介绍的第一个。你可以说，我找到的是《鹬蚌相争》和《螳螂捕蝉，黄雀在后》。你先给大家介绍一下，《鹬蚌相争》讲的是什么。

生：鹬是一种鸟。鹬想吃蚌，蚌想挣脱，所以它们两个谁都不让对方，结果一个渔夫把它们两个都抓了。

师：把掌声送给他，这个故事介绍得很好。那《螳螂捕蝉，黄雀在后》呢？

生：蝉在树上休息，螳螂准备去捕蝉，但是它不知道，黄雀还在后面等着它吃完蝉再去捉它。

师：这两个故事有哪些地方是相同的呢？

生：它们都没想到后面的后果。

师：都让第三方得了利益，对吗？好，掌声给他。你看，两个人相争，最后谁都没有获胜，却让第三方获得了最后的胜利，这就是"千人一面"。不同的故事，讲的是同一个道理。回忆一下他是怎么介绍的——我找到的是哪几个寓言？第一个寓言讲了什么？第二个寓言讲了什么？这两个寓言讲的共同的道理是什么？现在你们小组要按照这样的方式互相说一说。

（生讨论，师巡视指导）

2. 学生讨论交流，发现更多寓言中的"千人一面"。

生：这次我找到的寓言故事是《郑人买履》和《截杆入城》。

师：《郑人买履》讲的是什么？

生：《郑人买履》讲的是郑国有一个人想去买鞋，但是忘记带量好的尺码，又跑回家去拿尺码，回到集市上想再买的时候，集市已经散了。

师：讲得真好，"履"是什么意思？

生：鞋子。

师：你要给谁买鞋？

生：自己。

师：给自己买鞋，带尺码有什么用，你不是自己已经去了吗？这个人做事怎么样？

生：太死板了。

师：把掌声送给他。你找到的另外一个故事是什么名字？

生：《截杆入城》。这个故事讲了鲁国有个人扛着几根竹竿去城里卖。因为竹竿太长，卡在了城门处，横着拿、竖着拿都不能进城。

师：这个就是我们的门，拿一根长长的竹竿，为什么你过不去？怎么横着拿？（师动作示范）为什么竖着拿、横着拿都过不去？你觉得怎么样才能过去？（师动作示范）

生：这样。（生比画动作）

师：平着就过去了，对吧？可是他想不到，他就想到横和竖。最后有人给他出了什么主意？

生：把杆子给切成几段。

师：这样是过去了，问题是……

生：卖不了好价钱了。

师：这个故事蕴含的道理同样是……

生：做事不要太死板，要随机应变，要根据事情的发展想出解决方法。

师：要灵活！把掌声送给他，同学们太棒了！同学们，回头看，你发现了吗？之前你们全都读过了，但今天我们通过重读，发现了那么深刻的道理。原来好多寓言故事，讲的是一个道理。这些道理，在我们的生活中还不断出现，比如说有挡着手机的，有挡着嘴的……那留一个作业，今天回去继续找还有哪些寓言故事讲的是同一个道理，我们生活中又有哪些事蕴含同样的道理。咱们下节课再分享。……别急，这个同学刚才有了非常重大的发现。这是我上这么多课中，第一次有这样的发现。她的重读很有价值。请你来说一说，你找到了哪个故事？

生：我找到了《梁上君子》和《堵门防盗》，这两个故事讲的不是相同的道理，而是相对的。

师：听懂了吗？说说看，《梁上君子》讲了什么？

生：《梁上君子》讲的是有一个小偷，为了偷东西，爬到梁上。主人看见了小偷，他就教育自己的儿女，说一个人在任何时候都要克制自己，勉励自己。所谓坏人，不是他们天生就坏，因为养成习惯，不能自制，那个梁上的君子，就是这样的。

师：最后呢？

生：最后，小偷听到了，就求房主原谅自己。房主没有把他告上法庭，而是给了他一些东西，小偷谢过了之后就回去了。

师：他又变成了……

生：好人。

师：把掌声送给她。原来有些故事所含的道理是一样的，还有些故事所含的道理是相对的。同样是为了防盗，有的人把自己的门窗都堵死了，自己也出不去了；而有的人却用自己的方法，给了那个偷东西的人一次机会，不仅小偷变成了好人，自己的财产也得到了保护。这就是寓言的魅力，每一次的重读都会让我们有更多的发现。好了，下课！

生：谢谢老师，老师再见！

师：谢谢同学们！

---

## 点 评

### 以寓言之桥走向生命深处

有人曾把寓言比作一座桥梁："通过它，可以从复杂走向简单，又可以从单纯走向丰富。在这座桥梁上来回走几遍，我们既能看到五光十色的生活现象，又发现了生活的内在意义。"寓言故事以短小的篇幅、精练的语言传递深刻的道理，这也正是它流传千年长盛不衰的非凡魅力所在。

付老师的这节《中国寓言故事》整本书阅读课，打破了传统阅读课惯用的导读课、推进课等课型藩篱，纯粹地带着学生借寓言这座桥梁，沟通阅读的已知与未知，勾连文本寓意与生活智慧，让思维从扁平化的理解走向深入的思辨……短短几十分钟的课，不仅让学生的阅读力和思维力经历了充分的激活，也让观课的教师获得巨大启发。

一、重读——铺设深入阅读之桥

这一节课的学情背景是学生已经阅读了大量的寓言故事，对寓言的文体特点有了初步的感受与认知，懂得寓言就是通过短小的故事告诉人们深刻的道理。通常，我们认为对于寓言故事的阅读教学走到这一步已经大功告成，再深挖下去往往"出力不讨好"。但是付老师从来都不落俗套，她相信三年级的学生也可以通过深入阅读收获更多原本不被期待但却弥足珍贵的认知。

于是她引导学生"重读"。重读，不仅是学生在本课时面对熟悉的文本采取的阅读策略，更是学生今后深入阅读其他整本书所必备的阅读习惯。但是，如果只是不加任何干预的重读，那仍旧是无的放矢，学生不会有什么新的发现。因此，付老师又为学生精心架起了第二座桥梁。

### 二、群文比较——架起集合类文本阅读方法之桥

很多一线教师在教《中国寓言故事》这种单篇合集类的整本书时往往会有个困惑：这么多内容复杂、道理多样的小故事，难道篇篇都要教？付老师在这堂课中就给出了很好的示范。她精心研读每个故事，发现了故事中"千人一面"的内在规律，并在众多类别的故事中挑选了"掩耳盗铃""一叶障目""堵门防盗"这三个内在逻辑有着紧密联系的故事让学生比较阅读。

付老师先引导学生自由地比较，学生很容易会发现三个故事在题目上有相似之处。接着，她进一步启发："刚才我们比较的是题目，现在我们来比较故事……这三个故事放在一起，你有什么发现？"这样学生就能直观地感受到在对比阅读的时候是可以有不同角度的，从不同的方面去比较才可以获得不同的认识。这对于三年级的学生和其他刚踏入整本书阅读之旅的小读者来说是非常珍贵的启蒙。

在整个课堂的每个环节中，付老师都非常注重方法的指导——由扶到放，课堂教学的层次感分明。她通过示范对这三个故事的细致比较，让学生学会群文比较阅读的方法，再放手让学生去重读整本故事集，在对比中发现寓言故事的"千人一面"，进而发现《中国寓言故事》中那众多复杂故事的内部规律：往往几个故事都是在传递一种相似的智慧，或者说同一个道理能体现在生活中的不同方面。

在这样的任务驱动下，学生会透过复杂的故事，看到深层的逻辑，从而感叹古人的智慧，认同自己的民族文化。这样就能让语文课真正起到以文化人的教育目的。

### 三、联结生活——建构生活智慧之桥

一则好的寓言，不仅是记录了一个有趣的故事，更承载着贴近生活的人生哲理。

寓言故事经历千年依然熠熠闪光，就是因为千百年来人们总能从故事中看到自己，看到我们正在生活的这个世界。法国的拉·封丹说："一个寓言可分为身体和灵魂两部分。所述的故事好比是身体，所给予人们的教训好比是灵魂。"今天，我们教学生读寓言，不是为了耻笑故事中的人物有多愚蠢，而是要让学生看到：在我们的周围也有很多人犯着相似的错误。我们要透过寓言夸张的讽刺看到古人的智慧，触摸寓言的灵魂，警醒自己，启迪他人。

但是对于三年级的学生来说，刻板地说教那些道理必然会与学生的接受意愿形成冲突。因此付老师巧妙地引导学生回顾自己的生活：你们在平时的生活中有没有这种自欺欺人的行为？学生在付老师幽默语言的引导中惊奇地发现自己平时的生活中还真有这样的行为，有人"以手障嘴"，以为老师看不见自己上课开小差和同桌说话；有人"堵门防妈"，觉得把自己关在屋里玩手机就神不知鬼不觉……在这样轻松有趣的氛围中，学生轻易地触摸到了寓言的灵魂，开启了反思自身的智慧；寓言故事也在学生会心一笑的快乐中得到了新的解读，延续了经久不衰的生命力。

四、思辨阅读——走向生命深处之桥

《义务教育语文课程标准（2022年版）》中明确提出，"义务教育语文课程内容主要以学习任务群组织与呈现"。寓言故事的阅读教学则应属于发展型学习任务群中的"思辨性阅读与表达"和拓展型学习任务群中的"整本书阅读"这两个学习任务群。

付老师的这节课，从始至终都在指导学生通过具体的学习任务习得阅读整本书的方法。更可贵的是，她充分发掘寓言故事中的思辨性特点，引导学生在阅读时，时刻不要忘记联结自身，不要放弃坚持自己独特的见解。比如，当有学生发现了三则寓言故事都指向人们心中的贪欲，都有自欺欺人的成分时，付老师问学生：是不是"挡住了"就都是不对的，都是不好的结果？这时，学生陷入思考，运用本节课学会的方法，在生活中寻觅例子。他们发现，当身处不利的环境时，不听不看式的"自欺"反而是一种自我保护。这给了学生一种辩证思维的体验——不单是寓言中的普遍哲理，放眼到生活中的任何真理，我们在接受它时都应该充分考虑到具体的情况，而不能盲目地偏信。这也引发我的思考：有时我们感知外界的通道过于敏感，别人的看法和说辞成了"生命不堪承受之重"。也许有选择性地堵塞一些获取信息的沟通渠道，我们会活得更加轻松自在一些，不知道三年级的学生何时能懂得付老师在这节课中传递给他们的这份温柔和关爱。

一堂好课总是令人意犹未尽，一位好的语文教师总是想要透过文本教会学生更多人生的智慧。付老师说："阅读教学就是要帮助学生成为独立的阅读者……阅读如果不走向生命则无意义。"她用她精心设计的课程不遗余力地践行着她的教学理念，她也用她的良苦用心与每一个学生真心相处。如果说寓言故事是一座桥，联结自身与生活的智慧，那么付老师也是一座桥，沟通了文学经典与儿童的心灵。

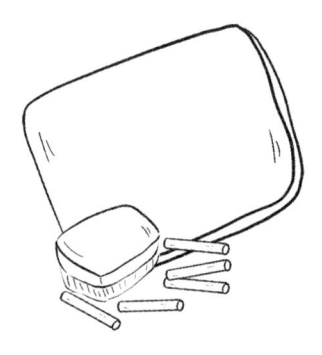

# 《太阳》教学实录及点评

点评：梅天垚
单位：珠海市香洲区北岭小学

**教学目标**

1. 梳理文本内容，了解文本结构。
2. 学习说明方法，发现表达的秘密。

**教学过程**

### 一、精准导入

1. 关注文本类型——说明文。

生读：说明文以"说明白了"为成功。——叶圣陶

师：《太阳》这篇文章能选入教材，本身就是一种成功。作者写明白了，我们是否能读明白呢？今天我们一起来学习说明文——《太阳》。对于太阳，你都了解什么呢？

生1：太阳的表面温度有五千多摄氏度。

生2：太阳的寿命大概有100亿年，它现在大概有50亿岁，再过50亿年，它就会剧烈膨胀。

2. 关注自学成果——写对和理解。

(听写词语：摄氏度、粮食、煤炭、杀菌、治疗。生自己订正错误)

师：齐读这些词语，思考——它们与太阳有什么关系呢？

生1：摄氏度是太阳温度的计量单位。

生2：粮食是相关植物进行光合作用的产物，煤炭的形成需要太阳光的参与。它们都跟太阳有着密切的关系。

生3：太阳光有杀菌作用，我们可以利用它来预防和治疗疾病。

师：请同学们自由读课文，边读边思考——作者都介绍了太阳的哪些方面？

二、梳理结构

1. 梳理内容。

师：谁来说一说？作者都介绍了太阳的哪些方面？

生1：作者在第1自然段介绍了太阳很远的特点。

生2：在第2自然段，作者介绍了太阳很大。

生3：作者在第3自然段介绍了太阳表面的温度很高，用一个字形容就是——热。

生4：在第4自然段，作者介绍了太阳与植物、动物、人类、煤炭关系密切。

生5：太阳会在地球上引起天气变化，如下雨或雪。

生6：风的形成也离不开太阳。

生7：太阳光有杀菌的作用。(预防、治疗疾病)

生8：没有太阳，就没有我们这个美丽可爱的世界。(中心句)

(师根据生的介绍完成板书)

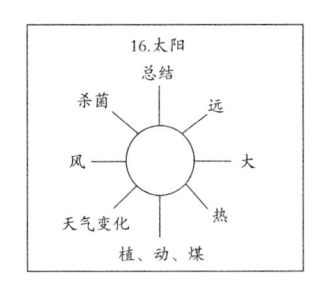

```
        16.太阳
         总结
    杀菌      远
    风   ○   大
         热
    天气变化
      植、动、煤
```

**2. 理清结构。**

师：我们梳理完文章介绍的关于太阳的各个方面，感觉非常多，其实作者就介绍了两个方面。请你们再回到文中浏览一下，你会找到一个非常重要的过渡句。

生：太阳虽然离我们很远很远，但是它和我们的关系非常密切。

师：过渡句的作用就是承上启下。这个过渡句就是告诉我们，上面讲了太阳离我们很远，下面讲了太阳和我们的关系非常密切。所以这篇文章就可以分为两大部分——特点、关系。

### 三、发现表达

1. 远。

有这么一个传说，古时候，天上有十个太阳，晒得地面寸草不生。人们热得受不了，就找一个箭法很好的人射掉九个，只留下一个，地面上才不那么热了。其实，太阳离我们约有一亿五千万公里远。到太阳上去，如果步行，日夜不停地走，差不多要走三千五百年；就是坐飞机，也要飞二十几年。这么远，箭哪能射得到呢？

①数一数，第1自然段有几句话？（五句话）

②读1、2句，说一说发现。（传说、后羿射日、温度适宜）

③读3、4句，说一说发现。（说明方法、列数字、概词、猜年龄，作比较……）

④读第5句，理解第1自然段结构。这一句话像纽带一样，把一、二部分系在了一起。

⑤去掉1、2、5是否可以？（传说让故事更有趣，且引起下文，激发读者兴趣）

⑥对比原文传说，发现表达特点。（语言平实、简练，为中心服务）

⑦关于太阳的传说很多，比如夸父逐日、天狗吃太阳（日食）、盘古开天地身化万物，为什么作者不选择其他的传说？（选择的传说要为中心服务，这才是讲明白了）

2. 大。

我们看到太阳，觉得它并不大，实际上它大得很，约一百三十万个地球的体积才能抵得上一个太阳。因为太阳离地球太远了，所以看上去只有一个盘子那么大。

①自读，发现说明方法。（组合说明方法：列数字+作比较，说得更明白）

②读明白科普类说明文，需要科学知识，可以用伸手比远近的方法来体会"近大远小"这一科学知识。

3. 热。

太阳会发光，会发热，是个大火球。太阳的温度很高，表面温度有五千多摄氏度，就是钢铁碰到它，也会变成气体。

①自读，发现说明方法。（打比方：把太阳比成大火球，会发光，会发热）

②补充科学知识，发现隐藏的知识点。（钢铁的熔点是一千多摄氏度，这是与太阳表面的温度作比较）

四、小结

1. 同学们，这节课你们太厉害了，通过自己的努力梳理出了课文所有介绍太阳的部分。不仅如此，你们还发现了一个非常重要的过渡句，明白这篇文章其实就介绍了两大部分：一个是太阳的特点，另一个是它与我们的关系。你们还学习了好多的说明方法，懂得了"要想读懂科普类说明文，就要懂得更多的科普知识"。作者"写明白了"，你们也"读明白了"。

2. 推荐阅读《十万个为什么》和科学杂志《少年时》。

板书：

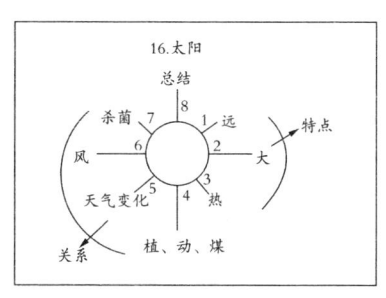

```
         16.太阳
          总结
       7   8
    杀菌    1 远
              特点
    6         2 大
   风
    天气变化 5 3 热
           4
   关系   植、动、煤
```

---

## 点　评

### 说明白，教明白，学明白

《太阳》是统编版小学语文教材五年级上册第五单元的第一篇说明文。本单元的单元导语引用了叶圣陶先生的一句话：说明文以"说明白了"为成功。一堂说明文阅读课，学生有没有在教师的引导下"读明白"，便是评价这堂课的重要标准。

说明文最大的特点在于内容中心鲜明，具有科学性、条理性，语言表达准确严谨。因此，说明文阅读课最重要的着眼点应该是内容要点、说明方法和说明顺序。本节课，付老师制订了两个适切的教学目标：第一，梳理文本内容，了解文本结构；第二，学习说明方法，发现表达秘密。本单元指向的语文要素是"阅读简单的说明性文章，了解基本的说明方法"。显然，这两个目标是紧密围绕这两个语文要素来制定的。五年级的学生处于理性思维发展的起始阶段，这样的教学目标层次清晰、指向具体，能在课堂上实实在在落地，让学生学有所得。

纵观本节课，有以下四个方面值得我们一线教师学习借鉴。

一、整合教学环节，学习中积蓄能力

太阳，是我们每个人都熟悉的一个事物。正式进入课文之前，付老师以"对于太阳，你都了解什么呢？"这个问题来导入。一番简单的交流，既让学生积极调动了以往积累的先备知识，又巧妙地激发了学生学习本课的兴趣。五年级的学生有较强的独立识字能力，因此付老师没有单独设置识字教学环节，取而代之的是巧妙的字词听写与理解环节——摄氏度、粮食、煤炭、杀菌、治疗等生字词，既考查了学生的预习情况，又从多个角度反映了词语与主题之间的联系。

教学活动中，付老师把字词学习和阅读教学有机整合，为学生接下来的学习做好了铺垫。从课堂呈现的情况来看，学生在接下来的梳理内容的过程中是比较轻松的。

类似的整合还体现在梳理课文内容的环节上。在学生的自主阅读探究中，付老师把学生的阅读反馈借助可视化思维图示予以整合呈现，化繁为简，让学生理清了文本结构。如此，一方面提升了学生的概括与分析能力；另一方面，可视化思维图示的运用，还能让学生学会一种思维方法，学会关注核心内容，把复杂的内容变简单，这也是一种宝贵的学习力。

二、板块设计清晰，"真阅读"浸润课堂

为达成两个教学目标，付老师将"以生为本"的理念贯穿于整个课堂教学中——"自学反馈—自主梳理—发现表达—小结拓展"，环环相扣、层层深入的设计让学生真正走进阅读，深入思考，真正实现自主学习。

《太阳》一文层次清晰，结构明了。教学的第一步便是梳理内容。学生通过自读交流，很快梳理出了作者介绍的关于太阳的几个方面的内容。令人惊喜的是，付老师根据学生的交流分享，呈现出一个以课文内容为线索的太阳图（板书）。

内容清楚了，紧接着一个提纲挈领式的核心问题，又让学生理清了文章结构：文章介绍的关于太阳的各个方面，感觉非常多，其实作者就介绍了两个方面。请你们再回到文中浏览一下，你会找到一个非常重要的过渡句。抓住过渡句"太阳虽然离我们很远很远，但是它和我们的关系非常密切"，学生再次通过自读、发现，进一步明确了文章介绍的关于太阳内容的两大部分：特点和关系。付老师顺势将板书内容补充完整。（见下图）

《义务教育语文课程标准（2022年版）》（以下简称"课标"）中指出：义务教育语文课程实施从学生语文生活实际出发……促进学生自主、合作、探究学习。当板书呈现在学生眼前时，这篇课文的主要内容也清清楚楚地梳理出来了。学生在付老师的

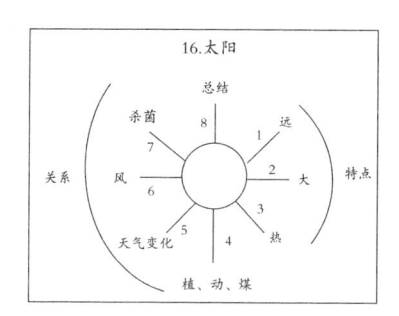

```
        16.太阳
          总结
     杀菌  8  1 远
      7
关系 风 6   2 大  特点
      5  3 热
   天气变化 4
      植、动、煤
```

几个核心问题的指引下，自读自悟，和付老师一起合作，借助直观形象的图示，准确把握了课文主要内容。这样的设计可谓构思巧妙，一举多得。作者是怎么说明白的呢？课堂的最后环节，师生的学习目标自然而然指向了语言表达。显然，本课教学设计板块清晰，由浅入深，环环相扣，让学生的学、教师的教都在符合思维规律的背景下自然生发。

三、把握文本特点，学表达落到实处

说明文之所以能把事物说明白，必然有其文体特殊性，说明方法就是本课需学习的重要内容。在说明方法的学习中，付老师同样非常注重让学生自主探究，并没有直接结合课文语句来讲说明方法，让学生机械地记住什么是列数字，什么是举例子，而是引导学生回归文本，探究课文内容之间有什么联系。

付老师再次带领学生在阅读中发现把事物说明白的奥妙。这次阅读的重心放在了太阳"远""大""热"等特点的具体描写上，每一处都由付老师引导学生阅读、对比、发现。风趣的对话、轻松的提问、睿智的联结，让学生通过对比、联结等策略，体会了说明方法的严谨与科学。"学习说明方法，发现表达秘密。"这一重要教学目标得以突破。原本乏味的说明文，在思考与交流中变得更具可读性。付老师趁此隆重推介《十万个为什么》和科学杂志《少年时》，打开学生视野，在他们心中埋下一颗科学的种子，把阅读从课内延伸到课外。

一般情况下，很多教师的教学到这里就结束了，但付老师却提出了一个很有挑战性的问题：课文开头由羿射九日的传说开始，关于太阳的传说很多，比如夸父逐日、天狗吃太阳（日食）、盘古开天地身化万物，但为什么不选择其他的传说？不得不说，这是一个极具价值的提问。一个看似简单的故事，为什么会出现在这里呢？这就又要回到说明文的最终目的——说明白，说清楚。因此，不论是传说故事，还是说明方法，其重要意义就在于为说明中心服务。学生想明白这个道理，比记住举例子、列数字、打比方等重要得多。

我们发现，付老师的课堂提问是站在一定高度的，也是精心设计的。所有问题层层深入，目的只有一个：课堂上教学生学习阅读，课堂外学生可以用阅读来学习。这种核心能力的培养，正契合了课标所倡导的"立足学生核心素养发展，充分发挥语文课程育人功能"这一理念。

四、评价视野宽泛，鼓励激发促学习

这节课还非常令人关注的是付老师对学生在学习过程中的评价。在和学生的交流中，付老师注重对学生的理性引导，鼓励学生大胆发现，以激发学生的阅读积极性。

比如，课堂最后，有学生在思考很久后，说课文引用羿射九日的传说是因为这样会让文章更有趣。付老师没有因为学生答了一点而马上给予表扬，而是首先微笑着肯定了学生的用心思考和大胆发现，然后又追问：为什么在众多有关太阳的传说中选这个故事？这是一篇说明文，结合叶圣陶先生的那句话再想想，相信你一定能明白。这时候，学生自然会将传说和说明文的中心目的结合起来思考。这样的鼓励和引导，促使学生围绕核心问题展开思考，不断地推动学生的思维发展，也推动学生的学习向前发展。

一篇说明文，作者说明白了为成功；一堂说明文阅读课，教师上明白了、学生学明白了为成功。明明白白的一节课，就是一节值得学习的好课。

# 口语交际《我们都来讲笑话》教学实录及点评

点评：徐飞飞

单位：珠海市香洲区香华实验学校

**教学目标**

1. 通过交流讨论，明确讲好笑话的要求。
2. 能按照要求讲好笑话，避免不良口语习惯。
3. 能用心倾听别人讲笑话，做一个好的听众。

**教学过程**

**一、确定主题，明确要求**

1. 确定本次口语交际的主题——讲笑话。

师：今天我们来学习第八单元的口语交际，题目叫作《我们都来讲笑话》。一起来读……

生：我们都来讲笑话。

师：我们是谁？

生1：指同班同学。

生2：也指老师。

师：是的，在这个教室里所有的人都叫作"我们"，"我们"要干什么？

生：我们要来讲笑话。

师：什么是笑话呢？

生：能让别人感到开心的就是笑话。

师：掌声送给他。我们要做的事儿是讲，讲的内容是笑话，而笑话能让别人开心、快乐。

2. 学生圈出关键内容，明确讲好笑话的要求。

师：请看学习纸，圈出你认为关键的内容。

（生圈画讲好笑话的关键内容，并在小组内交流哪些是要提醒大家的关键内容）

师：谁先来说说？

生1：首先，笑话的内容一定要积极向上，不可以有骂人的话。（生板书：积极向上）

生2：不能有不良用语，不能笑场。

师：什么叫笑场？

生2：就是别人还没笑，你自己先笑了。（生板书：不能笑场）

生3：要尽量展现出笑话中人物的神态、语气和动作。

师：这是什么意思呢？

生3：就是要把动作、表情等表演出来。（生板书：展现动作、表情等）

生4：要熟记笑话的内容。

师：为什么要熟记呢？拿着纸去念不行吗？

生4：因为我们要讲得流畅，熟记后讲出来效果更好。（生板书：熟记）

师：如果我没记住怎么办呢？我可不可以讲得跟我准备的笑话不一样呢？

生齐：可以！

生5：我们还要用心倾听。

师：这不是对讲笑话的人提出的要求，而是对听笑话的人提出的要求。只有用心听你才会感受到快乐，才会哈哈大笑，我想这也是对讲笑话的人最

高的赞赏。(生板书:用心听)

生6:在讲完笑话后,要根据别人的意见改进。(生板书:改进)

生7:要克服口头禅。

师:什么叫口头禅?

生7:就是自己经常挂在嘴边的一些话。

师:比如"嗯……嗯……""然后呢……然后呢……"。那我们一会练习的时候就要避免这样的口头禅。(生板书:避免口头禅)

3. 小组讨论讲好笑话还有什么好方法,并明确哪些笑话适合小学生。

师:除了书上的内容,你自己有没有想要给大家的建议?请各小组讨论讨论。(各小组讨论并发言分享)

生:要生活化,不能像念经一样。

(师指导发言,提示尽量不带口头禅)

师:什么叫生活化?

生:生活化就像跟你说话一样,很亲切,不像读书一样很死板。(生板书:生活化)

师:还有这么多要提醒的,你们比书上的编者厉害多了!

生:不能用一些不好的话去伤害别人。(生板书:不伤害别人)

师:是的,如果某位同学有一点口头禅,你们不要马上笑,让他慢慢去改变。

生1:讲笑话不要讲得太快,要把每个字都说清楚。(生板书:不要太快)

生2:把你觉得最搞笑的地方突出一下,比如做一些很夸张的神态,或者让你的语气加重。(生板书:突出)

师:掌声送给他。你们比编者老师厉害多了,应该让你们去编教材!

生1:可以加入自己的表演,让笑话变得更加精彩。(生板书:加戏)

生2:如果自己编不了的话,可以从报纸、杂志或者别人口中获得,自己进行改编。(生板书:收集创编)

师:笑话有很多,有些笑话是不适合我们小学生的。那适合我们的笑话应该是与什么有关的呢?

生1:跟学习和老师有关。

生2:可以跟假期或者作业有关。

生3:可以跟爸爸妈妈有关。

生4:还可以是吐槽同学的。

生5:我们还可以把童话故事改编成笑话。

师:我们一起来看看你们在黑板上写的这些建议。(师梳理生在黑板上写的建议)

### 二、观看视频,提出建议

1. 看例子。

师:大家说得这么热闹,我想给你们看一个例子,想看吗?

生齐:想!

(生看视频,对照整理出来的建议,思考:这是正面的例子,还是反面的例子?)

2. 对照要求,进行评价。

生1:她讲的笑话都符合标准,基本上所有的建议都做到了。每个笑话都比较简洁,不会让听众觉得啰唆。(生板书:时间不要过长)

生2:她一定是熟悉了笑话的所有内容,所以说得很流畅。

生3:她讲的笑话的题材都源于生活,让人感到很亲切,很想笑,就好像自己的生活里也有这些事一样。

### 三、小组交流,选出代表

1. 小组成员互讲笑话,把搜集好的笑话进行改编。

师:昨天你们自己都搜集了一些笑话,但这些笑话要讲给别人听,还需要修改。那现在就请你们修改自己搜集的笑话,然后小组交流,选出最好笑的上台来讲给大家听,看看哪个小组的代表能把大家逗笑。

(生小组合作,改编笑话,互相讲笑话并选出代表)

2. 选出代表上台讲笑话。

### 四、讲好笑话，生生互评

1. 学生代表上台讲笑话，其余学生按照要求进行评价。

师：我们用掌声鼓励第一个上台的同学，请用你们的笑声来给他投票。

生1：大家好，我来给大家讲个笑话。

——"老师是个好老师"是个什么句？

——老师，我知道，是个比喻句！

——下一个！

——老师，我知道，是个夸张句！

——下一个！

——老师老师，我知道！是个拟人句！

谢谢大家！

师：谁来评价一下他讲的笑话？

生：我觉得他讲的笑话很亲切，符合黑板上的建议。

生2：大家好，今天我来给大家讲个笑话。一只北极熊去南极旅游，他问一只企鹅："你们平时都干什么呀？"第一只企鹅说："吃饭睡觉打豆豆。"第二只企鹅也说："吃饭睡觉打豆豆。"第三只、第四只都是这么说的。当问到第一百只的时候，第一百只企鹅说："吃饭睡觉。"北极熊问他："你怎么不打豆豆呢？"第一百只企鹅生气地回答："因为我就是豆豆！"

师：谁来评价一下她讲的笑话？

生：我觉得她讲得很生动，但是中间有点欺负别人的感觉。（师鼓掌）

师：99只企鹅都在打最后那个叫豆豆的企鹅，我觉得这不应该是笑话，所以这个内容不太合适。谢谢你！

生3：大家好，我今天来为你们讲一个笑话。我在公交车上扶老奶奶起来，我对老奶奶说："奶奶，我来扶你起来吧。"老奶奶说："你为什么要扶我起来，我坐在老人专座上，难道你还想坐不成？"（讲完有些冷场）

师：我还是想找人评价一下。

生：这是冷笑话，感觉有点冷。

师：但是他有一点非常好，就是把主人公换成了自己，大家把掌声送给他！

（生4和生5一起合作讲笑话）

生4：大家好，今天我们来为你们讲一个笑话。小明，你今天为什么迟到了啊？

生5：我家太乱了！

生4：所以你在家收拾东西，没来上学吗？

生5：不，我的床上太乱了，堆了电视机、我以前的玩具和我以前的脏衣服。我妈没有找到我，所以她以为我已经去上学了，就没叫醒我！

师：她们提供了一种有趣的形式，有点像相声的感觉。这个故事也离我们的生活非常近。

生6：今天我给大家讲个笑话——有一天，老师靠在讲台上对大家讲："同学们，大家要记住，说话前一定要三思，比如可以数到一百再说。"学生们争先恐后地数了起来，数啊数，最后不约而同地喊了起来："98、99、100！老师！你的衣服着火了！！"（该生有动作有表情，底下生齐笑）

师：根据黑板上的评价标准，谁来评价一下？

生：我很喜欢他讲的笑话，因为它很符合我们的年龄特点。

师：我们都喜欢贴近生活的笑话，如果你把故事中的"老师"改成你们的班主任"王老师"就更有意思了。我们也可以把生活中的事儿变成笑话。

2. 教师总结如何讲好笑话。明确我们的生活需要笑话，需要开心。

师：同学们，我们今天一起讲了笑话，知道了要想讲好笑话，时间不能太长。但如果你的笑话是一个包袱接着一个包袱，那就尽情地长吧！你要熟记你的笑话内容，要突出你的重点，还要克服你的口头禅。如果你找不到合适的笑话，可以看看报纸和杂志，但是笑话最好的来源是我们的生活。同时，要沉住气，不能笑场。更重要的是，不要使用伤害他人的语言。听笑话的人呢，要用心去听，相信你的笑声就是对讲笑话的人最好的赞扬。我们今天为什么要讲笑话啊？

生：就是让我们开心一下！

师：是的，讲笑话除了能提高我们的口语能力，更重要的是开心，不仅要让别人开心，也要让自己开心！下课！

说课：

各位老师，大家好。我非常高兴有机会与大家聊一聊五年级下册第八单元的口语交际——我们都来讲笑话。

其实，这一单元的口语交际相当难，因为学生会很难把握一个度——要不然就是"屎、尿、屁"都来了，要不就是会有一些骂人的话，或者一些不太合适的语言出现在课堂上。所以，教师们好像整整一节课都在解决这些问题。

那么，在这堂课上，我是怎么样把这些规避掉，而是把重点放在如何让学生提升口语交际能力上的呢？那前期就要做一些工作。让学生先去搜集一些笑话，在搜集前就要和学生约定好搜集的方向，比如说，报纸上、杂志上、笑话大全上、网络上等。但是我们搜集的内容应该和我们的生活相关，避免不良的不积极的内容。但是今天在课上我们还是会看到学生是很难辨别这些内容的，比如说"打豆豆"的那个笑话。学生会笑，但是一定也会有学生觉得有些残忍，觉得"豆豆"好可怜，我觉得这是非常好的正向的引导。

有很多人可能会认为，讲个笑话还要放在语文课上来学习吗？当然，能够给我们自己带来快乐，能够给别人带来快乐，能够给生活带来快乐，本身就是一个人与他人交际的很重要的能力。那么，如何去讲笑话并把握好分寸呢？我们的教材里讲得很清楚，比如说要熟记笑话的内容，要表现出笑话中人物的神态、语气和动作，克服口头禅，沉住气不要笑场等。这些都很好，但是我们发现在实际的操作中，学生自己归纳总结出来的比书上写的要更好一些。比如说要突出重点，不要伤害他人，要口语化一点，不要太快把每个字说清楚等。其实学生自己在互相提醒，在讲笑话或者听别人讲笑话的过程中，他们想到的这些点其实就是进行口语交际的练习时能力的提升。当他能够提醒别人，他自己就知道：哦，说话要有分寸。整节课下来，学生一直在欢声笑语中度过。当然由于时间的限制，有些学生没能上台讲有些懊恼。可是没有关系，我们依然觉得通过这一节课，他们学到了说话的边界感，学习了如何在整个群体当中讲一些好笑的、不伤人的，又能拉近彼此关系的话语。这才是口语交际带给我们最重要的启示，也是我们教学的重难点。

当然，这节课中倾听也很重要。认真倾听，用你的笑声对讲笑话的人表达感谢也是我们要学习的重点。这样，整堂课下来非常好地完成了口语交际的教学任务。谢谢大家！

---- 点　评 ----

### 有趣的灵魂，万里挑一

老付的课总是能让学生笑声不断。一节课好不好，看学生的眼睛就知道了。这节口语交际课，学生眼里有光，嘴角上扬，好不好，不用别人多说，学生的反馈早就给出了答案。

其实《我们都来讲笑话》是一节看似简单，却极容易"失控"的口语交际课。简单在于讲笑话学生都爱，兴趣很浓，课堂气氛很容易就会热火朝天。但是，真正在上课时，有很多教师就会遇到困难，很有可能一节课都在解决如何把握学生讲笑话的"度"。因为很多不适合的语言会让课堂失去控制，降低效率。付老师能在云淡风轻中把这个问题轻松解决，让课堂有趣而高效，给了我们很多启发和思考。

一、交流碰撞，言之有物

刚一开课，看到"讲笑话"这个课题，学生的兴奋之情就压制不住了，个个跃跃欲试。但付老师没有急着让学生大讲特讲，而是从解析主题入手——"我们"指的是谁？什么是"笑话"？这些看似简单的问题，却引领着去明确讲笑话和听笑话的主体人物，以及笑话的内容要如何选择。明确这些，才能将大方向把握好，让学生的表达能言之有物。

接着各小组讨论交流，明确讲好笑话的要求。讲笑话不是这节课的目的，讲好笑话才是重点！学生在交流碰撞中，不断发现、及时总结，最后把讲好笑话的要求和建议一项项提炼出来了。开课即进入学习状态，学生思维被打开，目标明确，有的放矢。

付老师的课堂上每一个问题都层层递进，每一个学习活动都环环相扣。这一个个学习任务，就形成了学习任务群，贯穿于整节课，让课堂充实且脉络清晰。这些学习任务也让每一个学生都很"忙"，"忙"着井然有序，"忙"得不断发现，"忙"着梳理总结，让每一个学生都参与其中。有任务、有发现、有思考、有收获，这是本节课给我们的第一个启发！

二、视频引路，言之有序

明确了内容和要求，其实很多学生可能还是仅仅在理论上会了。为了让学生在实操中也能顺利开口，付老师还是不急不躁，用观看一个笑话小视频的方式，让学生们关注如何讲好笑话，分析评价，汲取经验，再去讲。

别小看这个视频，它既是一个例子，又是一份建议、一个启发、一点思考。学生们在观看完之后，马上总结出讲好笑话的"秘诀"。付老师也把这些课堂上的"生成"写在了黑板上，为学生的实践做足铺垫，让学生的口语交际言之有序。这里的"序"，不光是语言连贯顺序，更是语言之间内在的逻辑关系。小小的"笑话"，想逗笑大家，可并不简单呢。"口语交际，例子先行；不讲通透，不急实践"，这是本节课给我们的第二个启发！

三、明确重点，言之有理

讲笑话还需要用一节语文课来上？提出这个疑问的人，可能本身没能抓住这次口语交际的教学重点。付老师的课把"如何在整个群体当中讲一些好笑的、不伤人的，又能拉近彼此关系的话语"这一目标作为教学重点，这就让这节课的意义深远。每个学生都要在集体中生活、成长，如何在集体中受别人欢迎或是享受快乐，说话的"边界感"很重要。付老师的课既让学生懂得如何在成长中有趣地表达，同时也让学生学会倾听，更让学生学会思辨，评价什么是"恰当的表达，积极的有趣"。

《义务教育语文课程标准（2022年版）》（后简称"课标"）明确指出："注意对象和场合，学习文明得体地交流。耐心专注地倾听，能根据对方的话语、表情、手势等，理解对方的观点和意图。"对照课标，本节课的教学重点设计得非常精准到位。明确了重难点，我们再看这节课的教学环节——让学生从"想说"到"能说"再到"会说"最后到"善说"，逐层突破，高效地达到了教学目标。

教材中有很多的提示："熟记笑话内容，表现出角色的神态、动作和语气，克服口头禅……"但是付老师不急于照搬教材，而是通过不断地观看、倾听和实践，让学生自己总结发现。善用教材而又不拘泥于教材，这是付老师的教学智慧；"以生为本，让学生站在教室中央"，这是付老师的教育理念。

### 四、贴近生活，言之有情

在"学生合作讲笑话"这一环节中，付老师融入了很多巧思，也让我们看到了学生思维碰撞所带来的美妙火花。联系生活，学生把生活中的事儿创编成了笑话，"笑谈老师衣服着火"这个小故事让全班都哈哈大笑。笑过之后，付老师做了两点：第一，付老师说可以把故事的主人公换为我们的班主任王老师，让学生去联系自己身边的人和事，贴近生活，发现生活中的乐趣；第二，付老师再深入点拨，提出问题——我们的生活为什么需要笑话？因为我们在愉悦自己的同时也可以愉悦他人；因为笑话可以让我们减轻一些焦虑和压力；因为笑话可以提醒我们要笑对生活。于此，这样的一节口语交际课又种下了乐观生活的种子，这种不着痕迹、润物无声的教育传递了一种积极乐观的生活态度。

有一句话很火："有趣的灵魂，万里挑一。"我觉得它很适合这节课，也很适合付老师。她用轻松风趣的教学用语让学生学会了丰富的表达，又用生动有趣的教学活动为学生的成长赋能。在这节课里，我们既看到了一个睿智风趣的师者，也看到了一群阳光开朗的学生，所以才有那么多有趣的灵魂在这里相遇，那么多思维的火花在这里碰撞，那么美的成长在这里发生！

# 《竹节人》教学实录及点评

点评：周运金

单位：珠海市香洲区第十九小学

**教学过程**

**一、激趣回忆玩具**

师：今天我想跟你们聊聊好玩的传统玩具，你们认识这些玩具吗？（出示传统玩具图片）

生：弹弓、手枪。

师：你们说，刚才这两样玩具，是男孩子喜欢多还是女孩子喜欢多？

生：男孩子！

师：比较阳刚，比较野性，那这个呢？

生：陀螺！

（师依次出示风车、纸飞机、"东南西北"等传统玩具，与生交流玩法）

师：这么多传统的、好玩的玩具，它们有什么共同的地方？

生：我发现它们有一个共同的特点——都是自己做的！

师：今天，我也想给你们介绍一个孩子们自己做的玩具，男孩女孩都喜欢，它就是……

生齐：竹节人！

## 二、通读感知课文

（出示课文内容，生读课文）

1. "我们小时候的玩具，都是自己做的，也只能自己做。"

师：刚才你们说玩具是自己做的没有问题，为什么只能自己做？

生：因为当时物资匮乏，没有那么多钱买玩具。

师：那时候家里没有闲钱用来买玩具，但是什么也阻挡不了一个孩子爱玩儿的心啊！

2. "只要有一个人做了一件新鲜玩意，大家看了有趣，很快就能风靡全班，以至全校。"

师：什么叫"风靡全班"？

生：就是很流行。

师：你开始玩儿，他也开始玩儿，全班都开始玩儿。那以至全校呢？你们是六几班？

生：六五班。

师：六五班特别时尚，你们开始玩儿，六一班、六三班、六四班都开始玩。直到一一班也开始玩儿，这就叫"风靡全班，以至全校"。

3. "把毛笔杆锯成寸把长的一截，这就是竹节人的脑袋连同身躯了，在上面钻一对小眼，供装手臂用。再锯八截短的，分别当四肢。用一根纳鞋底的线把它们穿在一起，就成了。锯的时候要小心，弄不好一个个崩裂，前功尽弃。"（师指导生读准"供"的读音）

师：考你们一个数学问题——到底要锯几截？要说出依据。

生：九截。因为文中说先把毛笔杆锯成寸把长的一截，再锯八截短的，一共就是九截。

师：同意的给他掌声。（生鼓掌）

4. "那一段时间，妈妈怪我总是把毛笔弄丢，而校门口卖毛笔的老头则生意特别好。"

师：妈妈为什么会怪"我"总是把毛笔弄丢呢？

生：因为"我"做竹节人时用了毛笔。

师：那告诉妈妈不行吗？

生：不行，因为那时候物资匮乏，要是让妈妈知道，肯定免不了挨骂。

师：可能不只骂，男孩子还会挨一顿打。我们读书，就要读出文字背后的意义。那为什么说"校门口卖毛笔的老头"生意特别好？

生：我们做竹节人要用毛笔，毛笔都用来做竹节人了，就得再去买毛笔。

师：咱们班多少人？

生：四十多个人。

师：竹节人风靡全班，那一人至少得有一支毛笔，这就得四十多支。全校多少人？

生：一千多人。

师：天呀，那就得一千多支啊！所以，卖毛笔的老头生意特别好！即使物资匮乏，即使那时候条件很差，即使家里很穷，可是什么也阻挡不了一个孩子爱玩的心！

5."教室里的课桌破旧得看不出年纪，桌面上是一道道豁开的裂缝，像黄河长江，一不小心，铅笔就从裂缝里掉下去了。"

师：什么时候"课桌破旧得看不出年纪"？这个课桌得用——

生：很多年。而且玩竹节人经常在桌上斗来斗去，划出了很多裂缝。

师：他的意思是说因为玩竹节人，这个桌子才会出现裂缝。不急，我们慢慢看。课桌破旧得看不出年纪，它一定比你的年纪大。你用过，兴许你的叔叔也用过，兴许你的爷爷都用过，这桌子是什么材质的？

生：木头的！

师：所以，才有了……

生：一道道的裂缝。

师：有了裂缝，才能去玩竹节人。这个裂缝有多大，请你拿出笔。想一想，在这样的一条一条裂缝上，你写起作业是什么感觉？

生1：写字时笔容易把本子戳破。

生2：笔会经常掉进裂缝里，上课还得去捡。

生3：画个等号也画不直。

师：不光是裂缝，其他地方也都是坑坑洼洼的。可就是这么破旧的桌椅，这么艰难的学习环境，也依然阻挡不了孩子那颗爱玩的心！

6. "仔细想来，那个发明竹节人的家伙，准也是坐这种课桌长大的。"

师："那个发明这竹节人的家伙"可能是你哥哥辈的，是你爸爸辈的，甚至是你爷爷辈的呢！你为什么叫他"家伙"？

生：因为这个"家伙"有一颗童心，所以叫他"家伙"。

师：虽然你年龄可能比我大得多，但想当年你玩儿竹节人时的年龄跟我现在是——

生：一样大的。

7. 竹节人手上系上一根冰棍棒，就成了手握金箍棒的孙悟空，号称"齐天小圣"，四个字歪歪斜斜刻在竹节人背上，神气！

找到两根针织机上废弃的钩针，装在竹节人手上，就成了窦尔敦的虎头双钩。把"金钩大王"刻在竹节人的胸口，神气！

师：为什么不写"齐天大圣"啊？

生：因为竹节人比较小，所以叫"齐天小圣"。

师：我们可不去抄袭齐天大圣，这可是属于我的"齐天小圣"。

（师指导生一起读出"神气"的感觉）

师：谁是窦尔敦？什么叫钩针啊？你知道吗？

（出示钩针和窦尔敦的照片）

师：妈妈用钩针钩一些生活小用品，这个钩针可是很容易坏的。但妈妈要丢的废物在我眼里可是宝贝啊，什么东西在孩子眼里都可能是玩具！

师：窦尔敦在我们中国的小说中是一个豪侠的形象，你们看他拿的刀是不是有些像钩针。

8. "用铅皮剪一把偃月刀，用铁丝系一绺红丝线做一柄蛇矛，给那竹节人装上，再挖空心思取一个更威风、更吓人、叫得更响的名号。"

师：为什么要起一个"更威风、更吓人、叫得更响"的名号呢？他叫"齐天小圣"，我叫"粉红小猪"？

生：不行，不行！你把这个名字起得更威风，才会引起别人的兴趣。如果是"粉红小猪"就太可爱了，没有神气感了！

师：之前的玩具都是自己玩的，而这个玩具是要干吗的？

生1：要比赛，要斗争的！

生2：那个时候的男孩子都非常崇拜古代的英雄人物，所以取英雄人物的名字来满足自己的喜爱之情。

师：是哦！这哪是普普通通的玩儿，这可是有文化有历史的玩儿啊！孩子那颗爱玩的心是谁也抵挡不住的！

9."咚锵咚锵咚咚锵！咚咚锵！"

（师指导生读出气势，读出节奏。生拍桌子打节奏，非常开心）

师：什么感觉？

生1：激动！

生2：非常爽！

10."下课时，教室里摆开场子，吸引了一圈黑脑袋，攒着观战，还跺脚拍手，咋咋呼呼，好不热闹。常要等老师进来，才知道已经上课，便一哄作鸟兽散。"

（师引导生摆出"一圈黑脑袋，攒着观战"的样子，指导生读准"攒""咋咋呼呼""一哄"的读音）

师：为什么老师进来才知道上课？铃声呢？

生1：因为学生玩得太高兴了，太吵闹了，听不见铃声。

生2：孩子们玩得太专心了，根本不知道上课了！

生3：他们玩得太投入了，即使听见了铃声，也不想把竹节人放下。

师：听见了也当没听见！（生笑）你们看，条件不好无所谓，没有玩具没关系，老师我也不怕了，什么也阻挡不了一个孩子……

生齐：爱玩的心！

11."上课了，意兴依然不减，手痒痒的，将课本竖在面前当屏风，跟同桌在课桌上又搏将起来，这会儿，嘴里不便咚锵。"

师：什么叫"嘴里不便咚锵"？

生：因为已经上课了，孩子们是偷着玩儿的，害怕一说话被老师发现了！

师：怎么偷着玩？把你的书竖起来试试。

(生模仿文中的孩子，竖起课本偷偷玩竹节人)

师：这个时候，可是偏偏……

偏偏后面的同学不知趣，看得入了迷，伸长脖子，恨不能从我们肩膀上探过来，被那虎视眈眈的老师看出了破绽。

老师大步流星走过来，怒气冲冲伸手一拂，"屏风"颓然倒了，一切秘密暴露无遗。不消说，费了许多功夫做出来的，建立了赫赫伟绩，鏖战犹酣的两个竹节人被一把抓去。

(生读文，师生一起重现课本中学生玩竹节人被老师发现的场景，生笑)

师：好可怜啊！我们再回过头看看竹节人是怎么做的。

(生一起读课文第3自然段，回顾制作竹节人的过程，体会制作竹节人的不易)

师：这样好不容易做成的竹节人，却被老师没收了，心里什么感觉？

生1：心疼，怨恨，好不容易做成的却被老师收了！

生2：心里突然凉了！

师：我回到家可怎么跟我妈交代啊！

生3：心酸，舍不得！

师：恨不得去一把抢回来！

生4：我觉得完蛋了！老师要是告诉我妈，才是真的凉了！(生笑)

师：那可真是凉透了，再也没有毛笔了！

生5：后悔为什么要上课玩竹节人。

师：更恨的就是后面那几个家伙，你伸什么脑袋？(师生齐笑)

12."只见老师在他自己的办公桌上，玩着刚才收去的那竹节人。双手在抽屉里扯着线，嘴里念念有词，全神贯注，忘乎所以，一点儿也没注意到我们在偷看。"

师：老师嘴里念叨着什么？

师生一齐：咚锵咚锵咚咚锵……

（师指导生读好"念念有词，全神贯注，忘乎所以"）

他脸上的神情，跟我们玩得入迷时一模一样。

于是，我跟同桌相视一笑，虽两手空空，但心满意足，轻手轻脚地溜了。

方才的那份小小的怨恨和沮丧化为乌有。

师：怎么就"相视一笑"了？

生1：因为我们看见老师也欣赏自己做的竹节人，所以被没收了也没关系。

生2：因为老师也爱玩竹节人！

师：我明白你的意思了，上课玩竹节人不是什么大错，"爱玩儿之心——人皆有之！"

生：他们觉得老师很可爱，因为老师也有一颗童心！

师：我发现了老师一个天大的秘密，从此，老师也变成了——那个"家伙"！

生1：第一，我觉得老师也玩我们做的竹节人，我们觉得很骄傲；第二，老师既然也爱玩竹节人，就不会把我们上课玩竹节人的事儿告诉家长了！（生笑）

生2：他们笑是因为觉得竹节人安全了，老师都爱玩，就不会被破坏，讨好讨好老师，没准儿还能要回来！（生笑）

师：这真是有谋略，厉害厉害！

### 三、完成制作指南

师：这篇课文的正文前有一段话，我们一起来读读。

（出示课文前的导读提示，生齐读）

师：你们看，根据不同的目的来读同一篇文章，方法是不一样的。比如第一个，写一个玩具制作指南。同学们，你们想做一个竹节人吗？

生：想！

师：可是你们的桌子也没有裂缝啊，有什么办法？没有什么能阻挡一个孩子爱玩的心。

生：可以把两张桌子并在一起，留一条缝！（生鼓掌）

师：有个问题，现在竹节人是"风靡全班"了，那我们要把六四班、六三班还有一一班也拉过来一起玩，就要写一个指南给他们。现在我们就写一份竹节人的制作指南，看看哪一段可以删掉。（出示课文内容）

（师生配合删去与竹节人制作无关的自然段，并修改润色每一句话，呈现出如下成果）

竹节人制作指南：1. 毛笔杆锯 3 厘米是身体；2. 上面钻一对眼，装手臂；3. 锯八截短的，做四肢；4. 用线把它们穿在一起。注意：锯时小心崩裂。

师：掌声送给自己，太了不起了！学习这节课，我们先是通读课文、正音。在通读的过程中，我们将如何做竹节人这一部分进行了细读。那我们是怎么写出最后的指南的呢？先对文字进行删减，再补充、替换、润色，就有了我们的竹节人制作指南。

### 四、发现阅读秘密

师：像今天我们这种阅读方法，就是带着一定的目的去阅读。当我们想要制作竹节人的时候，我们可以先通读文章，再找到相关的段落。

1. 出示强力枇杷露说明书。

师：当我有点咳嗽，身体不舒服的时候，需要看说明书的时候，我要不要这样——"强力枇杷露说明书，请仔细阅读说明书……"？（师从头读说明书，生笑）

师：我想知道的内容是什么？

生：这种药的用法、用量和禁忌，以及注意事项。

师：那我就该用扫读的方式先扫读一遍，关注我需要关注的信息，这就叫扫读加细读。

2. 出示《安徒生童话》目录。

师：今天我想看《皇帝的新装》，我应该怎么办？

生：找到你要看的篇目的题目，找到页数。

师：我还可以跳读，直接去读我想看的内容。

3. 出示报纸。

师：我给你们带来了《珠海特区报》，我该用什么方法读报纸呢？

生：跳读，直接读想读的文字！

师：如果我没有什么目的，那我应该怎么办？

生：先扫读一遍，看看有没有感兴趣的内容。

师：为什么不能通读？

生：内容太多，会花费很多时间。

师：我先用扫读的方法看看大标题，弄清哪些是我感兴趣的再进行细读，这就叫作有目的的阅读！同学们，今天教给你们的通读、扫读、跳读，阅读的速度是不一样的。它们一个比一个快，时间用得一个比一个短，但是最后指向的都是细读，这就是有目的的阅读。当你想要做些什么，写些什么的时候，我们就可以把没有用的先删了，再添，再改，再润。最后，送给大家一句话——有用才有用！这些阅读策略也是，在生活中不断地用，才有用！

---

## 点　评

### 立足语文核心素养，落实单元教学目标

《竹节人》是统编版小学语文教材六年级上册阅读策略单元的第一篇课文，本单元的教学目标是"教会学生有目的地阅读"这一阅读策略。付老师在这堂课中以策略为主线，让情感线并行，融入通读、扫读、跳读的策略，让学生在阅读中体会童年的乐趣，在实践中运用阅读策略以达到阅读目的。这堂课既有思辨性，又有趣味性，更有实用性，教学步骤环环相扣，循序渐进。在课堂上，学生听着听着就乐了，笑着笑

着就懂了……老付的这节课细细品来，令人回味无穷。

一、关注学情，拉近年代距离

付老师应该熟悉"竹节人"，因为她是"80后"。可学生知道"竹节人"是什么吗？也许只有为数不多的学生听过这三个字，但他们一定没有亲身感受过玩"竹节人"的乐趣。这种乐趣，可能三分来自玩的过程，七分是因为在那个物资匮乏、生活不富裕的年代，"竹节人"给予学生的巨大的满足感。

听这堂课的学生是21世纪的"10后"，他们生活环境比较优越，家里摆放着各种各样的玩具。想要更高级的玩具怎么办？家长买就是了。基于这样的学情，学生无法在自主学习中体会"竹节人"是什么，以及其特有的年代印记。付老师在课堂伊始，就关注到这个学情，并作了十分巧妙的引入。

付老师通过罗列一些传统玩具，引出"竹节人"。学生初步认识"竹节人"，知道它是一种传统玩具。随后，付老师抓住文中的语句"我们小时候的玩具，都是自己做的，也只能自己做"，引导学生品读"只能"二字，体会当年物资匮乏，只能靠自己制作玩具的无奈之情。这一步，拉近了学生与"竹节人"的年代距离，为品读整篇课文做了情感铺垫。到这里，学生兴奋了起来，仿佛回到了那个物资匮乏，快乐却很简单的年代。

二、目标明确，落实单元导向

本单元的目标是让学生学会有目的地阅读，本课又是该单元第一课。因此，《竹节人》的教学承担着本单元教学的导向重任。付老师的设计意图正是如此。在这个大目标的引领下，付老师设计了以下教学步骤，分别是：激趣回忆玩具、通读感知课文、完成制作指南、发现阅读秘密。

在"激趣回忆玩具"环节，付老师先与学生进行轻松愉快的话题交流。学生激动又认真，既想分享自己知道的传统玩具，又想了解自己不知道的那些玩具。欢乐而亲切的交流，奠定了这堂课"好玩""有趣"的基础。

在"通读感知课文"环节，付老师领着学生精读、细品。读到一些关键语句时，付老师会停下来提问学生，这也是本堂课的一大亮点。学生在付老师的提问下立足文本，深挖文本背后的秘密，逐步提升阅读的高度、广度和深度。

在"完成制作指南"环节，付老师带领学生实践了"制作竹节人"这一阅读目的。在师生配合下，他们删去与竹节人制作无关的自然段，并修改润色每一句话，呈现出如下成果：1. 毛笔杆锯3厘米是身体；2. 上面钻一对眼，装手臂；3. 锯八截短的，做四肢；4. 用线把它们穿在一起。注意：锯时小心崩裂。

读的目的是"制作竹节人"，所以读的时候只提取与"制作"相关的信息，这就是"带着目的去阅读"的具体做法。至此，学生恍然大悟。

在"发现阅读秘密"环节，付老师总结了"带着目的去阅读"的方法，并延伸到"读药品说明书""读目录""读报纸"等阅读情景，让学生发现阅读秘密，习得阅读方法。到此，课堂教学目标悄然"落地"。

### 三、循序渐进，边思考边阅读

付老师的课不光高效还很有温度——课堂上的提问循序渐进，学生的思维逐渐展开并有了深度。付老师在课堂上提的每一个问题，都能打开学生的思维。比如在此之前学生学过的"速读"策略，在读课文的时候很容易不假思索、一语带过，错过一些细节。当读到"把毛笔杆锯成寸把长的一截，这就是竹节人的脑袋连同身躯了，在上面钻一对小眼，供装手臂用。再锯八截短的，分别当四肢。用一根纳鞋底的线把它们穿在一起，就成了。锯的时候要小心，弄不好一个个崩裂，前功尽弃"的时候，付老师问学生："考你们一个数学问题——到底要锯几截？要说出依据。"学生听完立刻回读这个片段，加以思考。这其实是一个"埋伏"。到了文章后面，当学生读到竹节人被没收时，付老师又问："好可怜啊！我们再回过头看看竹节人是怎么做的。"学生立刻体会到文中的竹节人被"没收"时，学生心中的不舍之情。

付老师在课中还有很多精彩的提问，这些提问是这堂课最精彩的部分之一。付老师以问题驱动阅读，以文本训练思维，使学生学会边思考边阅读，提高了阅读力。

### 四、学有所得，提高核心素养

《义务教育语文课程标准（2022年版）》："义务教育语文课程培养的核心素养，是学生在积极的语文实践活动中积累、建构并在真实的语言运用情境中表现出来的，是文化自信和语言运用、思维能力、审美创造的综合体现。"就这一表述看，语文课程核心素养分为四个方面，即"文化自信""语言运用""思维能力""审美创造"。

这节《竹节人》让学生跨越了年代的鸿沟，对中国传统玩具重新燃起了热情。在付老师的引导下，学生充分思考，掌握了阅读策略，训练了思维能力；在制作竹节人的环节里，学生发挥想象力、创造力、审美力，制作出自己喜爱的竹节人；在师生交流的过程中，学生提高了语言运用能力。

这节课立足语文核心素养，落实了单元目标，在轻松有趣的氛围中扎实高效地达成了教学目标。

# 口语交际《同读一本书》教学实录及点评

点评：王　瑶
单位：西安市曲江第一小学

**教学目标**

1. 通过回读，选择适当的材料表达自己的观点。
2. 用"观点+理由"的方式，让观点更有说服力。
3. 学会倾听，分辨别人的观点是否有道理。
4. 通过讨论，联结生命，坚定内心的声音。

**教学过程**

一、聚焦难点，引出话题

1. 看数据，谈发现。

师：同学们，最近我们共同读了一本书，书的题目叫作《鲁滨逊漂流记》。在读了这本书的第一章之后，老师出了几道题，我们一起来看看答题的情况。

（出示答题情况，师圈出正确答案）

师：请认真看数据，你有什么发现？

生：第六题中选择 B 和 C 的人数差不多。

师：也就是说，第六题中选对的和选错的人数差不多。可是还有一道题，选错的人更多。

生：第七题选择 D 的只有一个人，这说明对的只有一个人。

师：你们发现了吗？第七题就是你们的难点，比第六题还要难。

2. 读题目，引话题。

师：咱们来看看第七题到底是怎么回事，谁来读读题？

（生读第七题题目。师出示图片）

师：我们来看看这个情节波（或者叫作心情波）。鲁滨逊本来是——

生：坚持自己的想法。

师：然后变得——

生：动摇。

师：最后又变得——

生：坚定。

师：有很多同学选了 C"内心动摇"，可是老师给的答案却是 D"更加坚定"。到底是真理掌握在少数人手里，还是我们的思想有偏差呢？出现分歧了，我们该怎么办呢？

生：回读一遍《鲁滨逊漂流记》。

师：她给了我们非常好的方法——回读。那就拿好你的笔，回读第一章，找到可以支撑你观点的理由并批注。

## 二、回读文本，寻找依据

1. 学生回读第一章内容并进行批注。

师：很多同学已经找到了自己的理由，但要想表达清楚自己的观点，一定要加上你的理由，这样说话才有理有据。那我们不仅要学会说话有理有据，还要学会能够听别人说话，判断对方说的话是否有理有据。请各小组之间互相讨论，在讨论的时候先说自己的观点是什么，再说自己的理由是什么。听清要求了吗？请开始小组讨论。

2. 学生小组讨论表达自己的观点,并陈述理由。

3. 学生交流观点,教师指导发言。

生:我的观点是"鲁滨逊是非常坚定的",请大家看第 9 页的第 8 自然段——"我被父亲的这番话深深地打动了,说真的,有谁能不为之感动呢?我决定听从父亲的意愿,再也不想着出去闯荡,安安心心地留在家里。可是,天哪,刚刚过了几天,我的决心就动摇了。为了避开父亲进一步的劝解,几个星期以后我决定离开家乡远走高飞。"在这一句中,他决定要离开家乡远走高飞,就是他非常坚定地想去航海。

师:他找到了一个词"决定"。"决定"和"想要"是不一样的,"决定"是"我"已经下定了决心,而"想要"是"我"只有这么一个想法。他是否做到了有理有据呢?

生齐:是!

生:请大家再看下面这一段话——"我现在已经 18 岁了,像我这样的年龄,不论是做学徒,还是学做律师都已经晚了。"这句话是说他已经 18 岁了,是我们现在的成年人了,他已经可以按照自己的想法去做了。

师:他找到了一个很重要的信息——年龄 18 岁,18 岁对你们来说意味着什么?

生:自由,摆脱了父母的束缚。

师:这种自由其实是你可以自己为自己负责任了,你可以为你的人生做选择了。掌声送给这位同学,有不同意见吗?

生:请大家看第 9 页——"我被父亲的这番话深深地打动了,说真的,有谁能不为之感动呢?我决定听从父亲的意愿,再也不想着出去闯荡,安安心心地留在家里。"这里他听了爸爸给他说的话,爸爸给他说:两个大哥哥,一个死在了战场上,一个下落不明不知死活。他肯定会想,在这样的情况下,我还要出去航海,会不会太自私了?

师:为什么他会觉得自己自私?

生:因为两个哥哥一个死了,一个也不见了,只有"我"还活在这个世上,只有"我"还能陪伴爸爸妈妈。

师：如果"我"再有什么意外，就会让这对可怜的父母连最后的希望都没有了。所以你认为鲁滨逊动摇了。有道理，掌声送给她！（生鼓掌）这是鲁滨逊第一次动摇，从想去到不想去了。既然是动摇，肯定还有摇摆，接下来发生什么了？

生："可是，天哪，刚刚过了几天，我的决心就动摇了。"这里说又过了几天，他就又想出去了。他18岁了，也正是叛逆的时候。他内心一直在摇摆，又想按照自己的想法来，又想听父母的话。

师：他觉得父母说的话很有道理，又没有办法忽视自己内心对自由的召唤，这就是动摇啊！掌声再次送给她！两位同学都提到了18岁，但刚才那位同学说"18岁自由了，可以自己为自己负责了"，但这位同学却认为"18岁刚好是一个心理动荡的时期"。你们觉得是否有理有据？

（生用掌声表示赞同）

生：在第8页到第9页间，父亲还说了很多，鲁滨逊也说："我必定会为未听他的劝告而后悔不已"。他们家只剩他一个儿子了，他走了父母肯定会认为他太自私，他自己也觉得再走了会为没听父亲的话而后悔。

师：所以动摇就是内心不断地改变主意和想法，这的确是动摇，我也被这位同学说得动摇了。这就是有理有据的魅力与力量，咱们再次把掌声送给她。

生：我的观点是"鲁滨逊的内心是坚定的"。请大家看第9页的最后两句——"我确信，无论我学什么，也绝不会学到出师的那一天，我肯定会中途就离开了，不等到期满就去航海"。从这里，我感到鲁滨逊还是想去航海，因为他觉得他不会再去认认真真学别的手艺，做什么都会半途而废。

师：他连未来的道路都已经想明白了——就算我听从了父母的话去做学徒，我最后也是半途而废。还有吗？

生："如果母亲愿意跟我父亲去说一说，让我出一次海，只要我回来对出海没了兴趣，我就再也不闹着出去，而且还会加倍地努力补回我损失的时间。"我觉得这里他就是想说服他妈妈让他出一次海，证明他还是要出海，所以他内心是坚定的。

师：连"妈妈"怎么告诫，"我"怎么去回话都已经想好了，这就是坚定。掌声送给她！

生：我的观点是"鲁滨逊更加坚定了"。请大家翻到第9页，"不过我并没有凭刚才决心的冲动就仓促行事，而是趁有一次看到母亲高兴的时候跟她说"。他把自己想出海的愿望告诉母亲，选择了母亲高兴的时候，并没有像刚下决心时那样冲动，那样随随便便就告诉父母。

师：为什么没那么冲动了呢？

生：因为这种时候父母可能更容易同意他出海。

师：也就是说，他连什么时间适合与父母谈判都想好了，内心是十分坚定的。掌声送给她！还有不同的观点吗？

生1：请大家看第1段，"我出生在英国约克市的一户富裕人家"。从这句话来说，他的家庭条件是比其他人要好很多的。"在这里，我本可以得到很好的托举，有望通过自己的勤奋和努力过上闲适、富裕、愉快的生活。"从这里来看，如果他不出海的话，他也是可以获得很好的生活的。我的观点是"鲁滨逊更加坚定了"。即使他有那么好的生活，但还是选择听从自己的意愿。

生2：刚才有同学说鲁滨逊的内心更加动摇了，书上是写到他的内心确实有那么一点动摇，但是几天后就烟消云散了。反而从这次动摇后，他更加坚定，从而想出了更多理由来说服自己的母亲和父亲同意自己出海。

师：那鲁滨逊到底是动摇还是更坚定呢？每个人都说出了自己的理由，我们一起来看看（指第7题心情波）——他从一开始就有想要出海的想法，到一直坚持去做，再到因为父母的话不断地产生动摇，到最后选择了出海。其实，他是有动摇的，但最后他还是选择听从内心的召唤。所以我们觉得 D 项更合适，我们一起来读一读 D 项。

生齐：面对父母对"我"的告诫，"我"内心更加坚定。

师：同学们，读懂《鲁滨逊漂流记》对我们有什么用？在生活中，你也会有很多的选择，也会有很多人给你告诫，他们可能是你最爱的父母，也有可能是最好的朋友，那你如何去面对自己的内心呢？

生：我觉得要遵从自己的内心。如果你觉得这件事情真的很重要，那就一定要听从自己内心的声音，而不是让别人来指指点点。刚才听了那么多同学说，他们的理由也很充分，我也觉得他们确实说得很有道理，也偏向于他的内心越来越坚定了。

师：我们再次把掌声送给这位同学，非常感谢你！这就是读书的魅力，这就是口语交际的魅力。一开始有那么多同学做错了，可是通过回读，我们的内心就更加坚定我们的选择了。如果从某一个片段来看，刚才这位女同学讲得特别好，鲁滨逊就是动摇了。可是如果从整章来看，我们发现他其实是更加坚定了。这也告诉我们，其实人生是一段旅程，你不要看自己的某一阶段，要用更长远的目光来看自己的一生，听你自己内心的声音。

**三、回归课本，思考话题**

1. 思考话题并批注。

师：在这本书中，不仅仅是我们探讨的第7题，有同学说第6题也有探讨的价值。原来一本书有这么多话题可聊，那关于这本书，我们还可以聊什么呢？请你把语文书打开，翻到第二单元的口语交际，拿着笔边读边画。对于一本书我们还可以聊什么？

（生边读边批注）

2. 交流梳理。

师：关于一本书我们可以聊什么呢？

生：有没有出乎意料，令人感到不可思议的情节？

师：请你将"不可思议"写在黑板上。（生上台板书：不可思议）

生：有没有什么地方让你觉得困扰，或是感到奇怪？

师："困扰"是指"我"真的不明白，和"不可思议"意思不一样。请你将"困扰"写在黑板上。（生上台板书：困扰）

生：如果鲁滨逊没有去航海，后面会是什么样的？

师：也就是——结局，请你写在黑板上。（生上台板书：结局）

生：这本书讲了一个怎样的故事？

师：这是这本书的情节，请你将"情节"写下来。（生上台板书：情节）

生：这本书为什么会那么吸引人？

师：将吸引加上问号写上去。（生上台板书：吸引？）

生：作者为什么要写这本书呢？

师：将"作者为什么写？"写在黑板上。（生上台板书：作者为什么写？）

生：看这本书的时候，有没有想到身边的其他人，把他们联系起来？

师：这个叫"联结"，请你写下来。（生上台板书：联结）

生：说说你对这本书有哪些新的想法。

师：非常好。就像你们刚才说的，我们以后在面临生活中的事情时可以动摇，但是要坚持内心的想法。这就是你们新的想法。（生上台板书：新的想法）

生：对哪个人物印象最深？

师：去写上"人物"。（生上台板书：人物）

生：怎样评价主人公？

师：将"评价"写上去。其实除了评价主人公，也可以评价里面其他的人物。（生上台板书：评价）除了书里介绍的这些，你觉得我们还可以讨论什么？

生：当鲁滨逊遇到风暴等危险的时候，他的内心是怎么想的？（生上台写：心里想法）

师：这涉及那些没写但是我们却可以猜出来的心里想法。

生：这本书对读者有什么启示？

师：太好了，写上"启示"。（生上台写：启示）你们太厉害了！

### 四、回顾小结，举一反三

师：今天我们上了一节口语交际课，题目是《同读一本书》。我们是怎么来学习的呢？在读完第一章后，我们先做了一些测试题，这些题目有情节的梳理，有人物的评价，有主题的探讨。在这些题当中，我们发现了一些问题，有的题同学们没有选出正确的答案。你们是怎样去再次讨论这个问题的呢？

生：回读。

师：当你想跟别人讨论一本书的时候，如何讨论得更深入？就是用"回读"。接下来我们跟别人讨论的时候要注意……

生：说出你的观点和理由。

师：这是表达的人要注意的，那听的人呢？

生：要学会判断别人说的是否有理有据。

师：在最后，我们交流了一本书可以探讨的内容（指向黑板）。原来一本书这么好玩儿，最开始你们看《鲁滨逊漂流记》看得很快，读得很平，现在有没有不同的感受？这本书该怎么读？

生1：除了自己细心地看，还可以跟同学分享和交流。

生2：读这本书的时候，可以读完一段想一想是什么意思。

师：非常棒，我们读书不能光读表面，更要深入阅读。今天的讨论让我们明白了一个非常重要的道理——阅读要走向生命。你在人生选择中可以动摇，但是你要对自己内心的选择更加地坚定！

## 点 评

### 在口语交际课为学生"赋能"

口语交际课是统编版小学语文教材中的一种独立课型，但是关于口语交际课的示范课例并不多。很多教师上口语交际课只是走走过场，追求表面上的热闹，甚至很多时候直接忽略了。

我们都知道，口语交际是听与说双方的互动过程，学生要在具体的交际情境中，学习倾听和表达，学习交流和沟通，学习应对不同的观点，学习合作的精神等。一节口语交际课，学生能获得这么多"能力"吗？答案是肯定的。付老师的这堂课，就让我看到了她是如何在口语交际课为学生"赋能"的。

一、依据学情，开启课堂

六年级下册第二单元的口语交际的主题是"共读一本书"。"一本书"，这个选题似乎会让教师觉得太大了，可以聊的角度太多了，四十分钟能聊得完一本书吗？这么大的范围我们聊什么？付老师告诉我们，"聊什么"，学生说了算。

这节课选了本册学生必读的书《鲁滨逊漂流记》。在学生初读第一章的基础上，付老师便从情节梳理、主题探讨、人物评价、写作手法等几个方面出了八道题，和学生一起梳理答案时，发现学生的疑点集中在一道题上。这样的评价监测就找到了令所有教师觉得非常难的"那个点"——究竟该讨论什么，也就是学生真的不明白的地方。这是真正的以生为本，以学定教。

我们来看看"这个点"——面对父母的告诫，鲁滨逊的心情发生了一定的变化。如下图，我们从中发现了什么呢？这里有一个N型波，四个选项是鲁滨逊不同的心境，大部分学生觉得他是动摇了，可正确答案却是鲁滨逊的内心是坚定的。这道题设计得太妙了，妙在心情波明明是起伏动荡的，但最后的答案却是"坚定"。这样的矛盾之处恰恰才能触及问题的核心。也正是这样一个看似矛盾的开放的话题，激发了学生探索的欲望，让我们看到了他们出色的讨论。

二、巧用策略，有理有据

这是一节口语交际课，重在指导学生的口语表达，也就是如何去交流，但交流的内容一定要与书有关。付老师给学生的第一个支架是回读。在这个支架中，学生用笔在书中不停地进行批注，去找自己的理据。

这个时候她又给了第二个支架，即在表达的时候不仅要有自己的观点，更要有自己的理由，这就是有理有据。这也是本单元口语交际的重点和难点。就是这样一个"观点＋理由"的小贴士让学生的表达更有说服力了。除了自己的表达要有理有据，付老师还教给学生在听别人的观点和理由时，判断别人的观点是否有理有据的方法，倾听和表达一样重要。

课程的最后是第三个学习支架——用默读的方法去梳理"一本书还可以去聊哪些方面"，并在黑板上用思维导图的形式展示出来。通过前面的铺垫，学生陆续找到了情节、联结、写作目的、人物、评价、启示等十几个可以探讨的话题。

借助《鲁滨逊漂流记》这样一个载体，学生就完成了"回读—找观点，找理据—分析判断—思维拓展"这样一个完整的训练过程。这个过程中，学生不断重复交替使用学习支架。这样的训练让学生在后面的整本书阅读中也能不断运用学到的阅读策略和方法，从而具备独立阅读的能力。付老师教给学生的方法，让我看到了她对学生最深沉的爱——就是帮助他们成为独立的阅读者，当他们离开这节课，离开这个教师，离开共同讨论的同伴时，依然可以在阅读中独立地思考。

### 三、课堂归还，学生主场

整个课堂上，学生在交流的过程中，我看到了很可贵的两点。

第一，每一个上台交流的学生，付老师都给了对方足够的尊重。我观察到她会俯下身子认真地听，会帮学生扶着书本，举着话筒……不要小看这些细节，正是老师的尊重让孩子们站在台上有了自信和底气，敢于去发表自己的观点。这是一个老师在尽全力帮助学生表达和成长。学生的回答精彩纷呈，付老师在这个时候却选择退在一边，把"舞台"彻底交给学生。有理有据就有发言权，这是多么难能可贵的"放手"。

第二，学生的交流不仅仅是上台发言，还包括同伴之间的交流。付老师的这节课大约有一半时间是学生以小组合作的方式相互学习和交流，付老师穿梭于每个小组之间进行指导。这样的"交流"才是口语交际真实发生的关键，学生的思维才得以碰撞、互动和分享，深度学习才得以发生。

### 四、赋予能量，相信自己

听过多节付老师的课，让我印象最深也最感动的地方在于每节课她都给予学生心灵上的那种"能量"。

在我看来，这节课绝不仅仅是一节口语交际课。学生在讨论和交流时随着鲁滨逊的心情一起在摇摆，跟他一起经历了从动摇到坚定的心理路程。他们和鲁滨逊一样，想要为自己人生做选择的"自由"，但又体恤父母，害怕自己过于"自私"；想按照自己的想法，又想听父母的话；去思考怎么回复母亲的"告诫"，又想弄明白自己未来的道路。最后，和他一起去听从自己内心真实的意愿。

这哪里只是鲁滨逊的心理路程啊，学生和老师，甚至我们每一个观课的人都经历了这样的动摇到坚定。这堂课给学生的力量是无法估量的。在以后的人生中，在某一个被别人怀疑的瞬间，当别人劝阻你不要去做的时候，你是否还愿意相信自己？

阅读要走进生命，如果光是看鲁滨逊内心的动摇，那读这本书是毫无意义的。我们每个人的人生中会有很多的选择，我们可以动摇，但是永远不要忘了自己内心的召唤，要更加坚定地听从内心的声音。这是多么可贵的阅读体验啊！

付老师给口语交际课"赋能"，回读、有观点有理据地表达是她赋予学生的阅读"能力"，而更加坚定地听从自己内心的声音则是她赋予学生的无穷的"能量"！

# 教学设计

"颠倒"的世界,真好笑!
——"和大人一起读"整本书阅读导读课教学设计

跨越你生命中的"龙门"
——《小鲤鱼跳龙门》整本书阅读交流课教学设计

童话比真实世界更真实
——《安徒生童话》整本书阅读交流课教学设计

............

# "颠倒"的世界，真好笑！
## ——"和大人一起读"整本书阅读导读课教学设计

**教学目标**

1. 教师通过师生配合读、拍手读等多种形式带领学生读童谣《颠倒歌》，激发他们的阅读兴趣。

2. 教师借助插图，联结生活，带领学生理解童谣的内容。

3. 教师引导学生发现《颠倒歌》的特点，并尝试创编"颠倒歌"。

**教学重点**

教师通过师生配合读、拍手读等多种形式带领学生读童谣，激发他们的阅读兴趣，让他们理解童谣的内容。

**教学重、难点**

发现《颠倒歌》的特点，并尝试创编"颠倒歌"。

**教学过程**

### 板块一：走进封面，认识"颠倒"

1. 同学们，今天跟我一起读读童谣。

2. 谁和大人一起读呢？（学生回答"自己"）
3. 教师带学生看目录，引出《颠倒歌》。
4. 学生自己试着说一说"颠倒"的意思。

| 设计意图 |

　　一年级的导读课重在激发学生的兴趣，教师在上课伊始就可以以聊天的方式一步步把学生引到要学的童谣之中，并且让学生试着用自己的理解说一说"颠倒"的意思。接下来的教学环节，学生也可以通过阅读来印证自己的理解和想法，激发出自身的想象。

## 板块二：趣读童谣，熟悉"颠倒"

1. 教师逐句带读，学生跟读。（边读边鼓励）
2. 请同学们借助拼音把童谣读两遍，开始吧。
3. 我可要看看你们读的情况，老师读红色部分，你们读蓝色部分。

| diān dǎo gē　shuō diān dǎo<br>颠 倒 歌，说 颠 倒，<br>shí liu shù shàng jié hóng táo<br>石 榴 树 上 结 红 桃，<br>yáng liǔ shù shàng jié là jiāo<br>杨 柳 树 上 结 辣 椒。<br>chuī zhe gǔ　dǎ zhe hào<br>吹 着 鼓，打 着 号。<br>mù tou chén dào dǐ<br>木 头 沉 到 底，<br>shí tou shuǐ shàng piāo<br>石 头 水 上 漂。 | xiǎo jī diāo le tū lǎo yīng<br>小 鸡 叼 了 秃 老 鹰，<br>lǎo shǔ zhuā zhù dà huā māo<br>老 鼠 抓 住 大 花 猫。<br>nǐ shuō hǎo xiào bù hǎo xiào<br>你 说 好 笑 不 好 笑。 |
| --- | --- |

现在我们换过来读一读，你们读红色部分，我读蓝色部分，敢挑战吗？

4. 同学们不仅能把童谣读正确，还读得有滋有味！读了两遍之后，老师还想提高难度，咱们这次拍手读。（生边拍手边读）
5. 看来拍手也难不倒你们，那咱们试试左手拿书，右手拍桌子，先看老师做动作。

6. 咱们读了这么多遍，童谣里的一些事物被老师藏起来了，你还能找到它们吗？（生边读边填空）

> 颠倒歌，说颠倒。
> （　　）树上结红桃，
> 杨柳树上结（　　）。
> 吹着鼓，打着号。
> （　　）沉到底，
> （　　）水上漂。
> 小鸡叼了（　　），
> 老鼠抓住（　　）。
> 你说好笑（　　）。

7. 原来，我们可以用这么多的方法来读童谣，这多有趣啊！我们可以自由读，拍着手读，带着动作读，和大人一起读等等，在读其他童谣的时候也可以用上这些好方法。

| 设计意图 |

在"用多种方式读童谣"这个环节，教师要注意趣味性和层次性，采用的方式不应该是传统的反复读，而应该是不停地变换形式，比如师生配合、加动作、变音量、变顺序等等，难度也应该是从易到难。这样学生易于理解和接受，也更有兴趣学习童谣。

## 板块三：联结生活，理解"颠倒"

1. 读了这么多遍《颠倒歌》，我发现好多同学都在笑呢！同学们，你们觉得这首童谣哪里好笑呀？

生：木头沉到底，石头水上漂。

师：为什么呢？

生：应该是"石头沉到底，木头水上漂"。

师：呀！可真有趣。

师：你还觉得哪里好玩呢？

生：老鼠抓住大花猫。

师：你觉得这好玩，是吗？为什么？

生：本来是大花猫抓住老鼠，可现在变成老鼠抓住大花猫，太有意思了！

2. 师：瞧，咱们班的同学可真聪明，一下子就发现了《颠倒歌》的秘密，"颠倒"就是……

生："颠倒"就是把事情反过来。

3. 同学们，咱们了解了什么是"颠倒"，现在让我们一起去说说生活中的例子吧！我说一句话，你们帮我颠倒过来。"同学写作业。"怎么颠倒？

生：作业写同学。

师：再来一个——"宝贝吃晚饭"。

生：晚饭吃宝贝。

| 设计意图 |

在这个环节中，教师首先要让学生通过反复读来理解"颠倒"的含义，让学生有自己学到知识的成就感；在理解童谣内容之后，让学生在理解的基础上创编儿歌，把学到的知识再运用；最终将整本书阅读的过程层层推进，由学到用。

## 板块四：课外补充，拓展"颠倒"

1. 同学们，经过咱们这么一"颠倒"，这便是属于我们自己的"颠倒歌"。其实，像这样的颠倒歌还有很多呢！你瞧：

东西街，南北走，十字街头人咬狗。拿起狗，打砖头，又怕砖头咬了手。

2. 精彩继续，再看一首，和老师一起读：一个老头七十七，娶个老婆八十一，生个儿子九十九，得个孙子一百一。

3. 今天，我们用了这么多方法读童谣，现在你可以在读过的三首童谣中选一首你最喜欢的，可以找小伙伴合作读，可以找沈老师合作读，还可以拍手读……当然你也可以唱一唱，咱们赶紧练练吧！

4. 学生展示读儿歌的不同形式。

5. 同学们，读童谣好玩吗？像这样有趣的童谣都在这本书里。今天老师给大家一个小任务：既然是和大人一起读，让我们用上今天读童谣的方法，回去把《颠倒歌》读给大人听吧！

| 设计意图 |

低年级的整本书阅读教学还是要以"引起学生的好奇心，激发学生的阅读兴趣"为主。本节课做到了生生配合、师生配合。这在增添课堂趣味性的同时，也教会了学生如何合作交流、如何合作完成任务等等。对于读童谣，每个学生都有自己独特的读法和思考。如果这些想法产生碰撞，就会给学生新的启发。

# 跨越你生命中的"龙门"

## ——《小鲤鱼跳龙门》整本书阅读交流课教学设计

**教学目标**

1. 教师引读故事，让学生理解故事含意。
2. 教师引导学生借助情节绳，理清故事内容，试着把故事讲完整。
3. 通过目录，教师引导学生寻找有意思的故事，激发其阅读兴趣。

**教学重难点**

1. 教师引导学生借助情节绳将故事讲完整，讲有趣。
2. 教师引导学生通过层层推进的提问，理解故事含意，懂得"每个人的龙门都不同，你不一定要到别人认为的龙门"的道理。

**教学过程**

### 板块一：开门见山，引出故事

（板书：小鲤鱼跳龙门。板画：鲤鱼和龙门）

1. 师：同学们，我们二年级上册的"快乐读书吧"提到的书中第一本就是《小鲤鱼跳龙门》。（PPT展示）那小鲤鱼究竟有没有跳过龙门呢？

2. 师：今天你们再来认真地听一听老师讲这个故事吧。你们可以翻开书来看，但老师有个小要求，请大家认真倾听老师讲故事。

| 设计意图 |

　　对于二年级学生而言，能够听懂别人说话是一种非常重要的能力，而《小鲤鱼跳龙门》又是有难度的长故事，教师只要把"听读"能力的训练融入故事讲授中，就降低了学生的阅读难度，培养了学生的能力。

## 板块二：听读故事，感知内容

1. 古老石桥。

在那个美丽的小村庄呀，有一条领头的小鲤鱼……这条小鲤鱼真的从桥这边跳到了桥那边去了。（师读故事）

师：小鲤鱼的第一跳究竟跳过的是什么呢？

预设：古老的石桥。

2. 故事中的故事。

远远地，就听到一条老鲤鱼在叫它们……可是谁也没有跳过去。（师读故事）

师：老奶奶给小鲤鱼们讲了一个故事，什么故事呢？

预设：小鲤鱼跳龙门。

师：这个故事，和整个故事构成了"故事中的故事"。（板书：故事）这么好听的故事，这些小鲤鱼会问奶奶什么呢？小鲤鱼，你会问什么？

预设1：龙门究竟有多高呀？

预设2：龙门是在南边还是东边？是在北边还是西边？

小结：是啊，因为你也想跳过去，因为你也想成为一条在天上呼风唤雨的龙啊！别看你是一条小鲤鱼，你可是一条有梦想的小鲤鱼。

3. 坚定信念。

那金色的小鲤鱼也和你们一样在问："我能跳过去吗？"……鲤鱼奶奶摇摇头说："这我可不知道。"（师读故事）

（1）小鲤鱼们，你们刚才说想成为一条呼风唤雨的龙，可是你们知不知道龙门在哪？奶奶可是我们最喜欢的人啊，她一定不会骗我们的，那你还要不要跳？为什么？

预设：要，因为我要实现自己的梦想。

领头的金色小鲤鱼……可是我跳过去还是要回来的。（师读故事）

（2）他什么意思呀？

预设1：怕被奶奶责骂。

预设2：会让家人担心。

金色小鲤鱼瞧瞧他，不满意地说："那你干脆别去。"……向上游总可以找到龙门的。（师读故事）

（3）同学们，你们觉得它们能不能找到龙门呢？

预设：我觉得不可能，它们都不知道龙门在哪边。

师：那小鲤鱼们是往哪个方向找的？

预设：向上。

小结：只要你不断地向上向上，你肯定会找到属于你的龙门。

4. 螃蟹支持。

于是这群小鲤鱼……把拦路的水草，剪掉了。（师读故事）

师：同学们，为什么螃蟹要帮助小鲤鱼呢？（板画：螃蟹）

预设1：因为它们想要跳龙门，螃蟹想帮它们实现梦想。

预设2：螃蟹被它们这种精神感动了，想要帮助它们，支持它们。

师：是啊，别看你就是一条小鲤鱼，有梦想，谁都了不起。

5. 大铁桥。

小鲤鱼们向大螃蟹……横跨在远处雾气弥漫的河面上。（师读故事）

师：这是龙门吗？（板画：大铁桥）

6. 大鱼嘲讽。

小鲤鱼们不知道……带着鱼娃娃离开了。（师读故事）

师：同学们，小鲤鱼们遇到了一条大鱼，它更有经验，它告诉了你们自己的经验。你们还要不要去找龙门呢？（板画：大鱼）

7. 龙门水库。

河水更深了……它们相信这才是真正的龙门。（师读故事）

师：龙门和之前的大铁桥有什么区别？

小结：大铁桥可以从桥洞里钻过去，而龙门只能跳过去。

8. 跃过龙门。

金色小鲤鱼……自己也被弹了过去。（师读故事）

师：所以小鲤鱼们，想要越过龙门，光靠蛮力是不行的，你还要……

小结：借助他人的力量，齐心协力。

9. 夜明珠。

在龙门那一边……那就是传说中的夜明珠。（师读故事）

师：这发亮的是什么？

小结：你瞧！这就是夜明珠，是稀有的宝石，在夜晚会发光。燕子很棒哦！它把灯称为夜明珠，是在保护小鲤鱼的梦啊！

10. 自己的龙门。

小鲤鱼们说……龙门水库。（师读故事）

师：小鲤鱼们究竟有没有跳过龙门？

预设：没有。

小结：每个人定义的龙门不同，你不一定要到别人认为的龙门。只要你通过努力，不放弃，去到你想要去的龙门，那就是龙门。哪怕它是龙门水库，它也是你的龙门。

| 设计意图 |

教师在关键位置处进行提问，其实是为了层层推进阅读的深度广度，给学生心灵上的冲击，让阅读绽放光芒，真正走进学生的心灵。学生的思维能力也在层层递进的询问中得到培养提高。

## 板块三：巧搭支架，趣讲故事

1. 同学们，这么好的故事不能只有我们听，回家后我们还要把这个故事讲给我们的爸爸妈妈听，让他们也听听。请你回到书中，再读一读吧。

2. 学生默读故事。

3. 请学生讲故事。（生讲故事，师顺势指导）

师：你们看，我们把故事里这一幅幅关键的插图串联起来，它们便成了一条情节绳。咱们借助这条情节绳，就可以把故事讲得很完整了。如果我们在讲故事的过程中加入人物的对话、动作等，就可以把故事讲得更加生动有趣了！哪位同学想再来试一试？

4. 学生绘声绘色讲故事。

| 设计意图 |

二年级的语文阅读教学中，其中一项重要的教学目标就是让学生学会把故事讲完整。整本书的阅读教学，同样是在阅读目标的指引下，要让学生的语文能力不断提升。教师可以借助简笔画，将其串联成一条情节绳，让学生将故事讲完整，讲生动，学生的能力会在这个过程中得到提高。

## 板块四：关注目录，推进阅读

1. 同学们，像这样的故事还有很多很多呀。（展示：目录）

2. 你觉得哪个故事最有意思呢？

3. 书里面还有很多有意思的插图，回去以后，你可以像老师带你们讲故事一样，先读几遍，再把插图连一连，形成一条情节绳，下节课可以一起分享你们读的故事。下节课我们就一起来聊一聊"什么是骄傲""什么是神奇的小镜子"，这堂课我们上到这里，再见！

| 设计意图 |

二年级的学生已经能看懂并会使用目录，教师可以借助目录激发学生接下来的阅读兴趣。同时，这也是整本书教学与单篇教学的区分点。让学生利用这堂课学会阅读整本书的方法，以"一篇带多篇"的形式继续阅读这本书里的其

他故事。这样由扶到放，可以让学生更有效地进行阅读。

[板书设计]

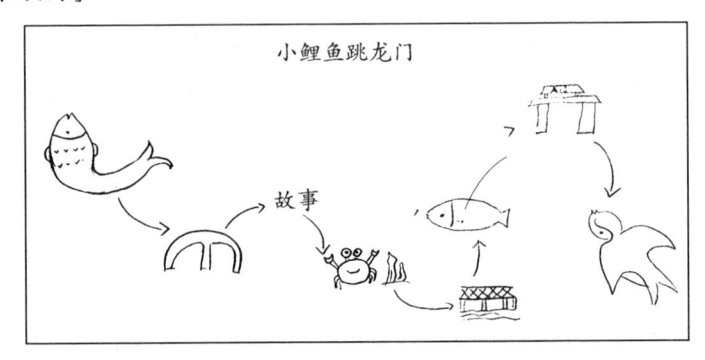

# 童话比真实世界更真实

## ——《安徒生童话》整本书阅读交流课教学设计

**教学目标**

1. 学生会用情节绳梳理情节,借助情节绳简单地讲故事。
2. 学生通过核心话题——选择,走进人物的内心世界,读懂童话蕴含的道理。
3. 学生能把自己融入故事中,设身处地、感同身受地阅读童话。

**教学重点**

学生会用"情节绳"梳理情节,借助"情节绳"简单地讲故事。

**教学难点**

学生通过核心话题——选择,走进人物的内心世界,读懂童话蕴含的道理。

**教学过程**

### 板块一:看目录,说发现

1. 同学们,你读过安徒生的哪些童话故事?(生自由说)

2. 咱们班同学读了那么多安徒生童话故事，他的故事就藏在你手中的这本书里。咱们今天就来聊一聊这本书——《安徒生童话》。打开这本书的目录，仔细瞧一瞧，你有什么发现？（这本书分为三组童话）

3. 我们的编者把这本书分成了三组故事，今天咱们就先来看第三组的第一个故事，故事的名字叫作《老头子做的事总是对的》。

| 设计意图 |

　　叶圣陶先生说："读书先看目录，看一遍至少对于全书有了概括印象，进而能对阅读材料作出取舍。"不管读哪本书，教师都要引导学生学会看目录。通过看目录，学生会发现三组故事都是各自围绕某个主题组合在一起的，这样能更好地帮助学生进行阅读。

## 板块二：情节绳，学梳理

1. 活动一：摆一摆

（出示：那两个英国人不久就知道了老农人是怎样用一匹马换了一头牛，以及随后的一连串交换，一直到换了一个烂苹果为止的事，这都是他自己亲口讲出来的。）

师：唉，老农人换的一连串东西都是什么呢？（生边说边摆一摆）

（提示：从前有一个老农人，他想去市场上换点东西，他首先把马换成了牛，接着把牛换成了羊，羊换成了鹅，鹅又换了鸡，最后把鸡换成了一个烂苹果。）

师：你瞧，黄老师把老头子前后换的东西用一条"绳子"串联了起来，这就变成了一条情节绳。如果你是老头子，你能根据这条情节绳简单地讲讲这个故事吗？

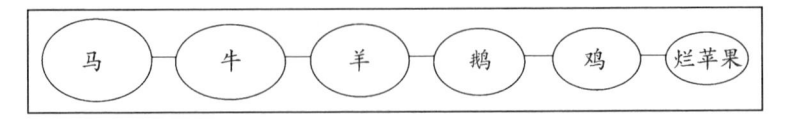

马 — 牛 — 羊 — 鹅 — 鸡 — 烂苹果

2. 活动二：辩一辩

师：这两个英国人听了这件事，他们两个还为此打了一个赌，我们一起来看看。

"回到家里，你的老婆准会结结实实地打你一顿！"那两个英国人说，"她一定会跟你吵一阵子。"

"我将会得到一个吻，而不是一顿痛打。"老农人说，"我的老婆会说：'老头子做事总是对的。'"

"我们打一个赌好吗？"他们说，"我们可以用一桶金币来打赌！"

"一斗金币就够了。"老农人回答，"我只能拿出一斗苹果来打赌，但是我可以把我自己和我的老婆加进去——我想这加起来可以抵得上一斗金币吧。"

师：两个英国人和老头子在赌什么？（两个英国人认为老头子会被老婆子结结实实地打一顿）

师：他们用什么来赌？（两个英国人用一桶金币，老头子用烂苹果、老婆子，再加上自己）

师：最后谁赢了？请一位同学上来摆一摆，赢了应该怎么摆？（生摆天平，师指导：赢的一头更重）

| 设计意图 |

教师通过"找一找""讲一讲"等教学活动，将老头子先后换到的东西串联在一起就变成了一条情节绳，学生可以借助情节绳梳理故事。在梳理故事的基础上，教师可以借助天平让学生"摆一摆"，为学生读懂"老头子为什么这样选"做铺垫。

## 板块三：揭主题，巧联结

1. 师：老头子把马最终换成了烂苹果，多亏本的买卖呀！他怎么还赌赢了呢？咱们还得去故事里找找答案。昨天咱们已填写了学习单，请你和小伙

伴们一起交流交流——老头子每一次换东西的理由是什么呢？（生交流）

2. 学生交流分享。

3. 师生合作读。

"你袋子里装的是什么？"老农人问。

"烂苹果，"伙计说，"一袋喂猪的烂苹果。"

"这堆东西可不少！我倒希望我的老婆能见见这个世面呢。去年我家棚子旁的那棵老苹果树只结了一个苹果。我们把它保存起来，它待在碗柜一直到干得裂开为止。'那总算是一笔财产！'我的老婆说。现在她可以看到一大堆财产了！是的，我希望她能看到。"

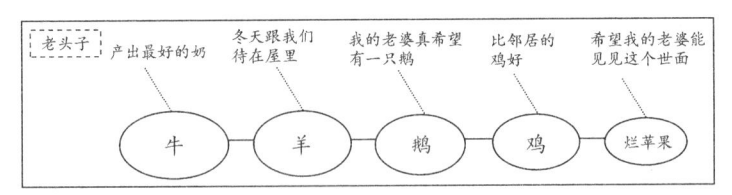

```
老头子  产出最好的奶  冬天跟我们   我的老婆真希望  比邻居的  希望我的老婆能
              待在屋里     有一只鹅        鸡好      见见这个世面
         牛 ─── 羊 ─── 鹅 ─── 鸡 ─── 烂苹果
```

4. 师：你看，在老头子心里，他想让老婆子看到一大笔财产，所以他就把鸡换成了烂苹果。你瞧，老头子先后换到的东西有牛、羊、鹅、鸡、烂苹果，这是老头子的选择。在老头子一次一次的选择中，老婆子又是怎么说、怎么想的呢？别着急，故事里有答案。打开书第153页，自己去读一读。老婆子的每一次选择是什么？

5. 学生交流老头子每一次选择后老婆子的想法，完成鱼骨图。

师：你瞧！上面是老头子的选择，下面是老婆子的选择。比较一下，你发现了什么？（生说发现）

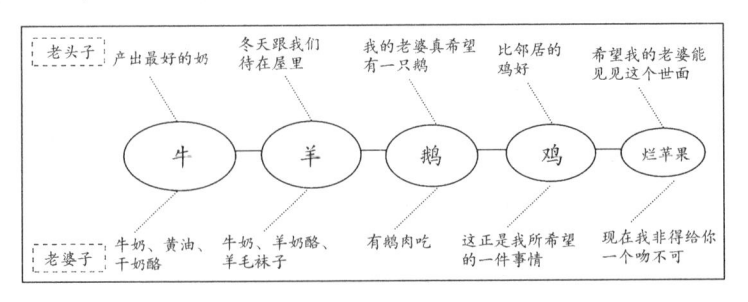

```
老头子  产出最好的奶  冬天跟我们   我的老婆真希望  比邻居的  希望我的老婆能
              待在屋里     有一只鹅        鸡好      见见这个世面
         牛 ─── 羊 ─── 鹅 ─── 鸡 ─── 烂苹果
老婆子  牛奶、黄油、  牛奶、羊奶酪、  有鹅肉吃     这正是我所希望  现在我非得给你
        干奶酪       羊毛袜子                   的一件事情      一个吻不可
```

6. （出示：虽然老头子老是走下坡路，却总是很快乐。这件事本身就值钱。生齐读）

师："虽然老头子老是走下坡路"，他到底为什么在走下坡路？

提示：老头子换的东西越来越亏。

师：他换的商品的价值虽然变得越来越低，但是他们一家人"总是很快乐"。这个快乐不是你的快乐，不是我的快乐，不是他的快乐，而是老头子和老婆子的快乐。师：孩子们，我们每个人的心中都有一杆秤，回到现实生活中，你会选择金钱，还是会选择像老头子、老婆子一样获得快乐呢？（生交流）

7. 小结：其实在我们的生活中，选择无处不在——小到我们今天吃什么，大到一个重大的决定。也许在别人的眼中，我们的选择很傻、很可笑，但是在那时那刻，对于我们而言，这就是最好的选择。你们的人生道路还有很长，黄老师希望你们在面对这样的选择时，可以再次想起这个故事，做出那个属于你的、对的选择。下课！

| 设计意图 |

在阅读单的指引下，学生分享交流：面对老头子一次次的选择，老婆子又是如何选择的？教师可以带领学生通过联系生活经验、比较老头子和老婆子的选择，将整本书的阅读层层推进，最后揭示主题。

# 关于神话，我们可以聊得更多

## ——《中国神话传说》整本书阅读交流课教学设计

**教学目标**

1. 运用情节泡，根据故事梳理女娲的形象。
2. 通过小组交流讨论，发现神话的特点。
3. 运用"提问"的阅读策略，提升学生的基本阅读力。

**教学重点**

交流讨论，发现神话的特点。

**教学难点**

和学生深入探讨，逐步解决学生的阅读困难。

**教学过程**

### 板块一：课内迁移聊形象

一、这个学期咱们学了一篇课文叫《女娲补天》，还记得吗？从这个故事里，你知道了什么？

预设：她炼五彩石补天，女娲的形象是人首蛇身……

预设：1. 故事的情节；2. 人物的形象；3. 神话的主题；4. 文章的表达。

二、引发进一步思考：她为什么是人首蛇身，而不是虎身、熊身？

蛇是会冬眠的，古人看到蛇冬眠，就以为它已经死了。可是来年春天，蛇又"活"了过来。在古人眼中，"蛇"代表着重生，具有神力，所以古人是很崇敬蛇的。现在大家知道女娲为什么是"人首蛇身"了吧！

| 设计意图 |

统编版小学语文教材四年级上册的阅读策略是提问。这堂课的开始，教师让学生根据熟知的课文《女娲补天》回忆故事中的女娲形象，并用提问的方式激发学生阅读的兴趣，为后面的学习做铺垫。

## 板块二：借助工具巧梳理

一、关于女娲的故事，还有很多。《中国神话传说》这本书的第二章《人类起源》里就有很多关于女娲的故事。大家都读过这本书，这本书从哪些方面介绍了女娲？

预设：1. 女娲的形象；2. 补天；3. 缔造婚姻制度；4. 女娲造人；5. 女娲的结局。

[板书设计]

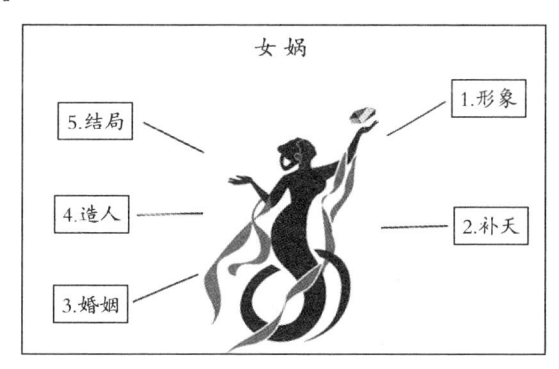

二、认真观察，你发现了什么？

预设：这些内容概括了女娲的一生。

小结：介绍一个人物时，你也可以用这种方法——先介绍他的形象，再介绍他一生中几件重要的事情，最后介绍他的结局。

三、同学们，这本书介绍了与女娲有关的五个方面的内容，你们最想聊哪一个？

预设：女娲的形象、女娲造人、女娲补天、女娲的结局、缔造婚姻制度。

| 设计意图 |

使用可视化思维工具——情节泡，梳理与女娲相关的内容，既给学生提供了支架，也教给学生表达的方法，提升了学生基本阅读力。

## 板块三：聚焦事件说特点

一、老师要跟你们聊一聊女娲一生中很重要的事——造人。请大家再回读一遍《女娲造人》这个故事，在四人小组里交流这个故事讲了什么内容，并完成"人物情节泡"。

二、从这个故事里，你知道了什么？

1. 女娲造了穷人和富人。

神话不同于民间故事，它通常是在非常庄重的场合，由大祭司郑重地讲出来。所以我们读神话，可不仅仅是读了一个神奇有趣的故事，我们还能知道祖先是如何解释人类社会地位差别的。（板书：解释）我地位高，因为我是女娲捏的；你地位低，因为你是女娲用绳子甩出来的泥点子。你看，神话在几千年前，还有帮助统治者稳定民众的作用。

2. 《女娲造人》与古希腊神话中的造人故事不一样。

古希腊神话中造人的神叫普罗米修斯。为什么普罗米修斯宁愿每天承受被秃鹫啄食内脏，也不肯把火种还回去？为人类造福。自己创造了人类，又怎么忍心人类受苦呢？

3. 女娲造人用到了什么材料？

黄泥。为什么是黄泥，而不是黑泥或者红泥呢？因为中国人是黄种人。神话故事可不是胡编乱造出来的，它是有合理性的。（板书：合理）

4. 女娲是从哪来的？

女娲是从大地中诞生的！为什么是从大地中，而不是从海洋中，或是从天空中？

咱们都说"大地母亲"，因为大地和母亲一样，都有孕育万物的能力。这也体现了神话故事的"合理性"。

5. 这些故事都被记载在了什么地方？

《抱朴子》《风俗通义》……这些都是典籍。如果你想了解这些神话故事的出处，就可以去查阅典籍。（板书：典籍）

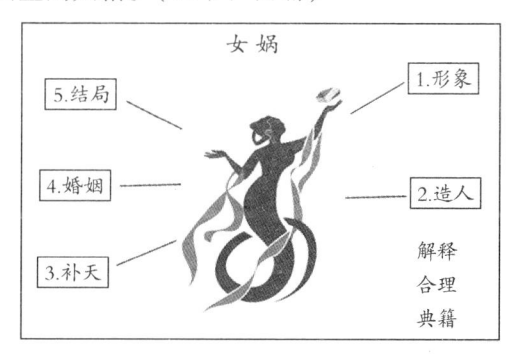

女娲
1.形象
2.造人
3.补天
4.婚姻
5.结局
解释
合理
典籍

| 设计意图 |

聚焦《女娲造人》这个故事，引导学生思考神话的两个特性——解释性、合理性，同时强调一种了解故事出处的办法——查典籍。神话故事有解释作用，

能满足当时人们的好奇心。神话也有合理性，不是胡编乱造出来的。此时学生对神话的兴趣会愈发强烈，想要知道更多的神话故事。去哪儿找神话故事？办法就是查典籍。让学生学习一种方法，学习一种思维，学习一种路径，目的是让他们能够读这一类的书。这就是"以少为多，以慢为快"。

## 板块四：运用策略广拓展

这些知识是课文单篇《女娲补天》里没有的。我们通过阅读整本书，就可以获得关于女娲的这些信息。读到这里，你还有什么疑惑呢？

预设：

1. 为什么女娲要造人，而不造动物？
2. 为什么这里说"中国神话更符合女性生育孩子的现实经验"？

……………

小结：通过今天的交流，我们发现神话可不仅仅是神奇和有趣，盘古开天地的创世，女娲造人的人类起源……神话里面还藏着好多祖先留给我们的文化基因密码。下节课，我们继续聊聊神话里的英雄——黄帝。

| 设计意图 |

学生读完神话故事，可能不只对其神奇的内容产生兴趣，还会产生许多疑惑。这正是实践"提问"这一阅读策略的契机。聊到兴起时，教师突然中止话题，学生的阅读兴趣会再次达到高点。课上已经教授了阅读这类故事的方法，至此，教师可以引导学生用学到的方法继续阅读，将整本书阅读延展到课下。

# 民间故事中的"她"力量

## ——《中国民间故事精选集》交流课

**教学目标**

1. 交流阅读单,梳理《牛郎织女》等故事的内容,发现、总结四个故事的特点。

2. 重读《孟姜女》,聚焦孟姜女这一人物,体会四大民间故事中女性主人公的形象。

3. 结合材料,了解民间传说的特点。

4. 联系生活及文本,品评孟姜女的成败,感受民间故事中的"她"力量。

**教学重点**

梳理民间故事的特点,体会故事中女性主人公的形象。

**教学难点**

以例及类,了解民间传说的特点,并能够品评孟姜女的成败,感受民间故事中的"她"力量。

## 教学过程

### 板块一：交流分享，畅谈发现

**交流分享阅读单**

1. 同学们，看屏幕上这四个故事的名字，一起读一遍。（出示：《牛郎织女》《白娘子》《孟姜女》《梁山伯与祝英台》）这四个故事并称为"中国四大民间故事"，也属于民间故事中的一类——民间传说。今天这节课我们再来聊聊这些故事。

2. 课前，我们读了书，也完成了阅读单。谁来借助阅读单，分享一下这四个故事的内容？

（1）学生分享，教师相机点评。

| 故事名 | 男主人公 | 女主人公 | 阻挠的人 | 面对阻挠时女主人公怎么做 | 故事结局 |
|---|---|---|---|---|---|
| 《牛郎织女》 | 牛郎 | 织女 | 王母娘娘 | 反抗王母娘娘，坚持要和牛郎生活 | 王母娘娘妥协，牛郎织女每年七月初七鹊桥相会 |
| 《孟姜女》 | 万喜良 | 孟姜女 | 秦始皇 | 千里寻夫；痛哭，天愁地惨 | 哭倒长城；撞死于山石 |
| 《白娘子》 | 许仙 | 白娘子（白素贞） | 法海 | 为爱低头；被迫与法海抗争 | 白娘子在小青的帮助下跳出雷峰塔，共同打败法海 |
| 《梁山伯与祝英台》 | 梁山伯 | 祝英台 | 祝员外 | 出嫁当天跳进梁山伯的坟里 | 出嫁当天跳进梁山伯的坟里，双双化蝶飞去 |

（2）观察一下我们完成的表格，你有什么发现？

预设1：都是爱情故事。

小结：是的，这是故事的主题。但是这四个爱情故事，每个故事里的主人公双方各有不同。《牛郎织女》的主人公一个是人，一个是仙。《孟姜女》的主人公都是人。《白娘子》的主人公一个是人，一个是妖（或者仙）。《梁山伯与祝英台》的主人公也都是人。你看，凡事一深究就有意思了。继续观察，你还发现了什么？

预设2：每个故事里的爱情都不顺利，都有人阻挠。

是的，通过梳理我们发现，人和人的爱情很不顺利，人和妖的爱情很不顺利，人和仙的爱情也很不顺利。我们民间有句俗语说："宁拆十座庙，不毁一桩婚。"在这些民间故事里，破坏人家幸福的是些什么人呢？

王母娘娘——有学者认为她是始祖女神，加上她能调遣天兵天将，可见她在天庭地位非常高。从故事里我们知道，王母娘娘是织女的外婆，她是一个家族长辈的形象。

秦始皇——始皇帝，"普天之下，莫非王土"，天下属他最大。

法海——他是个传统礼制的卫道士，能左右别人的婚姻生活。

祝员外——祝英台的父亲。在过去，父亲是家里最有权威的人。

小结：原来，这些故事里的女主人公反抗的不仅仅是个人，更重要的是这些阻挠者背后代表的古代社会的种种权力。王母娘娘代表着族权，秦始皇是皇权的象征，法海代表着某种法权，祝员外则代表父权。聊到这里，大家一定发现了，民间故事可没那么简单。

| 设计意图 |

上课伊始，教师可以利用前置小作业，引导学生抓住关键人物、关键情节等信息梳理故事，并根据表格内容发现故事当中的共同点，提升学生在阅读中的归纳和总结能力，进而引导学生走向深度阅读。

## 板块二：重点品读，深入体会

### 一、品读《孟姜女》

1. 复习快速阅读的方法。

我们在第二单元学习了提高阅读速度的方法。（出示四个快速阅读方法）上述方法中提到了要带着问题读，那我们带着问题再读一读《孟姜女》，问题：你认为究竟是什么支撑着孟姜女千里寻夫？

2. 教师指定学生答。

预设1：二人新婚不久，感情很好，孟姜女思念丈夫。

预设2：公婆惦记儿子，孟姜女想让二老安心。

预设3：天冷了，孟姜女担心丈夫受冷。（寒衣节：由于孟姜女千里寻夫送寒衣的故事，长城内外的人们便将农历十月初一这天称作"寒衣节"。"十月初一烧寒衣"，早已成为北方一些地区凭吊已故亲人的风俗）

预设4：一路上，孟姜女遇到了很多和她情形相同的人，大家都向她请托，让她帮忙打听自己家人的消息。

| 设计意图 |

本学期第二单元是阅读策略单元，学生已学习了提高阅读速度的方法。此环节教师可以先带领学生复习所学方法，接着让学生运用这些方法阅读故事。这样一来复习运用了所学方法，二来围绕即将探讨的问题，深入阅读四个故事中有代表性的《孟姜女》，为后续交流做好准备。

### 二、了解民间传说

其实我们阅读单里的四个故事是民间故事的一类——民间传说。那民间传说有什么特点呢？我们来看两则材料。

材料一：民间传说是围绕客观实在物，运用文学表现手法和历史表达方式构建出来的，具有审美意味的散文体口头叙事文学。

材料二：中国的民间故事有很多类，比如民间传说、传奇故事、生活故事、才子佳人故事等等，今天这四个故事，也属于民间传说。民间传说有什么特点呢？

民间传说不同于一般的民间故事。民间故事大都是根据人们的想象虚构的，传说却具有历史性、可信性特征和解释性功能。这种特征源于传说的创作一般都有相应的附着物。也就是说，它的产生有一定的事物做依托——或历史人物，或山川风物，或名胜古迹，或文化创造，或动物植物，或风俗习惯等。传说的创作者往往根据一定的附着物想象构思，生成关于各种人物和事物的优美的解释性故事，然后借用人们的口碑，采用口耳相传、耳提面命的形式，使其代代相传。

从这两则材料中，你知道了什么？（生交流）

预设1：民间传说其实是有一些依据的，并不是完全虚构的。

预设2：民间传说是由人们口耳相传流传下来的。

预设3：民间传说具有历史性、可信性特征和解释性功能。

预设4：民间传说寄托着人们的美好愿望和对美好生活的向往。

预设5：民间传说是古代劳动人民的智慧，反映着不同老百姓的生活，能让我们看清楚老百姓对现实所持的态度。

简单来说，民间故事是有现实生活依托的，可能故事不一定是真的，但是老百姓通过故事表达的态度和愿望却是当时的一种普遍反映。

| 设计意图 |

学生通过非连续性文本的阅读，进一步发现和了解民间传说的特点。师生交流，明确民间传说中老百姓对现实的态度和表达的愿望。

### 三、了解历史，结合文本感受民间态度

1. 秦始皇为什么修筑长城？

预设：抵御外敌入侵，保护自己的国土和百姓。

2. 那老百姓应该大力支持才对，但是故事里是这样吗？我们去听听故事里孟姜女唱的小曲儿和那位老大娘的哭诉。

（1）读小曲。

> 月儿圆圆分外明，
> 孟姜女丈夫筑长城。
> 哪怕万里迢迢路，
> 送与寒衣是侬情。
> 月儿圆圆亮光光，
> 孟姜女恨透了秦始皇。
> 要筑长城你自己筑，
> 为何害我喜良郎？

（2）小曲里哪个字表达了孟姜女的态度？

预设：恨。这说明孟姜女反对秦始皇牺牲百姓的生命和幸福去修建长城。

（3）读老大娘的哭诉。

> 老大娘哭出声音来了，断断续续地说："埋了……没等……万里长城……修好……累死了……埋在……万里长城……底下了……你丈夫……我儿子……还有……千千万万……累死的……全埋在……万里长城……底下……"

（4）老大娘为什么哭？她对修长城这件事是什么态度？

预设1：老大娘非常难过，因为修长城，她失去了自己的丈夫和儿子。她不同意修长城。

预设2：老大娘非常伤心，因为她看到了很多很多丈夫和儿子都因为修长城而死。但是她们都无可奈何，没有办法阻止这种悲剧。

从这里，我们都读出了老百姓对修筑长城的无奈、反对甚至憎恨。虽然这个故事是个传说，但是传说里却反映着老百姓的苦难，尤其是苦难的女性对修长城这件事的一种态度。这也是民间故事的一个特点。

| 设计意图 |

结合历史内容，再以读小曲、听哭诉的方式创设情境，让学生辩证地看待修筑长城这件事，深入体会当时的民众对于修筑长城的无奈、反对甚至是憎恨，从而更准确地理解以孟姜女为代表的老百姓的态度和愿望。

### 四、联结生活，探讨交流

1. 你认为孟姜女成功了吗？为什么？（生自由发言，做到有理有据）
2. 你认为支撑孟姜女勇敢坚持下去的是什么力量？

是的，支撑她坚持下去，支撑她有勇气撞向山石的是爱的力量，是反抗的力量。一阵大风可以吹走一大张白纸，但是吹不走一小只白蝴蝶。因为生命的真谛在于不屈服。这也是我们传统文化中常常忽视的——"她"力量，孟姜女如此，白娘子如此，祝英台如此，织女亦如此。也正是因为有了这种力量，我们口口相传的民间故事才熠熠生辉。

请同学们课后重读另外两个故事，去思考：支撑女主人公反抗的又是什么力量呢？下课！

| 设计意图 |

学生阅读时往往容易停留在故事内容中，没有联系现实生活。这两个问题，可以引导学生辩证地看待问题，提高学生的思辨能力，让学生从交流中感受故事中饱含的"她"力量。

# 破解情感密码

## ——《童年》推进课教学设计

**教学目标**

1. 使学生明确主人公阿廖沙不同昵称背后所蕴含的情感。

2. 讨论主角身边的人，通过主角视角下外祖母外貌的变化和妈妈外貌的变化，体会"在不同的情感里，看到的人的外貌是不同的"。

3. 聚焦"外祖母和妈妈"的争吵，思考"孤儿"的深刻内涵。

**教学重点**

讨论主角身边的人，通过主角视角下外祖母外貌的变化和妈妈外貌的变化，体会"在不同的情感里，看到的人的外貌是不同的"。

**教学难点**

聚焦"外祖母和妈妈"的争吵，思考"孤儿"的深刻内涵。

**教学过程**

## 板块一：名字里的情感

1. 同学们，这节课，我们来聊聊《童年》的前两章。谁来说一说《童年》的主角是谁？

预设：阿廖沙（主角的特点：从头至尾都会出现，所有人都围绕着他；参与的事件最多；贯串始终，是故事的线索……）

2. 我们在阅读单中找出并圈画了阿廖沙的一些昵称，咱们来看一看都有哪些：

（1）"大葱头"——阿廖沙的父亲鼓励他时叫的。

（2）阿列克谢——妈妈要生孩子时，让他走远一点。

（3）廖尼亚——埋葬完父亲后，外祖母想带他走时。

（4）阿廖什卡——外祖父问他"主祷经"念熟了没有。

（5）别尔米人，咸耳朵鬼——外祖母在他把自己贵重的桌布染色后。

（6）列克谢——挨打前，外祖父让他看萨沙怎样挨抽。

（7）小爷子、阿廖沙——大病中，外祖父去探望时。

3. 什么时候"阿廖沙"被叫作"阿列克谢"？

[出示："（母亲）紧闭着两眼，刷白的面孔变青了。她像父亲那样龇着牙，声音可怕地说：'把门关上……阿列克谢，滚出去！'"]

"阿列克谢"是什么？阿廖沙的名字，有点像我们中国的大名。

作者高尔基是苏联作家，这个国家的人名是由"名字+父称+姓"构成的，那么阿列克谢就是高尔基的名字。在正式场合，不太熟悉或不太认识的人才这样称呼他的名字。为什么在这里，妈妈要叫他的名字"阿列克谢"，而不是爱称"阿廖沙"呢？

当时的情境是什么样的？父亲死于霍乱，那可是非常严重的传染病，尸体就在地板上，而怀孕的母亲因为悲伤过度马上就要生孩子了。外面的人不明情况，还要往里看往里冲。这种情况下，妈妈的那种痛苦、焦急和愤怒，从对儿子的称呼中全都体现了出来。

那还有什么称呼呢？它们又蕴含着怎样的情感呢？谁来谈谈？

学生交流。

4. 小结：同学们，你们看，名字里包含着情绪，称呼里饱含着情感！名字不统一，这是我们在阅读时遇到的一个难题。但现在，这将成为我们本节课要用阅读解开的第一个情感密码!

| 设计意图 |

从简单的名字入手,让学生既有探索、发现小说情节的兴趣,又能很快体验到成就感,这样就激发了学生的阅读兴趣。

## 板块二:主角身边的人

1. 在阿廖沙的身边有很多人,最突出的是外祖母和妈妈。咱们来看看,在阿廖沙的眼中,他对外祖母的初印象是什么?阅读单中有这个小任务,谁找到了?

(出示:"她长得圆圆的,头大眼睛也大,松软的鼻子挺可笑;她穿一身黑衣裳,整个人都是柔软的,好玩极了;她也哭,哭得挺别致,仿佛挺熟练地伴随着母亲哭,浑身发抖,拉着我往父亲身边推……")

你觉得初次见面,阿廖沙眼中的外婆是个怎样的老太太?

预设:好玩的,可笑的。

是哦,这是最真实的情感。在不熟悉的人面前,一个小孩子最先关注的是这个人长相中的特别之处,甚至是可笑的地方。小孩子觉得好玩,觉得那个大鼻子可笑,为什么?因为他对外婆还没有产生情感。接着看,在去外祖母家的途中,在船上,阿廖沙眼中的外婆变成什么样的了?

(出示:"外祖母说话好似在用心地唱歌,字字句句都像鲜花那样温柔、鲜艳和丰润,一下子就牢牢地打进我的记忆里。她微笑的时候,那黑得像黑樱桃的眼珠儿睁得圆圆的,闪出一种难以形容的愉快光芒;在笑容里,快活地露出坚固的雪白的牙齿;虽然黑黑的两颊有许多皱纹,但整个面孔仍然显得年轻,明朗。但这面孔却被松软的鼻子、胀大了的鼻孔和红鼻尖儿给弄坏了。她从一个镶银的黑色鼻烟壶里嗅烟草。她的衣服全是黑的,但通过她的眼睛,从她内心却射出一种永不熄灭的、快乐的、温暖的光芒。她腰弯得几乎成为驼背,肥肥胖胖,可是举动却像一只大猫似的轻快而敏捷,并且柔软得也像这个可爱的动物。")

这是阿廖沙在什么情况下观察的外祖母?

我们看前面这两句:"你昨天怎么把牛奶瓶子打破了?你小点声说!"

根据这里,我们想一想:这是个怎样的外祖母?

是哦,你小点声说,我和你是一伙的,你只说给我听,我愿意听你为自己做错的事儿解释,因为我全心全意地爱着你!

2. 在爱里,阿廖沙看到的外祖母又是另外一番模样!那么妈妈呢?在阿廖沙的记忆中,妈妈一向是什么样的?谁找到了?

(出示:"她一向态度很严厉,很少说话;她总是打扮得干干净净,平平贴贴的;她的个子高高大大,像一匹马;她有一副筋骨坚硬的体格和两只劲头极大的手。")

谁来根据这段话谈一谈——妈妈是一个怎样的人?

守在丈夫尸体旁的妈妈是什么样的?

经历了丈夫去世、新生儿夭折之后,在回外祖母家的船上,妈妈又是什么样的?

学生谈。

3. 小结:我们经常说阅读小说,要关注人物形象。今天,通过人物的外貌描写、前后的对比,我们可以读出人物内心的情感变化,这是我们通过阅读找到的第二个情感密码!

| 设计意图 |

成长小说中的"人"非常关键。教师要引领学生从主角阿廖沙的角度看外婆,一步步引导学生学会从儿童视角去发现和感受人物形象,从而关注人物内心情感的变化。在阅读中,教师要指导学生使用预测、联结等阅读策略,提高学生阅读能力。

## 板块三:争吵中的言外之意

1. 外祖母、妈妈,这两个在阿廖沙生命中很重要的人有过一次非常激烈的争吵，我们来看看争吵的起因。

阿廖沙在舅舅的儿子萨沙的怂恿下，将珍贵的只有过节时才拿出来用的白桌布染上了颜色。外祖父知道了，要打阿廖沙。

出示并展开情境朗读：

> 外祖母向我扑过来，两手抱起我喊道：
> 
> "我不给你阿列克谢！不给，你这魔鬼！"
> 
> 她用脚踢门，叫我母亲：
> 
> "瓦里娅，瓦尔瓦拉！……"
> 
> 外祖父向她猛扑过去，推倒她，把我抢过去，抱到凳子上。我在他手里挣扎，拉他的红胡子，咬他的手指。他狂吼着，夹紧了我，最后，向长凳上一扔，摔破了我的脸。我记得他粗野地叫喊：
> 
> "绑起来！打死他！……"
> 
> 我记得母亲霜白的脸和睁得圆圆的眼睛。她沿着长凳跑来跑去，声音沙哑地喊道：
> 
> "爸爸，不要打！……把他交给我……"

阿廖沙为此大病一场。外祖母和妈妈发生了一次激烈的争吵。

出示：

> 在拥挤的屋子里，全身漆黑、身躯庞大的外祖母向母亲逼过去，把她推到墙角圣像跟前，气汹汹地说：
> 
> "你怎么不把他夺过来，嗯？"
> 
> "我给吓住了。"
> 
> "白长这么大的个子！不嫌害臊，瓦尔瓦拉！连我这个老太婆都不害怕！真不嫌害臊！……"
> 
> "甭说了，妈妈！一想起我就恶心……"
> 
> "不，你不爱他，不可怜你的孤儿！"
> 
> 母亲沉重而高声地说道：
> 
> "我自己就当了一辈子孤儿！"

读到这里，老师想问问大家，你觉得什么是孤儿？

为什么外祖母说阿廖沙是孤儿？为什么妈妈说自己当了一辈子孤儿？大家别急着举手，要回到书中去找理由！

2. 小结：同学们，你们看，在一次争吵中，我们对孤儿又有了新的定义。读文学作品，如果仅仅是看故事看热闹，这些细节往往就滑过去了，我们就错失了品味语言的良机。读懂语言之中的言外之意，是我们通过阅读解开的第三个情感密码！

|设计意图|

在本教学环节中，聚焦关键词"孤儿"，让学生感受到人物内心复杂而浓烈的情感。精读时，聚焦关键词可以让学生深入文本，植根文字，品味语言，这就是经典的力量。

3. 总结：同学们，这节课我们学到了什么？当我在阅读中遇到好多名字时，我会用列出这些名字、制作名字卡这样的小方法来解难。但我们最终的目的还是学会怎样去读文学作品，其中一点就是根据这些称呼之间细微的差别来感受人物的情感。我们还知道了人物的外貌原来是变化的——与心情变化、感情变化等有关。最后我们还知道了"一次争吵"的言外之意。如果我们错过了这点，就完全体会不到这里汹涌的情感。什么是经典？这就是经典。之后的阅读，老师希望你们能带着这些破解情感密码的方法继续前行，希望你们能在阅读经典中沐浴关爱之光！

# 相信你心中的那颗"种子"

## ——图画书《胡萝卜的种子》教学设计

**教学目标**

1. 听读故事,学会预测,激发阅读兴趣。
2. 图文结合,观察细节,提升阅读能力。
3. 联结生命,相信梦想,获取成长力量。

**教学重点**

让学生通过重读的方式,发现图画书里的细节,更加深入地走进文本内容。

**教学难点**

让学生通过绘本阅读,联结自己的生命体验,尝试与同伴分享自己的感受。

**教学过程**

**一、读懂封面,看到"种子"**

1. 今天老师想给你们讲一个故事,故事的名字叫《胡萝卜的种子》。种

子在哪儿呢？（出示封面，让生上台指出"种子"的位置：落在半空中）

2. 这本书是由美国作家露丝·克劳斯写的文字，由她的丈夫约翰逊画的图。咱们就开始讲故事啦。

| 设计意图 |

教师由封面入手，让学生读懂封面的故事；带领学生通过观察种子的位置，让他们明白封面上的孩子正在种胡萝卜种子，从而激发他们的阅读兴趣。

### 二、猜读故事，激发兴趣

1. 哥哥的否定。

师讲故事：小男孩种下一颗胡萝卜的种子。妈妈说："恐怕不会发芽。"爸爸说："恐怕不会发芽。"哥哥说："不会发芽。"

师：如果小男孩儿是你，你会怎么办？

预设1：如果我是小男孩，我不会放弃，因为坚持就是胜利。

预设2：我也不会放弃，就算种不出胡萝卜，这也是第一次，下一次一定会发芽的。

2. 现实的打击。

师接着讲故事：小男孩跟你们一样。每天，小男孩拔掉种子周围的杂草，往土里浇水。你猜猜，会怎么样？

预设：我猜种子可能发芽了！

师（遗憾地说）：可是什么都没长出来。小男孩，你要不要放弃种这颗胡萝卜的种子？

预设：我不会放弃，也许过两天胡萝卜就长出来了，现在放弃多可惜！

师：真好，给种子一点时间，也给自己一点时间。可是，故事中是怎样的呢？还是什么都没长出来。孩子，要放弃胡萝卜的种子吗？

预设1：不要放弃，因为小男孩已经选择了种下种子。

预设2：我也觉得不要放弃，因为你不试一试怎么就知道种子一定不会发芽呢!

3. 周围人的否定。

师：每个人都不断地跟他说种子不会发芽。妈妈说：种子不会发芽。爸爸说：种子不会发芽。哥哥说：种子不会发芽。所有的人都在对这个小男孩说：种子不会发芽！小男孩儿，你要放弃你的种子吗？

预设：不会放弃，再给它一点儿时间就可以了！

师：哪怕所有的人对我说"种子不会发芽"，我也不放弃，我还是要给我的种子一点儿时间。

4. 胡萝卜长出来了。

师：男孩的做法和你们是一样的——他依然每天拔掉种子周围的杂草，往土里浇水。终于，有一天——发生什么了？

预设：土底下有东西正在慢慢生长，有些泥土都被掀起来了！

师（惊讶地）：一棵胡萝卜长出来了。为什么你们那么惊讶？

预设：它之前都没有发芽，现在发芽了，还长得这么高大！

（出示最后一张图片：巨大的胡萝卜）

师：就和小男孩想的一样。读完了第一遍，这个故事怎么样？

预设：这个小男孩有着坚持不懈的品质。他的爸爸妈妈一直让他放弃，可是他却一直在坚持，最后他得到了一个很大的胡萝卜。

| 设计意图 |

阅读的真谛是什么？走近生命。教师利用语言的烘托，多次询问学生："种子不会发芽，要不要放弃？"学生渐渐融入小男孩的角色里。在这种情感的层层递进中，学生更加坚定了自己的初心，坚决不放弃。读这种绘本，会给学生一次非常珍贵的灵魂体验、一次成长。在未来的生活中，当他再遇到有人对他说："你不可以啊，你肯定会失败。"他会突然想到很多年前自己读完绘本后那一刻的选择。

### 三、重读故事，发现细节

1. 重读文本。

师：如果是平时，我们这个绘本好像就读完了。今天老师教给你们一个新的方法——重读。（板书：重读。生齐读）

师：什么叫重读？

预设：就是翻到第一页，慢慢地重新读一遍。

师：那好，我们就再来读一遍《胡萝卜的种子》。小男孩种下一颗胡萝卜的种子，你有什么发现？

预设1：我发现小男孩后面有一张纸，上面还画着一个胡萝卜。

预设2：小男孩的旁边还有一个铲子，这可能就是用来挖种子的坑的。

师：当你开始有一颗种子的时候，你就要想办法把它种到土里，它才能长出来，光有种子还不够。妈妈说："恐怕不会发芽。"爸爸说："恐怕不会发芽。"哥哥说："不会发芽。"这三幅图放在了一起，你有什么发现？

预设1：他们都说了"不会发芽"。

预设2：哥哥说的是"不会发芽"，爸爸妈妈说的是"恐怕不会发芽"。

2. 理解父母。

师：为什么爸爸妈妈说的话里有"恐怕"，哥哥就直接说呢？猜猜看。

引导学生理解爸爸妈妈不忍心伤害小男孩，而哥哥是同龄人，说话就比较直接。

师：同学们，爸爸妈妈虽然知道种不出胡萝卜来会让小男孩伤心，也不想打击他，但又不得不告诉他事情的真相，所以就说了"恐怕不会发芽"。你们看，我们重读的时候，去发现这些语言的不同，人物之间的关系就变得不一样了。

（板书：画嘴巴）

3. 细微动作里的变化。

师接着读故事：每天，小男孩拔掉种子周围的杂草，往土里浇水。他的不放弃可不是只在心里说：我就是不放弃，我就是要坚持。他是在做事。所以，嘴巴上的不放弃和心里的不放弃是不一样的。如果你真的不放弃，如果你真的想给一颗种子一点时间，那么你就要为它做些事情。比如说，每天为它拔草，每天为它浇水。可是接下来，还是什么都没长出来。看看这两幅图，你有什么发现？

预设：第一幅图中的小男孩感觉还是挺有精神的，站得很直。第二幅图中的小男孩已经等了很久了，腰都弯下来了。

师：他等得太久了，好像也有点无奈了，但是有没有放弃？

预设：没有。

师：他从未放弃过他的种子。（板书：画小手）所以当我们再次重读的时候，那些细微的动作也可以让我们看出人物的变化。每个人都不断地跟他说种子不会发芽。这里面有他最爱的妈妈、最崇拜的爸爸，也有玩得很好的哥哥。这些最亲近的人跟他说种子不会发芽，但他依然选择了相信种子，相信自己，相信时间。所以他依然每天拔掉种子周围的杂草，往土里浇水。终于，有一天，一棵胡萝卜长出来了，就和小男孩想的一样。小男孩从始至终就只有一个想法，这个想法是什么？

预设1：我不能放弃。

预设2：我要相信自己的种子。

预设3：我一定能种出一个大大的胡萝卜。

预设4：坚持相信种子一定会发芽的。

4. 拓展想象。

师：这个时候他推着这个巨大的胡萝卜出现，那些曾经不断地跟他说"种子不会发芽"的人又会说些什么？

预设1：他的妈妈会说："对不起，宝贝儿，我们错怪你了。"

预设2：哥哥会说："对不起，我不应该说你的种子不会发芽。"

预设3：爸爸会说："宝贝，你成功了！我们为你骄傲！"

师：这一切都源于小男孩从未放弃的信念。我们再次重读的时候，就会读出那些不一样的心里话。（板书：画心）重读多重要啊！如果你还想读出更多的东西，你可以选择再次重读，相信你会发现更多好玩的东西。

| 设计意图 |

"授人以鱼，不如授人以渔。"绘本教学中，教师仍然需要传授很多阅读技巧，教会学生通过重读发现绘本中的秘密，这也是在教会学生如何读懂绘本的图画。一本图画书中至少包含了两个故事：一个是文字故事；另一个是图画故事。而学生往往读到的是图画书中的第三个故事——图文结合的故事。重读的过程，可以让学生真正读懂图画的故事。

### 四、联结生活，相信梦想

1. 读懂道理。

师：这个故事读到现在，对我们的实际生活有什么帮助呢？

预设：我们在生活中也要学会坚持。

2. 联结自我。

师：如果那些你很爱的人，比如你很尊敬的老师对你说，你这次考试不行，你还要不要相信自己？

预设1：我要相信自己。

预设2：做任何事情都要坚持。

师：如果我现在的字写得很丑，老师说你要好好练字，你也要坚持写得很丑吗？到底什么样的事情要坚持？

预设：是好的事情。

师：就是你的那颗种子啊！就是你心心念念的那颗想要它长成巨大胡萝卜的种子，你的喜爱，你的热爱。

3. 阅读拓展。

师：同学们，其实《胡萝卜的种子》的作者露丝·克劳斯还有很多的作品，也是非常值得反复去重读的。别忘了去看看那里的人都说了什么，都做了什么，去猜猜他们都在想什么。她的丈夫约翰逊也有很多作品，如《阿罗有支彩色笔》就跟这本书非常像，画风很简约很有趣。在课下，希望你们能找到这些作品去读一读,品一品。

| 设计意图 |

  阅读最终是要和生活联结起来。当一个阅读者开始将一个故事与自己的生活联系起来,这个故事就轻轻松松地变得更富有意义。让学生联结生活经验谈谈自己的感受,其实是在强化学生的这种体会,让学生更加深刻地记住每一次灵魂体验。

# 在游戏和笑声中成长
## ——《一园青菜成了精》教学设计

**教学目标**

1. 解难,认识生活中的蔬菜。
2. 诵读,感受读童谣的乐趣。
3. 读图,体会成长中的快乐。

**教学重点**

学生能够用多种方式读童谣,用结合生活、做动作等方法理解童谣,感受童谣带来的乐趣。

**教学难点**

学生会用图文结合的方法读绘本,能够关注图画中的细节,把自己当作"蔬菜",体会成长的快乐。

**教学过程**

**一、认识"没成精的青菜"**

1. 读童谣名,理解"成了精"。

师:今天,老师想带着同学们读一读童谣,题目叫作《一园青菜成了

精》。(师拍手打节奏读题目,生模仿拍手读题目)

师:你们的节奏拍得好准,那什么叫"成了精"呢?

预设:蔬菜会说话,会走路,活起来了。

2. 认识童谣中出现的蔬菜。

(1)师:蔬菜真的会活起来吗?老师想先带你们认识认识这些"菜"。

(认识绿头萝卜、红头萝卜)

师:如果你们就是一个个成了精的蔬菜,男孩子应该是绿头萝卜还是红头萝卜呢?女孩子呢?

预设:男孩子是"绿头萝卜",女孩子是"红头萝卜",这样可以拉近学生与童谣的距离。

师:这个你们认识吗?(莲藕)莲藕长在哪里啊?(泥塘里)

莲藕一节一节的,好像什么呢?(像胳膊)

(PPT出示莲藕图片)

(2) PPT依次出示豆芽菜、胡萝卜、小葱、青茄子、紫茄子、韭菜、黄瓜、葫芦、大蒜、辣椒的图片,老师带领学生依次认识这些蔬菜,引导学生关注这些蔬菜与人相似的地方。

(3)教师带领学生认识豆腐,了解豆腐下面竹帘子的作用,为理解童谣中的"打得豆腐尿黄水"做铺垫;认识凉粉,然后全班通过做"抖一下"的动作了解凉粉的质地。

| 设计意图 |

对于低年级的学生来说,童谣中的有些蔬菜是他们不熟悉的,或者并不了解这种蔬菜的某些特性。所以一开始的解难是很重要的。教师带领学生认识这些蔬菜并了解它们的特性,才能更好地理解童谣。

## 二、读读"成了精的青菜"

1. 学生跟随教师读童谣,通过穿插问题理解难懂的句子。

师:大家和老师一起读读《一园青菜成了精》这首童谣。(PPT出示童谣

文字，师拍手打节奏范读，生模仿跟读）

  出了城门往正东，一园青菜绿葱葱。

  2. 教师指导学生明确"上北下南，左西右东"的方位。

    最近几天没人问，他们个个成了精。

    绿头萝卜称大王，红头萝卜当娘娘。

  3. 男生、女生分别重复读描写绿头萝卜和红头萝卜的句子，增强代入感。

    隔壁莲藕急了眼，一封战书打进园。

师：为什么莲藕要给他们下战书呢？

预设：绿头萝卜当了大王，红头萝卜也当了娘娘，他既羡慕又嫉妒。

师：一个当大王，一个当娘娘，偏偏我没事做，所以下封战书告诉你，我要来打你！那为什么是隔壁莲藕下战书呢？

预设：绿头萝卜和红头萝卜都是在地里生长的，莲藕是长在泥塘里的，所以在隔壁。

    豆芽菜跪倒来报信，胡萝卜挂帅去出征。

    两边兄弟来叫阵，大呼小叫争输赢。

    小葱端起银杆枪，一个劲儿向前冲。

    茄子一挺大肚皮，小葱撞个倒栽葱。

师：什么叫"倒栽葱"？

预设：就是"头朝地，脚朝上"。

    韭菜使出两刃锋，呼啦呼啦上了阵。

    黄瓜甩起扫堂腿，踢得韭菜往回奔。

  4. 请学生上台模仿黄瓜"甩起扫堂腿"的样子。

    莲藕斗得劲头儿足，胡萝卜急得搬救兵。

    歪嘴葫芦放大炮，轰隆隆隆三声响。

    …………

    出了城门往正东，一园青菜绿葱葱。

  5. 教师带领学生拍手打节奏读完童谣。

师：这一场"战争"，谁赢谁输了？为什么？

预设：最后是绿头萝卜赢了，因为童谣最后一句是"藕王一看抵不过，一头钻进烂泥坑"。

| 设计意图 |

初读童谣,教师的引领能让学生读出节奏感,读得更有兴致。穿插问题,便于学生理解童谣,厘清整个故事的脉络。

### 三、看看"一园青菜"的故事

1. 初识绘本,读封面、环衬和扉页。

师:就是这样一首有趣的童谣,被一位叫作周翔的绘者画成了一本绘本,题目就叫《一园青菜成了精》!(师展示绘本)他还专门录了一个小视频给你们,咱们一起来看看!(播放周翔老师录制的视频,激发生阅读兴趣)

师:在这本绘本里,周翔老师究竟又画了哪些有趣的呢?我们来看。(出示绘本环衬、扉页)

师:周翔老师在书中加了一个人物,这个人是一个农民,他正赶着一头驴往哪里去呢?

学生回忆方位,判断老农是往西边走了,离开了菜园。

2. 初学"图文结合读绘本"。

学生自己打节奏读:"出了城门往正东,一园青菜绿葱葱。"

师:看看这"一园青菜",你都认识谁呢?

学生根据刚才的经验,依次指出自己认识的蔬菜。

师:这里的"青菜",跟刚才我们看到的实物照片有什么不同?

预设:"青菜"加上了表情,活了起来。

学生自己打节奏读:"最近几天没人问,他们个个成了精。"

师:在周翔老师的绘本里,可没那么简单,请看老师的手势。这些蔬菜在干什么?(结婚)新娘子在哪里呢?(红头萝卜)新郎呢?(绿头萝卜)我们小时候也会玩这样的游戏,这种结婚感觉就像在玩过家家的游戏!

师:除了有新郎和新娘,还有前面的——吹喇叭的,打烟花的!"青菜"成了精,可不光能走,还能玩过家家!这太有意思了!这让我们得到了与读童谣不同的乐趣。读绘本就是这样，文字一个故事，图画一个故事，两者合在一起，就是第三个故事！

3. 关注细节，演读绘本。

学生自己打节奏读："隔壁莲藕急了眼，一封战书打进园。"

师："急了眼"的莲藕做了什么事？

学生上台模仿莲藕战队大踏步打进园的样子。

师：这哪里是打仗，分明就是一场游戏嘛！

教师引导学生关注图画上的"藕霸"，队伍里有黄瓜、茄子、花生等。

学生自己打节奏读："豆芽菜跪倒来报信，胡萝卜挂帅去出征。"

教师引导学生观察跪倒的豆芽菜的样子：这就是周翔老师想带给你们的想象力和快乐，让我们把掌声送给周翔老师！

学生自己打节奏读："两边兄弟来叫阵，大呼小叫争输赢。"

教师引导学生关注：图中的"铁蛋蛋"是谁？（土豆！）土豆也有自己好听的名字。这就叫"成精"，你不仅能结婚，还能打仗，还可以报信，还有自己专属的名头！

学生独立读童谣："小葱端起银杆枪，一个劲儿向前冲。茄子一挺大肚皮，小葱撞个倒栽葱。"

师：周翔老师的绘本里是有流动的节奏的。请看老师的手，这简直是一幅连环画。

教师引导学生观察小葱被茄子撞的过程，体会绘本中动画片的感觉。

学生独立读童谣："韭菜使出两刃锋，呼啦呼啦上了阵。黄瓜甩起扫堂腿，踢得韭菜往回奔。"

师：这次的"动画片"是怎么演的？

学生上台指出韭菜与黄瓜对战的过程。

师：绿头萝卜连失两员大将，怎么办呢？

生读："莲藕斗得劲头儿足，胡萝卜急得搬救兵。"

师：搬来了谁？

生读："歪嘴葫芦放大炮，轰隆隆隆三声响。"

师：葫芦吐的是什么啊？（葫芦籽儿！）

师：这首童谣虽然好笑，可不是瞎编的，它里面也有合理性。

女生读"打得大蒜裂了瓣"，男生读"打得黄瓜上下青"。

师生配合读完童谣，看最后一张图。

4. 联结生命，体会成长的力量。

师：你有什么发现？（蔬菜都成熟了！）所以，"成了精"其实就是成熟了，长大了！可是这个过程不是一下子就完成的，要经过什么呢？

预设：蔬菜在打仗、游戏……

师：蔬菜也需要那么几天没人管他，需要和同伴的合作，要玩儿，要快乐，自然就"成熟了"。同学们，其实你们也和青菜一样，需要玩游戏，需要那么几天的"自由"，也需要在一起争斗。慢慢你们也就成熟了，长大了！（出示蔬菜前后对比图）

师：我们要给童年一点时间，给自己一点时间，需要游戏，需要快乐，需要笑声，只有这样才能长大。最后谁回来了？（农民！）为什么他被吓一跳？（菜全长大了！）

师：没有人管的那么几天里，我们依然相信成长的力量。蔬菜会成熟，你们也会变得更好！（出示后环衬）

师：何止菜园子呢，你们看！周翔老师在封底又画了一幅画，如果给这幅画起个名字，该叫什么呢？（出示封底）

预设：《一塘鱼虾成了精》。

师：这是周翔老师留给你们的礼物，你们也可以像周翔老师一样把它编成小童谣，还可以画一画，老师期待看到你们的作品。

给学生推荐周翔老师的其他作品——《耗子大爷在家吗》。

| 设计意图 |

教师要教会学生关注图画，关注细节，用图文结合的方式读绘本，并注意读绘本过程中角色的带入。演一演是为了让学生更好地理解文本，并能用这样的方式自己去读绘本。最后，让学生有很强的代入感，把自己当成这些蔬菜，在游戏中成长，获得快乐，并激发自身的创作热情。

# 奋不顾身的爱从来不傻
## ——《青蛙和蟾蜍：好朋友》教学设计

**教学目标**

1. 让学生通过讨论交流，学会看封面，了解基本的书册知识。
2. 借助插图、故事片段等，初步学习一些阅读的策略。
3. 学习"反复"的故事结构，尝试讲述故事。
4. 让学生通过结合文本、联系生活实际，感受青蛙和蟾蜍之间的友谊。

**教学重点**

教会学生基本的书册知识，借助插图、故事片段等，让他们初步学习简单的阅读策略。

**教学难点**

让学生学习"反复"的故事结构，尝试讲述故事，并能感受青蛙和蟾蜍之间的友谊。

**教学过程**

### 板块一：书册知识我知道

【封面】

1. 今天付老师给你们讲一个故事，希望你们能跟我一样感受到阅读的快乐。这本书叫《青蛙和蟾蜍：好朋友》。

提示：好朋友就是经常在一起聊天，一起玩，关系比较好的伙伴。

2. 关注作者、出版社等信息。

提示：这本书的文字作者是艾诺·洛贝尔，插图也是他画的。

3. 封面插图。

师：图画上哪个是青蛙，哪个是蟾蜍？它们有什么不同呢？（生自由说）

师：蟾蜍在给青蛙讲故事。所以，好朋友就是我讲故事给你听，而你会很认真、很仔细地听。我们共同享受阅读的快乐，这就是好朋友。

4. 知作者。

艾诺·洛贝尔，是美国作家。他不仅会写文字，还会画画。

【目录】

1. 看看这个目录，你有什么发现？（生说发现）

2. 作者在设计目录的时候，一种用的是青蛙的颜色，一种用的是蟾蜍的颜色。好朋友啊，就是要一直地在一起。那这些故事中，你最想看哪个故事？（生自由说）

3. 我们可以根据插图、名字等猜测故事的内容，这真是个好办法。目录中的五个故事都是独立的小故事，所以你喜欢看哪个就可以先看哪个。现在让我们一起走进《讲故事》这个故事吧。

| 设计意图 |

让学生通过观察、了解封面的书名、作者、出版社、译者、插图等信息，了解基本的书册知识，为他们今后能自主选择好书打下坚实的基础。

**板块二：听读故事有策略**

1. 师生配合讲故事。

然后蟾蜍拿来一杯水，泼在自己的头上。

青蛙问："你干吗往自己的头上泼水呢？"

蟾蜍说："我希望往头上泼点儿水，能使我想出个故事来。"

蟾蜍接连往自己的头上泼了好几杯水，还是想不出个故事来讲给青蛙听。

师：你们猜，他接下来要干什么？（生自由猜）

2. 你们猜猜，青蛙会讲什么故事给蟾蜍听？（生自由猜）

3. 教师轻声慢语讲故事。

| 设计意图 |

每一个学生都爱听故事，这一环节旨在引导学生根据故事内容猜测情节，让学生在文中寻找线索，进行出猜测，不断验证，再次阅读、寻找、猜测……这样的阅读有趣好玩，更能激发学生的阅读期待。

## 板块三：巧用插图讲故事

1. 蟾蜍为青蛙做了好多的事情，有撞墙、泼水、走来走去、倒立等。（师将对应的图片随机贴在黑板上）这四幅图哪个在前，哪个在后呢？

2. 学生与同桌讨论，完成学习单。

3. 学生上台排列图片的顺序。

4. 你瞧，特别神奇的事儿就发生了，我们用这样的插图就可以把这个故事讲出来了！

5. 学生讲故事。有一天啊，青蛙生病了，蟾蜍就想给他讲一个故事，于是蟾蜍就……（生借助四幅图讲故事）

6. 小结：你们看，这么长的故事，用串联图片的方式，我们就可以讲得清清楚楚。我们再回到文字看看吧，讲故事可没那么容易呢！女生来读绿色的部分，男生来读红色的部分，我们看看还能发现什么。（师生看文字配合讲故事）

提示：青蛙一次比一次焦急，害怕蟾蜍会出事，会生病。

7. 你们不觉得蟾蜍有点傻吗？（生自由说）

师：所以啊，这是一份奋不顾身的爱啊！奋不顾身的爱从来都不傻。

| 设计意图 |

学生喜欢故事中的表达，情节的"反复"让故事回味无穷。通过找插图、摆一摆这样的活动，让学生发现这样的"反复"是有序的，且一次比一次更突显了蟾蜍对青蛙的感情，从而深化对主题的理解。

## 板块四：联结生命悟情感

1. 师：你们喜欢这个故事吗？（喜欢）

2. 在我们的生命当中，我们学了很多东西——学习认字，学习算术，学习跳绳……可是从来没有人教过我们，如何和我们最亲密的人相处。你是怎么理解好朋友的？（生交流）

3. 小结：同学们，像《讲故事》这样的书其实还有三本，每一本都有五个故事。请大家回去就像今天这样自己去读一读，用这样的插图去讲一讲故事，记得不能光笑哦！你要认真地去想一想生命中那些真正的好的爱，并思考该怎么去爱别人，该怎么去体会爱。

| 设计意图 |

学生喜欢的不仅仅是故事里的闹腾、幽默，更是青蛙和蟾蜍彼此深厚的情谊。青蛙和蟾蜍，是不是有点像我们自己？教师要让学生联系生活实际，交流生活中那些至真至纯的人和事，从而真正明白如何与他人相处。

# 成为真正的独立的阅读者

## ——《佐贺的超级阿嬷》导读课

**教学目标**

1. 让学生通过读书籍的封面、封底、目录等内容，了解基本的书册知识，产生阅读期待。

2. 通过赏析片段、班级共读等形式，激发阅读兴趣。

3. 教会学生如何挑选一本自己真正喜爱的书籍，提升阅读能力。

**教学重点**

1. 让学生学会基本的书册知识，知道书由封面、封底、目录、勒口等部分组成。

2. 让学生能够利用预测、提问等策略，产生阅读期待，激发阅读兴趣。

**教学难点**

教会学生如何挑选一本自己真正喜爱的书籍，提升阅读能力。

**教学过程**

**一、书册知识大发现**

1. 读书名，读准"嬷"字。

师：今天，老师想推荐一本书给你们，谁能来读读它的名字？（PPT出示封面）

预设：学生读《佐贺的超级阿嬷》。

（出示《现代汉语词典》第7版中"嬷"的读音，师介绍探究"嬷"的读音的经过，最后的结果应该是读作"mó"。全班齐读书名）

师：经过我刚才的介绍，你们谁想读这本书，请举手？

预设：部分同学举手。

师：那你们来说说看，为什么看了书名就想读了？

预设：阿嬷是什么样的人？为什么说她是"超级阿嬷"？

师：我明白了，是题目吸引了你！刚才有的人没举手，看来光靠书名是吸引不了你了，那你还会看什么？

预设：封面上的插图吸引了我。

2. 看封面。

（1）学生描述封面插图的内容，师通过猜测人物身份激发学生阅读兴趣。

（2）学生自主介绍作者、译者、出版社等信息。

师小结：你们刚才说的题目也好，插画也好，都是在观察书的封面（板书：封面），是不是光看封面就能决定要不要读一本书了？嗯，有人在摇头。我们还可以看看什么地方？

预设：还想读读封底或目录。（PPT出示相应的内容）

3. 看封底。

师：那我们来看看封底。（PPT出示）这本书的封底上，写了超级阿嬷的经典语录，一人一句来读一读。

学生通过接龙的方式读封底上阿嬷的语录。

　　游泳不是靠泳裤，靠的是实力！

　　成绩单上只要不是0就好了。1分2分的，加在一起就有5分啦！人生就是总和力！

　　只有可以捡来的东西，没有应该扔掉的东西。

　　别太用功！太用功会变成书呆子！

人到死都要怀抱梦想！没实现也没关系，毕竟只是梦想嘛。

聪明人、笨人、有钱人、穷人，过了五十年，都一样是五十岁。

让人察觉不到的关怀，才是真正的体贴。

穷人最能做的，就是展露笑容。

师：你最喜欢哪一句？

学生交流自己最喜欢的句子并说出原因，教师相机激发学生阅读兴趣。

师：那你现在想读这本书了吗？

预设：想读。（板书：封底）

4. 读目录。

师：看完了封面和封底，已经有很多人都想读这本书了。可是我看到有的人还是有些犹豫，那我们还可以再看哪里？

预设：目录。（请生上台在黑板相应位置写上"目录"，指导位置）

师：我们一起来看看这本书的目录，一人一个标题接龙来读一读吧。（生接龙读标题）

师：你最想读哪一个故事？为什么？（生交流，师激发生的阅读兴趣）

| 设计意图 |

掌握书册知识是学生能够独立选书必须具备的最基本的能力。当拿到一本书的时候，教师可以教给学生通过查看封面、封底、目录、扉页等判断一本书

是不是自己喜欢和需要的。在关于"阿嬷"的读音这一问题上，教师要教给学生如何进行探究性学习。

## 二、听读故事巧激趣

1. 师：刚才我们看了这本书的封面、封底，还读了这本书的目录，老师现在想问你们，你们确定要读这本书了吗？

预设：确定！

师：可是我现在还不想给你们读，因为我想先给你们读一段。也许你听老师读完，就更想看它啦！

2. 教师读故事片段：

  这样的日子简单又快乐，但很快，剑道开始流行起来。那些平常和我们一起满身泥巴追逐奔跑的同伴，在道场里穿着道服，神情肃穆地挥着竹刀。那模样就是没来由的帅，令人不由得想学剑道。……我拼命地让外婆知道，自己想学一种运动。外婆听明白我的话后，用力点点头，给我推荐了一项运动。

师：你猜猜，外婆给昭广推荐了什么运动？

预设：干家务活、游泳等，要说出自己猜测的依据。

教师揭晓答案："'明天开始跑步吧。''跑步？''对，不需要护具，跑步的马路也是免费的，就跑步吧。'……可是外婆却说：'不要那么拼命跑。'"

师：你再猜猜，为什么外婆不让昭广拼命地跑步？

预设：跑累了要喝水，还要花钱；出汗多了洗衣服要花钱等。

3. 请你评价评价外婆这个人。

预设：抠门，小气。

师：后来，又发生了这样一件事。

（师配乐讲外婆花了一万元给"我"买钉鞋的故事）

| 设计意图 |

　　教师读故事是一种激发学生阅读兴趣的很有效的方法。教师在阅读中，通过声音、语调、语速的变化把学生带入故事的情境中，让学生边听边预测，并对人物进行初步的评价。

### 三、师生共读享乐趣

　　1. 师：我的故事讲完了，我依然想问你们刚开课时的那个问题——你们想读这本书吗？

　　预设：想。

　　2. 发书给学生，师生一起课堂共读 10~15 分钟。

　　3. 在刚才你们读的这些片段里，有没有哪一段是你特别想跟大家分享的呢？

　　学生分享交流自己所读片段，教师继续激发生阅读兴趣。

| 设计意图 |

　　学生集体读书时的气场是非常强大的。课堂上短暂的 10~15 分钟师生共读时间，可以让学生真正投入阅读，读后的交流活动更是激发了学生想要阅读的兴趣。学生的分享实际上是在进行内容的推进。

### 四、独立选书我能行

　　1. 师：很多人都已经喜欢上这本书了，是吗？（是！）但是，老师还是想对你们说，其实没有任何一本书是我们一定要读的。书呢，每年都以数以万计的数量在增长，我们穷极一生也读不完哪。所以我们要学会选书，要去挑选那些我们真的想看的，会给我们带来快乐、带来力量、带来成长的，会"发光"的书。

　　教师与学生共同回忆在课堂上学习的挑选一本书的方法：看封面、封底、目录等内容。

2. 师：我们再去书店挑书的时候，不要去迷信所谓的排行榜或者畅销书，而是要自己去挑一挑，选一本自己真正喜欢的书。当然了，当你们挑到一本好书，更重要的是……（预设：去阅读！）

师：老师想送你们一句话——别让你的书都孤寂地躺在你的书架上，因为你不阅读，这些原本有生命的书就会一点点地枯萎了。

3. 借书给学生回家阅读。

| 设计意图 |

教师带领学生回顾本节课学到的选书的方法，《佐贺的超级阿嬷》只是一个例子，要让学生学会挑选那些想看的，会给自己带来快乐和成长的书，并在选到书后真的去阅读，成为一个真正的独立的阅读者。

[板书设计]

# 走进曹文轩的纯美世界

## ——整本书阅读《草房子》导读课教学设计

**教学目标**

1. 通过书册知识的介绍，让学生学会选择书籍、辨析书籍版本的方法。

2. 借助精彩片段，认识书中线索人物——桑桑；利用预测和联结等阅读策略，激发学生的阅读兴趣。

3. 师生共读第一章内容，并就内容进行简单交流。

**教学重点**

通过书册知识的介绍，让学生学会选择书籍、辨析书籍版本的方法。

**教学难点**

借助精彩片段，认识书中线索人物——桑桑；利用预测和联结等阅读策略，激发学生的阅读兴趣。

**教学过程**

### 板块一：书册知识大发现

【封面】

1. 你发现了什么？

预设：曹文轩，这个人可了不起，他获得了国际安徒生奖，那可是儿童文学界的"诺贝尔奖"，这个奖只奖给那些终身致力于儿童文学的人。"曹文轩"三个字本身就是一个保障。

师：是，这本小说里肯定写的都是美好的东西，没有惊悚，没有恐怖，是美的，而且还是系列，有很多本。

出版社、所获奖项……

2. 小结：小小的书册知识让我们有这么多的发现，这些发现让我们积累了很多经验，并学会了如何选择适合自己的书。好书太多了，我们不光有选择的权利，更要具备选择的能力。

| 设计意图 |

让学生根据封面的元素去发现、去思考，激发他们的阅读兴趣，同时也让他们学会如何选择适合自己的书。

3. 封面可不光有文字，你看看还有什么。（引导生发现封面中的图画）
4. 你印象中的草房子是什么样的？

读第 5 页"这种草房子实际上是很贵重的"。

| 设计意图 |

师生共读书中精彩片段，让学生对于小说中的环境描写有一定的了解和欣赏，以便为阅读小说做好铺垫。

【目录】

1. 大家看看目录，你有什么发现？

预设：都是 2 个字，有的还分（一）、（二）。

2. 秃鹤、纸月是谁？你预测这本书可能会讲什么内容？

老师提示大家，目录里面都是人物和地点。你们猜猜哪些是人物，哪些是地点。

这些人物的名字都太有特点了,你要是想认识他们啊,就打开书阅读吧!

## 板块二:预测联结乐趣多

【师生共读——桑桑】

师:刚才我们在目录中认识了很多书中的人物,其实,这书中有一个很关键的人物,他是全书的线索人物,目录中没有。这个孩子叫桑桑,是油麻地小学校长桑乔的儿子。

1. 教师读第6页的内容,让学生猜。

教师读到关键节点停下来,让孩子们预测,并和自己的实际生活进行联结,体会桑桑这个人物形象的特点,也感受一下作者的语言魅力。

2. 你觉得桑桑是个怎样的孩子?

预设:调皮,爱搞恶作剧;聪明,遇事喜欢想办法。

3. 但是后来桑桑也经历了一段艰难的岁月,我们再来看看这两段文字。

出示:第257页和258页中关于桑桑的描写。(生读)

4. 此时此刻,你想说些什么?

5. 是啊,这前后的对比让我们产生了好多的担心、疑问,怎么解决呢?——打开书,阅读吧!

| 设计意图 |

从线索人物"桑桑"入手,让学生感受这一有趣的人物形象,同时打开学生的阅读思路,吊足学生胃口,运用预测、联结等策略让学生体会阅读的快乐。

## 板块三:想象对比巧激趣

【秃鹤】

师:在正式阅读前,徐老师还是和大家一起来认识一下这本书开篇的第一个人物——秃鹤。

1. 他是陆鹤，怎么叫秃鹤呢？

出示片段："秃鹤的秃，是很地道的。他用长长的好看的脖子，支撑起那么一颗光溜溜的脑袋。这颗脑袋绝无一丝瘢痕，光滑得竟然那么均匀。阳光下，这颗脑袋像打了蜡一般亮，让他的同学们无端地想起，夜里它也会亮的。"（师指名读）

2. 听了这段，你有什么感觉？

出示片段："由于秃成这样，孩子们就会常常出神地去看，并会在心里生出要用手指头蘸一点唾沫去轻轻摩挲它一下的欲望。"

3. 秃鹤会不会让别的孩子摸他的头呢？

出示片段："事实上，秃鹤的头，是经常被人抚摸的。后来，秃鹤发现了孩子们喜欢摸他的头，就把自己的头看得珍贵了，不再由着他们想摸就摸了。……有人一定要摸，那也可以，但得付秃鹤一点东西：要么是一块糖，要么是将橡皮或铅笔借他用半天。桑桑用一根断了的格尺，就得了两次抚摸。……"

秃鹤一直生活得很快乐！

4. 那换个角度，如果你是秃鹤，你越长越大，被同学们天天那么盯着，有时还摸两下，你又有什么感觉？

5. 那秃鹤有没有反抗呢？咱们一起来读一读。

6. 秃鹤不再快活了！从快乐到不快乐之间，他又经历了什么？我们看看第一章的最后一段。

出示第 30 页最后一段。

7. 你们猜：这个最英俊的少年是谁？

8. 刚才你们还说秃鹤很丑，可他怎么又是"世界上最英俊的少年"了呢？不急不急——打开书，阅读吧！

| 设计意图 |

让学生共读几小段关于秃鹤的故事，感受一个人物成长过程中的关键事件。其中，作者安排了多次反转，极大地激发了学生的阅读兴趣，也贡献了预测、

联结、共情等多种阅读方法。

## 板块四：静心阅读享快乐

【阅读进行时】

1. 15 分钟阅读时间。

2. 小结：课堂上静心阅读的时光太难得，也太珍贵了。在课下，这样的时光也很多，希望同学们能在课下把这本书阅读完。咱们一起来看看这两段文字：

>秋天的白云，温柔如絮，悠悠远去；梧桐的枯叶，正在秋风里忽闪忽闪地飘落。

>明天一大早，一只大木船，在油麻地还未醒来时，就将载着他和他的家，远远地离开这里——他将永远地告别与他朝夕相伴的这片金色的草房子……

这两段文字出现在所有故事之前，却讲述着故事最后的结尾。我们读完整本书，会深深地记住这片金色的草房子，也会深深地记住这位作家的名字——曹文轩！

| 设计意图 |

　　班级共读是有着强大的阅读磁场的，让学生产生了一起读书的向心力。此外，两段描写风景的文字，让学生在"纯美"的意境中期待接下来的阅读。

# 牢牢握住你的怀表

## ——《金老爷买钟》教学设计

**教学目标**

1. 学会通过观察、联结，推测故事情节，理解故事内容。
2. 学会从不同科目的角度进行阅读。
3. 联结自身，了解时间的组成，感受时钟背后的时间意义。

**教学重点**

学会通过观察、联结，推测故事情节，理解故事内容。

**教学难点**

联结自身，了解时间的组成，感受时钟背后的时间意义。

**教学过程**

### 板块一：谈话激趣，探索绘本

**一、书目设疑，引起好奇**

课前交流：同学们好，我姓付，你们可以叫我付老师。我来自珠海，坐了三个多小时的飞机才来到北京,穿越了大半个中国来给你们讲一个故事。你们知道今天要讲哪本书吗?

### 二、点明教法,激发兴趣

1. 谈话:你知道今天有几个老师给你上课吗?你知道要学哪四个学科吗?
预设:四个学科,猜测有四个老师上课。
2. 学生交流。
你猜对了,但我告诉你们,其他几位老师根本不用出现。付老师很厉害的,是语文老师,一个人就可以搞定,其他老师根本不用出现。

| 设计意图 |

　　以轻松的谈话亲近学生,营造一个融洽的学习氛围;并且通过点明全学科阅读的方法,激发学生对本节课的学习兴趣。

## 板块二:共读绘本,感悟故事

### 一、揭示课题,激发兴趣

我们今天要讲的故事,叫什么?(PPT 出示封面)
预设:《金老爷买钟》。

### 二、观察封面,明确主角

1. 会看封面。
大家看看封面,哪个是金老爷?(引导生在封面中找)
预设:封面里的这个老爷爷。
2. 教师讲故事。
那它究竟讲了一个什么故事呢?咱们一起配合着来读这个故事:"一天,金老爷在他的阁楼里……"

预设：找到了一只钟。

| 设计意图 |

关键人物、关键事物是学生读懂故事的重要工具，可以让学生明确绘本故事中的主人公和主要事物。而且，学生可以以此为中心进行观察和发散。

### 三、联结自身，思考判断

1. 学生发散思维，猜测测试钟表的方法。

如果你是"金老爷"，你会怎么判断这个这么漂亮的钟准不准呢？

预设1：我可以出去问别人。

预设2：我会去看太阳，根据太阳位置判断。

预设3：我会选择再买个钟，和它对一下时间。

2. 教师继续讲故事：你和"金老爷"的想法是一样的。"于是，他就出去……"

预设："买了另一只钟，放在他的卧室里。"

3. 请你认真观察这幅图，贴一贴卧室的位置。

活动：让学生上台，到黑板上贴卧室位置

4. 结果怎么样呢？你猜猜。引导学生猜测。

预设1：他有可能去了阁楼，却发现忘记带上卧室里的钟。

预设2：他跑过去，可能发现两个钟的时间不对。

5. 引导学生根据内容验证猜测。

（1）我们来看看大家猜对没有。

预设："三点整，""金老爷"说，"我得去看看阁楼里的那只钟对不对？"

（2）请你记住这个时间：三点整。神奇的事情发生了，"他赶紧……"

预设1：跑向阁楼，可是那只钟指向的时间却是三点零一分。我怎么知道哪只钟才是准的呢？他糊涂了。

预设2：我觉得是因为他跑向阁楼需要一分钟，所以时间就走了一点。

| 设计意图 |

　　绘本教学中，教师应该让学生全身心地感受绘本，增强学生的代入感；让学生联结自身，跳脱出绘本限制，发散地讲出自己判断钟的时间的方法，启发学生大胆思考；并且，通过贴卧室位置的活动，提高学生对绘本的观察、运用能力。

### 四、联系绘本，讲演过程

1. 师生互动，问答讲演。

（1）这里"金老爷"是"赶紧"跑上楼，你们认为他要花一分钟，是吗？那接着会发生什么事呢？

预设：我觉得他可能又去买了一只钟，发现三个钟的时间还是不一样！

（2）为什么还是不一样呢？

预设1：因为"金老爷"把这只钟放到了另外一层楼里，时间又不一样了。

预设2：他记住了这只钟的时间是三点零一分，当跑下去的时候发现时间又变了，变成了三点零二。

（3）真的是这样吗？我们一起来看，他真的"于是，又买了一只钟"。

预设：并且，"金老爷"将它放在了厨房里。三点五十分，"我得查查其他两只钟！"

（4）请你去摆一摆厨房的位置。（生贴厨房位置）现在钟放在厨房了，会发生什么事呢？

预设：他把钟放在厨房，又上去对其他两只钟，发现时间又错了。

2. 借助朗读，体验感受。

（1）神奇的事情要发生了，现在是几点？

预设：他飞快地跑上阁楼，可阁楼里的钟却指向三点五十二分。

（2）教师指导学生模仿"金老爷"边跑步边气喘吁吁的感觉。全班一起跑，一起感受。

3. 观察组图，推测结尾。

（1）钟表师傅怎么解决这个问题？于是钟表师傅就准备去"金老爷"家看看这些钟。（出示四幅图）

（2）揭晓谜底，展示结尾："金老爷"买了一个怀表。

| 设计意图 |

教师引导学生用多种方式阅读绘本，并通过问答讲演让学生感受师生共读的乐趣；再通过对朗读动作的指导，让学生体会"金老爷"的劳累与着急。

### 板块三：自读绘本，领悟道理

**升华主题，体会深意**

1. 为什么有了这只怀表，金老爷所有的问题就都解决了？
（生自读绘本）
2. 学生交流阅读感受。
3. 教师小结，升华主题。

其实你不能光看钟表，钟表背后的隐喻是时间。你不能总拿上一刻的时间去衡量这一刻的生命，只要牢牢握住你的怀表，生命中的每一刻都是对的！

| 设计意图 |

让学生放开谈阅读感受，可以拓宽其阅读角度，并且能够自己发现故事中所包含的种种含义。升华主题，可以启发学生慢慢去体悟时间的意义。

# 全学科阅读《金老爷买钟》
## ——数学学科教学设计

**教学目标**

1. 通过对绘本中"时间轴"的观察发现,从而推理、判断"金老爷阁楼上的那个钟是准确的"。

2. 通过时刻数据解读,体会时间的概念,让学生感受时间的悄然流逝。

3. 在学习过程中,培养学生的问题意识,即提出问题、分析问题和解决问题的能力。

**教学重点**

通过对绘本中"时间轴"的观察发现,从而推理、判断"金老爷阁楼上的那个钟是准确的"。

**教学难点**

在学习过程中,培养学生的问题意识,即提出问题、分析问题和解决问题的能力。

**教学过程**

**课前谈话**:同学们,早上好。刚才我坐在下面,是一个欣赏者和倾听者,我看见很多同学跟着蔡老师一起绘声绘色地讲故事，真不错，比我能干！同样，我也听到了同学们用自己的生活经验帮助"金老爷"解决"阁楼上的钟准不准"的问题。那让我们换个角度，用数学的思维来解决这个问题。

## 板块一：静读故事，填时间轴

### 读故事，找时间

1. 读故事，找时间。

这个故事中，出现了很多钟表时刻。"金老爷在他的阁楼里找到了一只钟。"这时的时刻是多少？

追问：你是怎么知道的？

预设：看图知道的。

在PPT中圈出钟面，点拨：我们读故事时，除了要看文字，这些图画信息也很重要。

2. 读故事，对时间。

你怎么知道阁楼里的钟准不准？"金老爷"去买了另一只钟，放在……（生接：卧室里）时刻是……（生说：3:00）"金老爷"赶紧跑上阁楼，此时时间是3:01。"金老爷"又出去买了第二只钟，时刻是……（在PPT中圈出对应时刻）

3. 读故事，填时间轴。

我们一边读故事，一边填写时间轴。（PPT演示时间轴填写）请大家从抽屉里拿出题单，开始吧！看谁动作快。

学生完成，教师在屏幕上同时显示电子版时间轴。

| 设计意图 |

教师引导学生找图画中的不同时间，填写时间轴，让学生初步感知时间的意义。

## 板块二：观察时间轴，找时刻秘密

### 一、看时间轴，核对数据

填数据，谈发现。

把这些数据填出来，就形成了这个故事的"时间轴"。大家快速地核对一下。观察这些时刻，你有什么发现？

预设1："金老爷"每上一层楼要花一分钟。

（1）你是怎么看出来的？（生上来指着数据说）

预设："金老爷"上两层楼要花两分钟，下一层楼要花一分钟……

（师在HiTeach里圈出数据，在屏幕上的房子里画箭头梳理，肯定结论）

（2）还有没有哪组时刻能让我们一眼就看出"金老爷上一层楼要花一分钟"？像这样，在你们的时间轴上，找一找，画一画。

（3）教师拍照上传作业，学生汇报，最后返回PPT看所有结果。

预设2：时间轴说明阁楼上的钟是准的。

你能根据时间轴说明阁楼上的钟是准的吗？

### 二、总结发现找秘密

1. 小结：根据大家的发现，从卧室到阁楼，上1层楼用1分钟，时间就走到3:01；从厨房到阁楼，上两层楼用2分钟，时间就应该增加2分钟，到3:52；从门厅到阁楼，上3层楼要用3分钟，时间恰好走到4:23分。这能证明"金老爷"家阁楼上的钟准不准吗？

2. 不仅阁楼上的钟走得准确，而且另外三只钟也是准的。其实作者佩特·哈群斯在图画中就给我们留下了答案，请大家看到最后一页：这四个钟的时刻都是6:00，它们都是同步的，都是准的。

| 设计意图 |

引导学生在数据填写中，探索藏在时间里的秘密，感知时间的准确。

## 板块三：体验一分钟，感受时间奥妙

### 一、体验一分钟

体验活动。

学生体验，教师指导并总结：你们真是太棒了，能不能学学"金老爷"跑上楼的样子？全体起立，我们通过看表切实地体验"金老爷"上楼的一分钟。

### 二、交流感受

1. 大家有没有什么想说的？

预设1：我觉得"金老爷"跑得超级慢，他年龄大、比较胖……

2. 我刚才看到一个同学的动作和大家不一样，你再来演一演。为什么这么想？

3. 我们再来学学"金老爷"上楼、爬楼梯的样子。（学生起立表演）

我从大家这次的动作当中看到了"金老爷"上楼有些缓慢和吃力，不再是那样飞快。刚刚蔡老师和书上都讲错了？我想这样的速度，也许对于"金老爷"来说已经是飞快了。

4. 小结：大家刚刚从这些数据中分析出"金老爷"每上一层楼的时间，又体验了"金老爷"上楼的形态，我们的数学还真有趣！

| 设计意图 |

通过活动体验，引导学生感知一分钟时间的奥妙，并分析上下楼中隐藏着的时间，进而感知数据的不同以及学习数学的快乐。

## 板块四：挖掘买钟经过，体会时间变化

**拓展思维角度**

1. 探究"金老爷"买钟路上的发现。

大家还有其他发现吗？我们再来看看"金老爷"几次买钟在路上所花的时间。

全班一起梳理，老师在电脑上批注：第二次买钟用了 46 分钟，第三次买钟用了 22 分钟，最后一次买用了 57 分钟。

2. 你有什么想说的？

预设："金老爷"越来越着急，买钟花费的时间越来越短。最后钟表师傅帮他把问题解决了，他不这么着急了，买钟花费的时间又变长了。

3. 小结。

（1）"金老爷"这天从 1∶30 到 6∶00，共用了 4 个半小时。"金老爷"的问题真的解决了吗？

（2）他还是不明白爬楼是需要时间的，时间永远不会停留在某一时刻，它会一直无声地往前。

| 设计意图 |

引导学生探究时间的变化规律以及时间的流逝，培养学生珍惜时间的意识。

# 全学科阅读《金老爷买钟》
## ——美术学科教学设计

**课程分析**

本课属于跨学科阅读课程中的美术环节，旨在通过带领学生阅读《金老爷买钟》这个绘本故事，提取绘本中的图像信息，引导学生体验绘本中所蕴藏的美术知识，更加深入地感受绘本。同时，通过欣赏、模仿巴洛克风格的纹样，引导学生理解不同历史时期不同地域艺术门类的异曲同工之妙。

**教学目标**

1. 欣赏绘本中作者对于钟表的绘制，了解绘本中钟表上的巴洛克风格图案。

2. 让学生通过学习和模仿，用巴洛克风格的纹样装饰一个钟，体验巴洛克风格的特点。

3. 让学生了解绘本中作者绘制出的英伦风格，拓展自身的文化审美视野。

**教学重点**

1. 培养学生从绘本中提取图像的能力。

2. 让学生体会绘本中巴洛克风格的特点和魅力。

3. 让学生通过绘本中的图像，更加深入地了解绘本故事发生的年代、人物的性格等信息。

**教学难点**

1. 巴洛克风格纹样的设计。
2. 通过图像了解绘本。

**教具准备**

绘本《金老爷买钟》、PPT课件、打印的图片、黑色签字笔等。

**教学过程**

**一、引入新课，书写课题**

师：刚才我在旁边看语文老师和数学老师给你们讲绘本，可把我着急坏了。绘本里这么多精美的图画，他们都"视而不见"。我是一个美术老师，要说读绘本，这应该是我的长项啊，对吧！所以，接下来，我就带着大家用美术的眼光来继续解读《金老爷买钟》这本绘本，通过绘本里这些精美的图画再一次挖掘作者想告诉同学们的秘密。

你们准备好了没有？

生：准备好了！

| 设计意图 |

通过与前两个学科的对比，吸引学生的注意力，激发学生学习的兴趣。

**二、分析绘本**

1. 师：你们觉得作者在绘本里把什么画得最美？

（生交流，预设：钟）

2. 师：你们都说钟很美，那作者绘制的钟一定给你们留下了非常深刻的印象吧！那老师想向大家发出一个挑战：给大家30秒的时间再翻翻绘本里的图画，然后我想看看谁能根据绘本内容把"金老爷"买的这四个钟贴在他家里的正确位置。倒数3、2、1，开始。

（生贴图）

3. 师：你的记忆力可真不错。那老师再追问一个问题——"金老爷"的这四个钟到底美在哪里呢？我们选一个来分析一下。

（师提取绘本中钟的图像，并分析、范画）

| 设计意图 |

学生可以通过回忆和游戏，加深对绘本的印象。教师要引导学生提取绘本中图像的相关信息，并用语言表达出来。

### 三、分析绘本中钟表花纹的装饰手法

1. 师：我们看这个钟的上半部分——有像金字塔一样的顶，这个顶两边的三角一样。作者可没有随意乱画，可见她是故意安排的这样的图形。

预设：对称图形。

2. 可是光有这个形状，美吗？作者是怎么做的？

预设：画了很多线。

3. 只有一根简单的线条可不美，于是作者多加了几根，这叫什么美术手法？

预设：重复的美。

4. 中间是空的，所以作者绘制的花纹和上面的直线比起来要复杂得多。所以，这里作者用了什么美术手法呢？

预设：疏密的对比。

5. 再来看这个钟的下面，你们发现这个花纹的形状有什么特别的吗？

预设：适合纹样。

| 设计意图 |

教师引导学生分析得出"绘本中的花纹装饰是作者用一些简单的美术手法

画出来的"，让学生关注图案中的花纹显现的巴洛克风格，进而了解"金老爷"的人物特征。

### 四、学生模仿创作并展示

1. 师：那你们谁想拥有一个像"金老爷"一样的钟？看看老师在抽屉里给你们准备了什么。（展示作画工具）

2. 接下来的 10 分钟时间，就让我们一起随着音乐徜徉在美的海洋里。每个小朋友都可以学习作者的方法，或者发挥自己的创意，用学过的美术手法，给"金老爷"的钟加点料，让它看起来更漂亮吧！

注意：音乐只能持续 10 分钟，音乐结束后就算没有装饰完也不要紧，绘本里还有更多的艺术秘密等着老师跟同学们一起去挖掘。所以，我们只需抓紧时间，可以吗？

学生创作。

3. 刚才你们专心创作的样子可太美了，老师随机拍了几张你们创作时的照片，你们看。无论是专注的神态，还是创作的作品，都达到了形神合一的境界。

具体分析 2 幅作品。

刚才同学们体验了装饰"金老爷"的钟，那谁来说一说这些钟给了你什么感觉呢。

预设：珍贵、豪华、精致。

4. 原来在 17~18 世纪，整个欧洲的皇室和贵族们都非常喜欢这种风格的装饰，它给人一种极致的豪华与夸张、热情与奔放的感觉。在美术史上，这种风格有个名字，叫作巴洛克风格。所以当时就有很多巴洛克风格的钟表流传下来。

| 设计意图 |

学生在动手实践中体会花纹的美感，作品展示可以帮助学生获得成就感。

在教师引导下，学生总结出巴洛克风格，并体会巴洛克风格的魅力。

**五、拓宽视野**

1. 师：我们的作者可不仅仅在钟的花纹上"做了文章"，而且她画的钟的形状也蕴藏着很多他们国家的小秘密呢！同学们有没有注意到作者是哪里的人。

我们来看看"金老爷"的钟的造型，它们和英国的某些风景名胜的建筑风格息息相关。（PPT出示）

2. 师：除了"金老爷"的钟，你们还觉得绘本里哪些画面让你觉得特别美？

房子——"金老爷"的房子有三层高，也算是个豪宅了吧！

而"金老爷"的服饰，也是英国风靡一时的维多利亚风格。

所以，"金老爷"拥有巴洛克风格的钟，有三层楼的房子，还穿着当时最流行的维多利亚风格的服装。你们觉得"金老爷"是一个怎样的人？

预设：有社会地位，跻身上流社会，有绅士风度。

3. 师：那"金老爷"发现家里所有钟都不准，他去找钟表师傅的时候，会不会是气急败坏、咬牙切齿地去质问？

预设：不会。

师：那应该怎么去读？

预设：带着绅士的语气，慢一点。

通过今天这短短的二十多分钟，同学们可以发现阅读一本绘本不仅可以从文字上去理解，而且绘本里的图画也隐藏了很多作者想传达给我们的秘密。所以，你们说学好美术是不是很重要啊？咦？好像有人不同意？那行，我们请他上来给大家继续讲讲他的发现吧！

| 设计意图 |

只有读懂了作者绘的图，才能更好地理解作者创作的这个绘本。此外，这里对语文老师的质疑则更加激发了学生的思维活跃度和阅读兴趣。

# 全学科阅读 *Clocks and More Clocks*
## ——英语教学设计

**绘本名称**

*Clocks and More Clocks*

**出版信息**

By Pat Hutchins

**教学目标**

1. 体会原著中情绪的表达特点。
2. 体会语音语调的变化带来的情感变化。
3. 对比中英文名称,培养学生思辨能力。
4. 激发学生阅读原版英文书的兴趣。

**教学重点**

1. 了解原版故事。
2. 让学生愿意阅读英文原版书。

**教学难点**

1. 语音语调的变化体现出的心情变化。

2. 对中英文名称进行辩证思考。

**教学准备**

教学 PPT、中英文原版绘本。

**教学过程**

一、Warm up

T：说到英国，怎么能没有英语老师我呢？Now it's my turn. Listen to me boys and girls; please put your paper in your desk. Put your marker in your pencil case or pencil box. Let's begin our class.

| 设计意图 |

以轻松的开场，让学生快速转换到英语思维。

二、Pre-reading

T：I have a question. What story have you read today? 你们今天读了一个什么故事呀？你们异口同声地回答我：《金老爷买钟》。Are you sure? Are you sure? Look, can we read together? *Clocks and More Clocks*. Who can translate it?

S：钟和更多钟。

T：你翻译得真好。大家看一下这是什么——《金老爷买钟》。Look at this one, *Clocks and More Clocks*，我好像知道点什么，谁写的呀？

T：他刚刚给了我答案了，我之前看你们上了三节课，玩得很"嗨"，很开心。其实我不忍心戳穿你们，你们之前三节课读得根本不是我这个作者写的故事，你们读了一个"假"故事。看看我的，*Clocks and More Clocks*, by Pat Hutchins. 看看你们这本，Pat Hutchins 可根本没有写《金老爷买钟》啊！谁写的呀？是译者陈太阳翻译的呀！所以我说你们之前三节课都被骗了呀，多惨呀！你们还那么开心。但是同学们，没关系，今天我们就来读这个故事。Ready? Go!

| 设计意图 |

给学生提出问题，让学生关注英文原版书，激发学生阅读原版书的兴趣。

### 三、While-reading

T：One day Mr. Higgins found a clock in the attic. Who is Mr. Higgins? "金老爷"？No，Mr. Higgins is "金老爷"？no，no，no，我这本书里根本没出现"金老爷"三个字，我再一次告诉你们，你们读了一个"假"故事。既然你们想知道我原版的，那我就来告诉你，它在爱尔兰语中是"聪明的"的意思，所以应该是"聪明先生"或"聪明老爷"，Right? Why? Why did the writer give him such a name? 那为什么作者 Pat Hutchins 要叫他 Higgins 呢？

T：同学们你们看，一读原版，我们就读出这么多东西，还是应该看原版呀。

之前美术老师说，因为他叫"金老爷"，所以这个钟金灿灿的，你同意吗？你觉得这个推理对吗？为什么？

T：我觉得只有读过原版的故事，你们才能真正理解作者的意思。多读原版。

但是美术老师说钟是非常漂亮、繁复、华丽的，我非常同意。It looked very splendid standing there. Splendid means more than beautiful. The beautiful castle is splendid. The room is splendid. His clock is splendid. So he was happy. But then he was confused. "How do I know if it's correct?" he thought. So he went out and bought another. Which he placed in the bedroom. "Three o'clock," said Mr. Higgins. "I'll see if the other clock is right." He ran up to the attic, but the clock said one minute past three. "How do I know which one is right?" he thought. Do you know thought? It's the past tense of think. The meaning is "想，认为"。陈

太阳的版本是怎么说的?

T: There are so many thoughts in the story. They have different meanings in Chinese. 没招了。他真的没招了吗？那他怎么做的呢？He went to the clock maker's. The end

| 设计意图 |

　　用对比的方式让学生关注中英文化差异。教师抛出问题，启发学生思考，以提升学生思维品质。

四、After – reading

T: 这个故事讲完了。读完了真的故事，你们有没有感觉很酷？你们读得这么棒，老师给大家准备了一个小福利。看我手里这本书，你想读吗？我就只有这一本，唯一的，only one, 是我等了好久从国外订回来的呢，谁想看呀？可是只有一本，怎么办呢？好，老师就把这本书先给你保管。我发现你的英语特别棒，希望你回去之后再把这本书读给大家听，带着大家一起学好英语，好吗？希望同学们好好珍惜这本书，认真去阅读英文原版。最后送给大家一句话：读原版的，你才是最酷的！

| 设计意图 |

　　用奖励的方式把书送给大家，更加激发了学生去阅读英文原版书的热情。

# 名师评说

"拆书"的"老付"/王林

# "拆书"的"老付"

王　林（人民教育出版社）

第一次看到"拆书"两个字，我吃惊得差点儿从座位上站了起来——难道不应该教学生学会爱护书吗？

第一次看到"老付"的照片，我吃惊得真的从座位上站了起来——这青春靓丽的外表和"老气横秋"的绰号之间的反差也太大了吧！

不过，拆书的"老付"一点儿不在意这些普遍的误解和刻板化的第一印象，她还是乐呵呵地在朋友圈里分享读书心得，在"老付拆书"的微信公众号里更新教学实践。付老师的真诚与勤奋，让她在儿童文学方面有着不错的成绩。我读了付老师关于语文教学和儿童阅读的文章后，有如下三点思考：

## 一、初心未改的儿童阅读

我不知道付老师从什么时候、因何种机缘对儿童阅读产生了兴趣，并从此"一往情深""乐此不疲"。

儿童阅读与语文教学进行融合，不过短短十几年时间，从少数人参与，到同道者渐成声势，参与的人也颇为复杂。其中有真诚希望进行教学改革的老师——不能指望一本教材帮助孩子形成良好阅读习惯；有趋附"时髦"的名师——打着"整本书阅读教学"到处串场的明星教师；有怀揣商业目的的机构——动辄以"高考改革""试卷做不完""恐吓"家长和孩子。

任何一个领域处于发展阶段，良莠不齐实属正常，可以理解，关键要看这位老师是否能够秉持初心，潜心钻研。我常阅读付老师的课例和文章，觉得她对儿童阅读是真心喜欢。我判断的标准很简单，就是看她读了哪些书，有无不断开发新课的能力。请看她为"付雪莲名师工作室"的老师们开的阅读书目：

专业理论书单部分如下：

《教育的目的》，[英] 怀特海，文汇出版社，2012 年版。

《儿童文学的乐趣》，[加] 佩里·诺德曼、梅维丝·雷默著，陈中美译，少年儿童出版社，2008 年版。

《书，儿童与成人》，[法] 保罗·阿扎尔著，梅思繁译，湖南少年儿童出版社 2014 年版。

《欢欣岁月》，[加] 李利安·H·史密斯著，梅思繁译，湖南少年儿童出版社 2014 年版。

《谈阅读》，[美] 古德曼，洪月女译，心里出版社，1998 年版。

《提升阅读力的教与学》，赵镜中著，吴敏而主编，万卷楼图书股份有限公司 2014 年版。

《英语儿童文学史纲》，[英] 约翰·洛威·汤森著，王林译，湖南少年儿童出版社，2020 版。

《儿童文学概论》，朱自强著，高等教育出版社，2009 年版。

儿童文学书单部分如下：

《白鸟》，[法] 亚历克斯/著；中信出版社。

《快乐王子》，[英] 王尔德/著；巴金/译；上海译文出版社。

《牧羊少年奇幻之旅》，[巴西] 保罗·柯艾略/著；丁文林/译；北京十月文艺出版社。

《永远讲不完的故事》，[德] 米切尔·恩德/著；杨武能/译；二十一世纪出版社。

《我亲爱的甜橙树》，[巴西] 若泽·毛罗·德瓦斯康塞洛斯/著；蔚玲/译；人民文学出版社。

《不老泉》，[美] 娜塔莉·巴比特/著；吕明/译；二十一世纪出版社。

《耗子大爷起晚了》，叶广芩著；北京少年儿童出版社。

如同通过参考资料就可探知论文作者的功底，我们通过她读的书也可以探知其功底。因为有了这些功底，付老师在儿童阅读中既不重复自己，也不重复别人。有的老师说到图画书教学，就只上过《猜猜我有多爱你》《我爸爸》；说到整本书教学，就只上过《草房子》《时代广场的蟋蟀》。他们设计一节课到处讲，"一招鲜，吃遍天"，这就叫缺乏开发课程的能力。看看付老师"拆"过的书，既有统编语文教材中推荐的书目，也有《五个孩子和一个怪物》《灯塔》等儿童文学名著。

满怀热情地向学生推荐书，不知疲倦地推动儿童阅读，付老师的初心是什么？用她的一篇文章的标题或许可以说明——《帮助学生成为独立的阅读者》。

### 二、智趣结合的教学实践

以儿童阅读见长的付老师，首先具有扎实的语文教学功底。我看过她的教学设计，无论是课文还是整本书，均以"智趣"二字为特色。

"智"即智慧，"趣"即趣味，两者结合，学生快乐。我以为，付老师的"智趣"二字，抓住了小学语文教学两个重要的特点。君不见，传统的语文课堂大量讲解，重复分析，缺少互动，了无生趣。语文课往往从一年级学生最喜欢的课，随着年级的增长，慢慢变成了最不喜欢的课。这个过程中发生了什么？真的只是社会重视不够吗？如果老师们反躬内省，我们的语文教学是不是还有很大的提升空间？

"智趣阅读"，需要老师对文本进行深入理解。例如，付老师对课文《总也倒不了的老屋》的解读，就比简单的"友谊""坚持"丰富得多：

其实你可以把它当作寓言来读，因为它太宽大了，写出了每个人内心最隐秘的情感。也许作者最开始的想法是探讨留守老人的问题，但随着作者写完最后一个标点符号，这个故事便不属于他了。他控制不了这个故事流向哪儿去，会被谁读到，会被怎样解读。

老屋所包含的隐喻既可以是留守老人，也可以是寻爱不得的孤独灵魂。

它可以帮我们重新思考人与人之间的亲密关系，这其实比学习预测更重要，也更有意义。所以，教材是教材，我们是我们。我们尊重教材，但绝不被教材裹挟。

付老师对很多儿童文学名著的解读也很到位，既能贴近作家原意，又有个人见解，更有教师的教学敏锐。

"智趣阅读"，需要老师运用可视化的思维工具。付老师在教学中发现，学生阅读整本书时，由于整本书比单篇课文人物更多，情节更复杂，学生连故事情节都复述不上来，常常让整本书的阅读交流课变成一场"灾难"。基于此，付老师阅读了大量的理论书籍，开发出情节梯、情节波等一系列的可视化思维工具来帮助学生理清情节顺序。我不知道付老师是不是受了瑞士马丁·埃普乐和罗兰德·A.菲斯特《思维可视化图示设计指南》一书的影响，但她这种遇到困难就求助于理论图书的方式尤其让人欣赏。我们的传统语文教学让学生的学习兴趣越来越弱，很大程度上是因为教师的教学手段不够丰富，每篇课文都用同样的教学方式。可视化的思维工具被运用到语文教学中，将起到增进理解、增强兴趣的作用。

### 三、正在探索的大湾区语文教学

从付老师的工作经历可以看出，她在东北老家教书8年后，在2013年到澳门做了一年的指导教师。正是这一年的异地工作经验，打开了付老师的视野。她后来又到清华附小跟班学习，通过跟随著名语文教师窦桂梅学习，在儿童阅读与语文教学的融合上有了更多实践机会。留在珠海工作的付老师，身处大湾区建设热潮中，理应思考大湾区语文教学的可能性。

我曾经参加过几次内地与港澳地区的语文教学观摩研讨会，总的感觉是由于政治、经济、文化的差异性，三地的语文教学也多元异彩，各有特色。内地的语文教学重视基础，扎实稳进；香港的语文教学得风气之先，灵活有趣；澳门的语文教学则善于学习，博采众家。

付老师也将她的儿童阅读主张带到澳门，让澳门的老师也见识到了变化中的内地语文教学。我希望，付老师也一定别忘了向澳门的同行学习。据我所知，他们在戏剧教学、审辨思考、阅读测评等方面钻研颇深。得益于港珠澳大桥带来的频繁的交流，教育也将日益融合。但是，融合并非唯一方向，还需保留各自特色。付老师的儿童阅读，多选取世界儿童文学经典，教学方式也很有"国际范儿"，如能将这些思维方式用于传统文化的教学，当大有可为。以付老师的勤勉和聪慧，也必然大有可为。

由此，我知道付老师的"拆书"不是撕书，而是带领学生对书籍进行深度阅读；"老付"也不是真老，而是语文教学经验日益老到。

# 成长故事

付雪莲：用阅读找到生命的出口

# 付雪莲：用阅读找到生命的出口

她是老付，会"拆书"的老付。她是2018年年度点灯人，全国年度十大青年名师，全国知名儿童阅读推广人。

新教育实验发起人朱永新老师提出，一个人的精神发育史就是他的阅读史，一个民族的精神境界取决于这个民族的阅读水平。

一直致力于儿童阅读推广的付雪莲老师，她的精神发育史、阅读史又能给我们带来怎样的启示呢？

笔者通过对付雪莲老师的采访，选取了她生命中的几个重要节点进行记录，希望能给那些还在黑暗中苦苦挣扎的人带去一丝光明与安慰。

**一、世界以痛吻我，我要报之以歌**

她笑着说，自己的童年孤单且魔幻。哪里有什么儿童文学图书可以读，唯一的快乐大概就是来回翻看家里那些老旧的线装书了。

在一大堆白话文书籍里，她挑中了蒲松龄的《聊斋志异》。现在回想起来，或许也可以说是《聊斋志异》挑中了她吧。

张爱玲和三毛的启蒙书籍是《红楼梦》，所以她们命中注定要与绝美的文字和世间的至亲至疏纠缠。

她的启蒙书籍是《聊斋志异》，恐怕这辈子她也注定是一个颇有传奇色彩的女子吧。

八九岁的她，靠着半读半猜，爱上了笑声清脆的婴宁，厌恶外艳内狞的画皮。

那时候没人提什么阅读策略，就是因为单纯的喜欢，那些阅读中的"难"被生命中的"自力量"一一化解。

小小的她还分不清这世间的善与恶，本能的喜爱和厌恶便是智慧与灵魂的觉醒。

就像《草房子》里的秃鹤一定要遇到丁四，才会转过头来正视自己的人生命题。

九岁的她，也遇到了那个对她的生命影响极大的人。

那是她的班主任，一个刚毕业的女老师——有卷卷的长发，白白的脸，红红的嘴唇，细细的腰，亮亮的高跟鞋，香香的味道……《聊斋志异》里任何一个狐仙，都不及她的美。

小小的她爱上了这个美丽的女老师，她也渴望成为一名小学语文老师。最好的未来，应该就是成为像班主任一样的人吧！

短暂的喜悦很快消失，女老师很凶，特别是对学习不好的孩子。罚站、辱骂、用书砸头已经是家常便饭。

一次，有两个男孩又没有写作业，女老师让他们俩站在门口，全班其他学生排成一排，每个人都要扇他们俩的耳光。理由是他们俩拖了班级成绩的后腿，那么大家都是受害者，都应该去惩罚他们。

她也在队伍中，一点点挪着脚步，思量着怎么样才能既不把他们打疼，又能顺利过关。"啪！啪！啪！啪！"声音或大或小，不断地传进她的耳朵。

她不敢抬头看那一个个手掌是如何落在那两个稚嫩的脸上的。她只知道她前面的那个女孩，因为巴掌扇轻了，被拽到了门口一起受罚。

闭着眼，咬着牙，她生平第一次狠狠地扇了别人的脸。在走廊，她哇的一声哭了出来，有害怕，有恐惧，也有委屈。

最后，那个女老师被人投诉，受了处分。但留在孩子们心里的阴影，却永远无法消除。

"那你应该惧怕当老师啊，为什么还要做老师呢？"我问她。

她笑了笑，说："小时候，被问长大了想做什么职业，我的回答永远都是小学语文老师。我就想用自己的努力证明，那个女老师是错的，教育的内核绝不应该是恨。我们没有办法选择遇到的事，但可以选择成为什么样的人！"

泰戈尔说，世界以痛吻我，我要报之以歌。其中的豁达和通透感动了无数人。付老师同样也是勇敢的人——即使看透了这个世界，却依旧选择爱着它。

### 二、"夏洛"让整个世界，都变得好值得

2005年，她如愿成为一名小学老师。但梦想和现实的差距，有时候比买家秀和卖家秀的差距还远。

就像威尔伯憎恨被制成腌肉和火腿，她也憎恨一眼便看到死的生活。

威尔伯啜泣、尖叫、呻吟、号啕大哭……而她更多的表现是沉默、发呆、不快乐。

2006年的冬天，她窝在原沈阳军区大厅后排塌陷的椅子里。椅子扶手上枣红色的漆已经脱落大半，风呼呼灌着脖颈子，她跺着脚，捂着脸往手里哈气。

那是她第一次去参加名师培训。当年还有谁的课，她已经完全没有印象，脑子里只记得刺骨的冷和窦桂梅校长的《清平乐·村居》。

当时的她，90斤的体重，戴着黑框眼镜，素面朝天，常年扎马尾辫，穿的衣服大多是运动服。她站在高年级学生中间，哪里像个老师，像班长或学习委员更多些。

那时候六个老师挤在一个窄小的房间。里面常年充斥着早餐、化妆品的味道，还有从早市拎回的水果蔬菜带鱼和鲜肉的味道。

老师们谈论最多的话题，是谁家儿媳妇不怀孕，哪个女老师又离婚了，胡萝卜汁和菠菜汁掺多少在面里蒸出来的饺子颜色才最漂亮。

她不想插话，也插不上话。她告诉自己，每个人都有选择自己生活方式的权利，柴米油盐挺好，埋头专业成长也不是错。

后来，她以班级学生纪律难管，需要陪读为由，把自己安置在了教室角落里办公。

本来其他科老师是很讨厌她坐在后面的，但由于有她的"坐镇"，教室异常安静，其他老师也就不再往外赶她了。

教室里，孩子们听课，写作业。她埋头于书海，读心理学、哲学、文学、教育学等方面的书籍、论文。那是她能做的最后的抵抗。

她似乎与整个世界都格格不入，这样的情况持续了将近有八年。

让她咬紧牙关不肯放弃的人，是她的夏洛——窦桂梅校长。

她依然记得窦校当年在台上的笑容。东北的冬天真的很冷，但吸到肺里的冷空气和胸口洋溢的温暖，让她觉得特别幸福。

就像夏洛在网上织出"王牌猪"，从此让威尔伯找到努力方向一样，窦校身上的光，让她在灯火阑珊处看到了自己想要的模样。

她要像窦校一样，朝着光奔跑，做个让学生幸福的老师，做个不断超越自己的老师。

"是的，我要像她一样。"这本该是藏在心里的声音，竟不听话地从唇边轻轻溜出。"哼"，邻座听课老师鼻腔里的不屑，至今依旧清晰刺耳。

2013年，她等来了命运的转折点。

当时教育部从全国各地选派优秀教师去澳门做指导工作，多年积累的成堆证书让她顺利地踏上了澳门的土地。

香港大学的教授们像带博士生一样带她，一起听课、评课，每周给她开书单，检查她的读书报告。

澳门教青局的余巍梁碧梅老师和来自全国各地的其他优秀的教师，也都像哥哥姐姐一样，在专业成长上给了她很多的帮助和指导。

2014年，她通过绿色通道，正式落户珠海。2017年，她辗转托人要到了窦校的微信，像写大作文那样给窦校留了长长的言。

她鼻涕眼泪地把这些年如何一本一本读书，如何一次次参加比赛，如何扛过那些冷言冷语，又是如何来到澳门留在珠海，设计了多少个整本书阅读课程包，写了多少篇文章，开发了多少个传统文化课程……一股脑儿地说了个痛快。

窦校回复：真棒！真是每一个轻松笑容的背后，都有一个咬紧牙关的灵魂啊！

再后来，窦校邀请她去清华附小跟岗学习，上课，办讲座，参与课程建设。她在窦校办公室隔壁办公，一边设计课程，一边听她的笑声，嘴角也不自觉地上扬。

后来，有人说她目的性太强，故意跑窦校身边蹭热度。第一次听到这种话，她有些愣神，然后呆呆地点头说："是啊，说得对呢。14 年前的那个冬天，我就瞄准她了。她是那样的光芒万丈，我没办法不爱她，不奔向她。我渴望她身上的光，也渴望她身上的热。我要像她一样，成为她那样的人。这个想法，从来没有变过。"

看着她一点一点地成长，窦校对她说："付儿啊，你不能光是自己跑得快，你还要有托举他人的胸怀和力量。"

她愣在原地，半天说不出来话。就像夏洛最后在网上织的"谦卑"，把胆小的威尔伯推上了金牌宝座一样，窦校也在用她的方式告诉她：人生不仅有天道酬勤，还有厚德载物。

之后的三年，她一边自我成长，一边带团队。

2017 年，她指导卢璐老师获得了广东省教师素养大赛一等奖；2018 年，指导黄韡老师获得了广东省教师教学能力大赛特等奖第三名；2019 年，指导徐飞飞老师获得了广东省教师素养大赛特等奖第二名。

几年来，她指导的香洲区内小学语文教师参加"国家教育平台一师一优课"，光是获得的部级奖项就有几十个。

她所支教的珠海市香洲区甄贤小学，获得了 2019 年广东省书香校园荣誉称号。

她的阅读试验基地——北京回龙观中心小学、北京昌平第三实验小学，更是成为北京昌平区全学科阅读的龙头学校……

回看来时的路，原来作为落脚猪的威尔伯，有一天也可以成为智慧的夏洛。

了不起的夏洛，光彩照人的夏洛，让整个世界都变得好值得。

### 三、你拥有这世上最珍贵的种子

2014 年的秋天，作为她生命中一个重要的节点，还是要再详细说一说。

刚结束澳门的工作，带着对同事的依依不舍之情，她拖着两大箱子的书和少量的生活用品来到珠海。没人了解她过去的成绩，一切都要从头开始。

那是她在珠海工作的第一间学校。二年级本来没有八班，班级里的学生是从其他七个班调过来的。

开学那天，不大的教室被吵闹的孩子和怨气十足的家长们填得满满当当。最后一个进教室的小男孩站在讲台上一动不动，他咬着嘴唇，满脸泪水。

他的妈妈把调班信息表摔到她的手上，情绪激动地说："我们这可都是好学生，却抽到你们班来了！孩子一直哭，不肯来，你看怎么办吧！"

本来吵闹的教室瞬间安静了，教室后面有几个男家长还不合时宜地笑出了声。

所有的人都在看着她。

她回头看着讲台上已经哭出鼻涕泡儿的小男孩，忍了又忍，还是没忍住，笑了出来。她对他说："我觉得你很优秀，不是因为你妈妈说你是好学生，而是因为你有情有义。你一定要记得今天你哭的这个版本，将来我不教你了，你也要照着这个版本哭，必须也得冒这么大的鼻涕泡儿……"

教室内瞬间安静下来，所有人都没想到，付老师会说出这番话来。

她没有安抚家长的情绪，也没有管束嬉闹的孩子，甚至都没提开学要求，只是把 U 盘插进电脑，从 500 多个绘本 PPT 中选了一个讲给他们听。

那个绘本的名字叫《安的种子》。书对于一个爱阅读的人来说，真的既是软肋，又是铠甲。

当时教室内安静极了，她轻轻地念给他们听，也念给自己听。

念完故事，她指着小和尚安的布口袋说：跟本和静比，安不在乎这粒种子吗？不是，他可是把它小心地放在布袋里，然后一直挂在胸前的心口位置，这粒种子一直都在他的心上。

可是安不急着要第一个种出莲花，也不刻意去找金花盆、最名贵的药水和花土。安只是像往常一样做饭、挑水、散步，等春天来了，在池塘的一角种下种子，等待盛夏的某个清晨，莲花盛开。

万物自有规律，你要给孩子一点时间，给自己一点时间，给我一点时间，给时间一点时间。

她给他们看了过去 10 年所获得的省市级 40 多个获奖证书的照片，还有和以前学生的毕业照、活动照。

她说，这些成绩都将是过去，从今天起翻篇，不会再提。

对于她来说，珠海除了过澳门的拱北关闸，哪儿都不认识。在这里，她没有朋友，没有家人。

但是从今天起，八班的孩子和家长就是她的朋友，她的家人。

一个月后，如果不满意她，不满意八班，她自己去找校长把孩子调回原来班级。还有，以后不许再说"你们班"，要说"我们班"。

坐在下面的孩子使劲儿鼓掌，很多家长早已泪眼婆娑。

工作这么多年，她其实并没有学会任何可以收服学生的招数。如果非得说有，那就是给孩子们读一本又一本的好书。

学校要求每个班级进行班级文化建设，评比最美教室。家委会询问她的意见，问要不要多买点装饰品，墙壁要不要绘上漂亮的图案。

她想了想说，阿根廷著名的盲人作家博尔赫斯曾经说过："上天给了我浩瀚的书海，和一双看不见的眼睛，即便如此，我依然暗暗设想，天堂应该是图书馆的模样。"

最美的教室应该是图书馆的模样吧！

家委会听了她的话，一点儿没客气，买回来八个大书架，按照她给的书单，全填满了。孩子们越来越安静，因为根本没有时间浮躁，他们还要听付老师讲好听的故事呢。

孩子们越来越爱看书，因为付老师会根据主题设置整本书全课程，与数学、美术、音乐、体育、英语、计算机老师一起商讨如何通过项目式活动提高他们的阅读力、思维力、审美力、协调力、表达力。好书太多了，活动太好玩了，他们忙得没时间淘气了。

一年过去了，没有一位家长来找她，要将孩子调回原来的班。

她在家长会上讲的故事、说的话，甚至成了八班家长们没事儿就说出来炫耀的谈资。

那一年，他们班评上了最美教室。

那一年，他们班期末考试年级第一。

从不被认可到被接纳、被喜爱，是书帮了她，是阅读帮了她。

时光荏苒，孩子们渐渐长大，他们对书的质量，对课程的要求更高了。

为了跟上孩子们的发展步伐，她把阅读童书当作每天的功课，把阅读儿童文学理论当作主要的阅读方向。她将几十本在国际上颇负盛名的专业书啃下来后，终于突破原有理论的天花板，开始建构属于自己的整本书阅读教育教学体系。

这时候，老家来电话，他父亲生病住院。她把孩子丢在珠海，马上飞回了老家。想着父亲一口一口咯血的样子，她坐在大客车上哭，坐在飞机上哭，坐在出租车上哭，哭得眼睛都肿成一条缝了。

可是回到东北，她却立刻换上一副坚强的样子——办理住院手续，楼上楼下找大夫，买饭，看点滴，打扫父亲的单间病房，查找相关病情的所有书籍和信息。

后来，打扫卫生的阿姨都被逗笑了，说病房地面都可以当镜子了，她在抢饭碗。

因为看了大量的病例论文，化验单上的数值她全能看懂，跟医生的交流也全用医学术语。沈阳医大二院最牛的肿瘤科博导都误以为她是学医的，还用她来给实习生举例子——一个不读书的医生，将来会被爱读书的病人家属嫌弃的。

在等化验结果的那些天，她蜷缩在病房的一角，读了《时代广场的蟋蟀》，并为它写了一万多字的教学价值分析。

没人知道，她让自己那么忙，只是因为害怕。是阅读帮助她挺过了那段难挨的日子。

书不能让人避免苦难，但能教你如何正确地看待生活，不让你把那些生命无法承受之重无限地放大，放大。

### 四、永葆善良与爱的初心

从 2015 年开始，作为香洲区小学语文课程专家核心成员，她会推荐书目给全区的学生。为了让老师们能够更好地安心做整本书阅读教学，并且不影响教学质量，一开学，她就接受上级的任务，给全区 3—6 年级的语文老师进行教材培训，一个单元一个单元地讲，一篇作文一篇作文地讲，从单篇精读课文的教学重难点到写作支架的设计，事无巨细，倾囊相授。

这次培训在珠海小语界引起了不小的震动，她也因此被各区邀请去做讲座。为了不影响工作和日常教学，她一一婉拒，但是列出了每一章的知识点明细，并分享给所有的老师。

因为珠海市的很多老师还都处于整本书阅读教学入门阶段，她把课程书目和拓展书目分别归类，设计成完整的课程包，同时邀请团队精英老师在全区上观摩课。

课后她会就整本书阅读教学价值举行讲座，从如何选书、如何设计课程包一一讲起。

教材培训、书单推广、课程观摩、理论指导、期末检测……这一套流程下来，珠海市香洲区孩子们的阅读兴趣、阅读能力大幅提高。

2018 年 4 月 13 日，"阅读改变中国"年度评选颁奖典礼在南京人民大会堂隆重举办。历时 5 个月，经推荐委员会、组委会的层层评选，70 位评审委员的一致推举，8 位年度点灯人，5 所年度书香校园和 2 家年度阅读推广机构的代表登上象征着荣耀和耕耘的典礼舞台，在中国教育新闻网等全国各大媒体与 2000 余名与会"点灯人"的见证下，伴随着热烈的掌声，接受属于他们的荣誉。

付雪莲老师在全国众多儿童阅读推广人中脱颖而出，获得了"阅读改变中国"年度点灯人的称号，位列第一名；同时进入"亲近母语"核心课题组，成为全国亲读会总导师，带领全国 5000 多个班级共同进行儿童阅读课程的推广。

她提出的拆书十件套、整本书测评策略，吸引了大量的一线老师。他们用这个方法去开展单篇阅读、群文阅读、整本书阅读，效果非常好，感谢信一直都没断过。

她提出的20多种可视化思维工具更是被广泛运用，其中情节绳、情节波、情节格、情节梯、情节四宫格最受欢迎。

阅读和写作已经变成了她生活的一部分。无论是工作上的不顺、家庭中的困难，还是同行的不解，她都能泰然处之。

面对生命的暴击，她不还手，也不放弃。她对自己说："我拥有那颗世界上最珍贵的种子，我要像小和尚安一样，把它放在胸前的口袋里，不争不抢、不急不缓地做好每一件事，然后在春天的池塘一角种下。"

盛夏的清晨，在热烈的阳光下，愿所有心怀美好的人，都可以通过阅读找到生命的出口，都会看见那朵被叫作"初心"的千年莲花轻轻地盛开。

# 教育随感

丑小鸭

老头子做事总不会错

# 丑小鸭

老付：准备好"勇气之衫"，完成丑小鸭的逆袭。

### 无法选择的出生

乡下真是非常美丽，有绿油油的燕麦，森林里有很深的池塘，太阳光照着的老房子旁盖满了牛蒡的大叶子。最大的叶子非常高，高到小孩子都可以直着腰站在下面。

什么是好的童话？它用一句话就让孩子们走进了那样一个童话世界。

母鸭非常累，因为她要把小鸭都孵出来，可是很少有客人来看她。别的鸭子更愿意在溪流里游来游去，不愿意跑到牛蒡下面来和她聊天。

这地方本身就是冷漠的，这里的冷漠就是母鸭在生蛋的时候没有人愿意过来帮她。在这样一个小地方，没有人愿意去接受不一样的东西。但是我想讲给你的是生命的硬度——钻石之所以璀璨耀人，就是因为它有硬度。

小鸭子一个个从蛋里蹦了出来，嘎嘎叫着，鸭妈妈说尽量地东张西望，因为绿色对眼睛是有好处的。嗯，这个妈妈还是有一点见识的，她在让刚出生的孩子开阔眼界。

### 眼界这东西，并不是人人都有

"这个世界真够大！"

"你们以为这就是整个世界！"

这里在说眼界的局限，鸭妈妈说："这个地方延伸到花园的另一边，一直延伸到牧师的田里去，那才远呢！连我自己都没有去过，我想你们都在这儿吧！"

为什么所有人都觉得丑小鸭丑？因为没有人见过天鹅小时候的样子。凡是喜欢丑小鸭的，不一定是自卑，而是因为人间的标准已经无法评判你了。你也许非常优秀，但是别人的眼界不够，所以他无法理解你。

比如说我认识很多非常有名的名师，最后却发现他连高级教师都不是，因为不够标准。一个可以写那么多书的人，却评不上高级，这是非常有意思的一件事情。因为你拿鸭子的标准来评判天鹅，天鹅一定不合格，但是你不能说天鹅没有鸭子美。

丑小鸭人生中的第一个攻击来了，来自一个年老的鸭子。他说：请你相信我，这是一只吐绶鸡的蛋。他在攻击丑小鸭的什么？

出生。

这里面最重要的生命命题就是鸭子想要变成白天鹅，要经历九死一生。当你还没出蛋壳，就有人告诉你，你不行，不要管你。这有点像什么，你知道吗？我去过很多学校，我发现有一些老师比较懒，然后他们就对年轻人说：干吗要做这些，我跟你讲没有用，你做多少你也是挣这些钱。他们不让你出壳，因为他们想把你拉倒。甚至他们看到你可能是小天鹅，但他们不想让你成为大天鹅，因为那样会显得他们更丑。

比较好的是他妈妈还有一点眼界。他妈妈是把它孵了出来，可是孵出来之后，他长得又大又丑。但鸭妈妈把他踢进水里，说这小鸭子游水游得还挺好的，这多好！

所以，当你发现有些人与你想象的不一样，不符合你的审美标准，极有可能是你没有发现他的天赋的那种眼光。这可能是因为你的眼光不够，所以你没法发现他的美，包括学生。

迁移到你自己的人生也一样，有些人不理解你是因为他没有眼界，你应该原谅他。

## 必要的时候请选择离开

接下来就是身边人的攻击。所有的母鸭都说:"你的孩子都很漂亮,但只有一只例外,还真可惜,我真希望他变个样!"

再后面,不仅仅是所有的外人都说他丑,甚至他的兄弟姐妹也嫌他丑。

丑小鸭给了我们一个解决人生问题的方法。

鹤立鸡群,当鹤被鸡叨的时候,究竟是鸡的错还是鹤的错?他给了我们一个重要的解决困境的方法——丑小鸭,你要离开,真的要离开。

这个公司、这个环境已经容不下你了,所有人都认为你是丑小鸭的时候,你唯一的生路就是走为上策,你要换个环境。童话给了我们太多生命的密码,所以故事中的丑小鸭也离开了。

## 自嘲是一种新的人生境界

那么第二个攻击是什么呢?

野鸭说:你真是丑得厉害!不过只要你不跟我们族里任何一只鸭子结婚,跟我们倒也没有什么大的关系。

丑小鸭给我们的第二个重要的生命成长命题就是:当所有人都否定你的时候,你还要不要相信你自己?你不知道自己是谁,但你还要不要勇敢地活下去?这很重要。

唯一认同他的公雁也在开玩笑说:你简直丑得可爱,你一会儿跟我们飞走好吗?

下面这个情节简直是神来之笔——一只非常丑的猎狗过来了,结果这只猎狗都不吃他。当猎狗离开的时候,他遇到了第三件生命中要学习的东西。

他说:"谢谢老天爷,我丑得连猎狗也不咬我了!"

他开始自嘲自黑。

还有《草房子》里的秃鹤,他真正的成长在哪里?在于他参加的那一次会演。他原来头都不让人摸,谁摸跟谁拼命的那种。可是会演的时候他却在台上唱:"我杨大秃瓢,走马到屠桥……"他突然感受到一种生命的幽默,所以能够自嘲。他真的自己放下了包袱，完全自我悦纳了。

丑小鸭在这里也是：我丑到连狗都不吃我。他一下子进入到一个生命的新状态，这真是太重要的东西了。如果别人说你胖，你哭得昏天黑地，那就麻烦了，你永远都走不出来。

如果别人说你胖，咋整？你要说这都是靠实力一口一口吃出来的！别的小姐姐戴一万块钱的钻戒你说美，我这上百万吃出来的肚子你说丑，你啥眼光啊？当你完全能够自黑的时候，你反倒具有生命的幽默感，你完全悦纳自己了。

## 忠于内心，向上走

这个时候他进入一个屋子里，屋子里有个老太婆，有猫，还有一只母鸡。丑小鸭不能像母鸡一样生蛋，也不能像猫一样拱起背来，所以没有人同意他发表意见。

现在反映的就是"有用"和"没用"的问题。丑小鸭的美，如果用世俗的观点来看他是"没用"的，因为他都不能生蛋。这里有思维定式的问题：是不是你不能接受的，就是不好的呢？

在这样一个有吃有喝的地方，丑小鸭的心情就是不好。他有一种奇怪的渴望，想到水里去游泳。最后他实在忍不住了，就不得不把心事对母鸡说出来。

其实你永远都骗不了你自己，你知道吗？你把你的心门关上，你不让它发出声音，但是你骗不了你自己，该发生的一定要发生。

丑小鸭说："你们不了解，我想我还是走到广大的世界中去好。"

这句话告诉我们，你不能说离开了，就能够变成白天鹅，你还要走向更广阔更好的地方，你要不断往上走。从丑小鸭到白天鹅，没有你想得那么简单。不是生在天鹅蛋里的都能变成白天鹅，如果他自己不走出去的话，他在农场里只能变成一只大丑鸭。因为没有人认识白天鹅，你变成白天鹅，也没有人认为你美。

你的离开不只是换了一个地方，而是要往上走。你永远要保持希望，你要永远听从内心的召唤。

## 你喜欢的就是你未来的样子

丑小鸭又走了，但是因为样子丑，所有的动物都瞧不起他，他要独自度过寒冷的冬天。冬天非常寒冷，丑小鸭终于在冰层上昏了过去。他被农民抱回家，一群小孩子想要跟他玩，但是丑小鸭却以为他们要伤害他。他逃到雪地里，几乎要晕倒了。

这是丑小鸭的所有经历，从夏天到秋天到冬天，越来越冷。马云说过一句话：第一天会很难，第二天会更好，当你挺过了第三天，阳光就来了。你挺过漫长的冬天的时候，会有什么事情发生呢？

丑小鸭认出了这些美丽的动物。

你要相信我，只要你心里有美丽，你就一定会认出你想要成为的那个样子。

心理学上有一个词叫黄金投射，是说你喜欢的那个人其实就是你未来的样子。你喜欢谁，他就是你最好的那个样子。

丑小鸭说："我要飞向他们，飞向这些高贵的鸟，可是他们会把我弄死的。因为我太丑了，居然敢接近他们。不过这没有关系，被他们杀死，要比被鸭子咬、被鸡群啄、被看管养鸡场的女佣人踢和在冬天受苦好得多！"

他其实从未忘记自己受的苦，但是死也要死在美丽的怀里，他要一直朝着美丽奔去。这个时候，他一低头，才真的变成了白天鹅。

## 命运掌握在自己的手里

后面有句话说，只要你曾经在一只天鹅蛋里待过，就算你生在养鸭场也没有什么关系。

有的人会说，丑小鸭之所以能成为白天鹅，是因为他本来就是白天鹅。这个解释太肤浅了。

安徒生给了这个故事一个生物学的合理性——丑小鸭本身是白天鹅，但实际上故事的隐喻不是。他最开始不知道自己是白天鹅，虽然他小时候没有白天鹅的样子，但是他一直都有一颗白天鹅的心。他对美，对爱，一直都无比渴望。

如果你喜欢丑小鸭的话，就是这个原因——生命的硬度。无论谁给你什么样的攻击，你都要自己走下去。我想对你说：请你千万千万不要死在丑小鸭的阶段。

前面太难了！我知道难，但是你要咬牙挺住。你可能要挺住别人对你身世的攻击，对你样貌的攻击，对你婚姻的攻击，对你梦想的攻击，甚至你要挺过长长的寒冬。但是请你相信我，春天一定会来，你不要死在还是丑小鸭的阶段，那样你永远不会变成白天鹅。

请你珍惜自己的与众不同。全世界对你说"不"的时候，你还要有勇气去相信自己。也许有人会说，你那么惨，你怎么不去死呢？你那么惨，你干吗要挺着呢？我想说的是，你要永远葆有对自己的希望和渴望，你要永远对自己说："你弄不死我，我一定能挺过去。"

还有，每个人都很喜欢下定义，请你不要被任何人下定义。反过来说，也请你不要给自己的孩子下定义，更不要给你的学生下定义。

你是谁？究竟谁说了算？是你自己。

如果你有一颗想成为天鹅的心，你最终一定会成为白天鹅。

## 老头子做事总不会错

　　老付：选择真的跟你有同样价值观的人，你会无比的幸福。当这个世界想给你一个耳光的时候，对方都会给你一个响亮的吻。

　　故事也跟一些人一样，年纪越大就越显得可爱，这真是有趣极了。

　　瞧，乡下的老农舍里住着老两口，农舍里的烤面包炉像一个胖胖的小肚皮。嗯，幸福的故事要开始了。

　　老夫妇很穷，穷得要卖掉他们仅有的一匹马去换一些更有用的东西。

　　所以，当我们的生活已经一贫如洗的时候，我们不得不考虑什么对我们来说是最重要的。人年轻的时候总在做加法，什么都想要，连朋友都想多交几个。可是到年老的时候，你突然想要的很少，连朋友都不想有那么多了，只留下一两个知己。

　　老婆子是全天下最聪明的女人，她会说："老头子，你做的事总不会错！"

　　男人呀，跟孩子一样：你越骂他越蠢，你越骂他越笨。

　　家里已经穷到要卖马了，老婆子还是在老头子离开前给他打好了蝴蝶结，并吻了他。所以，我们生活中的幸福到底是什么？

　　接下来，一路都是下坡路。

　　马换成了牛，牛换成了羊，羊换成了鹅，鹅换成了鸡，鸡又换成了一袋烂苹果……

　　先别关注换了什么，而是要注意老头子为什么要这么换。原来每一次老头子换东西，他想的都是这个家，他想的都是那个女人。

我们学了那么多东西——我们学拼音，我们学跳绳，我们学写字，我们学写作文，学怎么写一件有意义的事儿……但从来没有人教过我们怎么去跟其他人相处，从来没有人跟我们说：当你做一个决定的时候，你要去考虑一下对你最重要的那个人。

到换烂苹果这儿，故事中出现了那两个绅士。这两个绅士要打赌，说老头子回去他老婆一定会揍他的。这两个绅士的想法恰恰代表了世俗的观点。在世俗的观点里，一匹马换成了一袋子烂苹果，这不是有毛病吗？这价值是不对等的，是走下坡路的，不是吗？

重点来了，老头子回去之后就给他老婆子讲，今天用那匹马换了一头牛。老太婆说：感谢老天爷，我们有牛奶喝啦！

噗，他老婆跟他是一类人。

老头子接着往下说，牛变鹅，鹅变鸡，而眼前是换回来的一袋子烂苹果。

高潮来了。

老婆子说："我现在非得给你一个吻不可！谢谢你，我的好丈夫。现在我要告诉你一件事，你今天离开之后，我就想今晚给你做一点好东西吃。我想最好的就是鸡蛋，再加点香菜。我有鸡蛋，但是我没有香菜。所以我就到学校老师那里去，我知道他们种的有香菜。不过老师的太太是一个吝啬的女人，我请求她借给我一点。她对我说，他们的菜园里什么也不长，连一个烂苹果都不结，她甚至连一个苹果都没办法借给我。不过现在我可以借给她 10 个了，甚至一袋子烂苹果。老头子，这叫人好笑！"

你读懂了吗？你要选择同样的人。有些男人想得到女人的认同，需要女人捧着他。可是问题是，如果女人心里不是真的认同他的话，两人能坚持多久？

所以，选择什么样的人呢？你要选择真的人。故事里的老太婆之所以能够这样说，是因为这个老太婆真就是这么想的。她与老头子是一类人。你为什么婚姻不幸福？你为什么跟你朋友处不好？你为什么跟家长老是吵？原因是你们不是一类人。

故事中还有一种心态，就是活在当下。如果你不把它看作是一匹马，你不把它看作是一头牛，你不把它看作是一袋烂苹果，你就会明白这是命运。有的时候没办法，当命运之神要跟你交换的时候，你怎么办？

亲爱的，当命运之神要跟你交换，你有"说不"的权利吗？

这个时候，好的心态才是王道，这就是安徒生童话无限的魅力。

那老头子得到了什么呢？

当持世俗的观点的人说他一定会挨揍的时候，他老婆却还一直在爱他。所以老婆子吻着他，然后说他是世界上最好的丈夫。结果打赌的人就输了，他得到了最大的奖励——金子，这是他人生的奖励。当你有一个跟你志同道合的人，当你能够欣然地面对命运对你的不公的时候，你不要再抱怨了。

你的心态才是最重要的。如果选择伴侣，请选择真的跟你有同样价值观的人，你会无比的幸福。当这个世界想给你一个耳光的时候，对方都会给你一个响亮的吻。

这个故事虽然情节多有起伏，可是其中的情感、态度，以及对于人生的希望和力量却是上升的。

愿读过此文的人，都能找到"做事总不会错"的"老头子"！